Damit der Himmel auf die Erde kommt –
in Spuren wenigstens

Paul M. Zulehner

# Damit der Himmel auf die Erde kommt – in Spuren wenigstens

*Menschlich leben inmitten
weltanschaulicher Vielfalt*

Patmos Verlag

**VERLAGSGRUPPE PATMOS**

**PATMOS**
**ESCHBACH**
**GRÜNEWALD**
**THORBECKE**
**SCHWABEN**
**VER SACRUM**

Die Verlagsgruppe

Für die Verlagsgruppe Patmos ist Nachhaltigkeit ein wichtiger Maßstab ihres Handelns. Wir achten daher auf den Einsatz umweltschonender Ressourcen und Materialien.

Alle Rechte vorbehalten
© 2020 Patmos Verlag
Verlagsgruppe Patmos in der Schwabenverlag AG, Ostfildern
www.patmos.de

Umschlaggestaltung: Finken & Bumiller, Stuttgart
Satz: Schwabenverlag AG, Ostfildern
Druck: CPI books GmbH, Leck
Hergestellt in Deutschland
ISBN 978-3-8436-1276-0

# Inhalt

| | |
|---|---:|
| **Präludium** | 8 |
| Zur Studie Wandlung | 9 |
| Verbuntung und Wandlung | 10 |
| Herausforderung für Gesellschaft und Kirche | 12 |
| | |
| **„Sterbliche" und „Unsterbliche"** | 15 |
| Der Orpheusmythos: der Tod oder die Liebe | 15 |
| Der alte Mythos wird christlich „umerzählt" | 17 |
| Anhänger beider Mythen | 19 |
| Die vielen „Wirklichkeiten" heutiger Menschen | 22 |
| Unterschiedliche Reichweiten der Wirklichkeit | 26 |
| „Unsterbliche" sind nicht jenseitsflüchtig | 28 |
| Soziale Vergewisserung der konstruierten „Wirklichkeit" | 30 |
| Auferstehungshoffnung | 36 |
| „Wie die anderen, die keine Hoffnung haben" | 37 |
| Universelle Auferstehung | 44 |
| Wirklichkeitsbilder und Lebenspraxis | 45 |
| Gutes Leben der „Begrenzten" und der „Entgrenzten" | 53 |
| | |
| **Galerie der Gottesbilder** | 64 |
| Entstehen neuer Gottesbilder | 64 |
| Aus dem Hintereinander wurde ein Nebeneinander | 67 |
| Atheismus | 68 |
| Glaubenskosmos der weltanschaulichen Typen | 74 |
| Lebenspraktische Auswirkungen der Gottesbilder | 75 |
| Gesellschaftspolitische Aktivitäten der Kirchen nach weltanschaulichem Hintergrund | 84 |
| Verteilung der weltanschaulichen Typen in der Bevölkerung | 87 |
| Verbuntung auch der Gottesbilder | 95 |

| | |
|---|---|
| Update der Kirchengestalt | 96 |
| Wandel der Ära | 96 |
| Paradigmenwechsel | 97 |
| Wandel in der Kirchengestalt | 99 |
| Kirchenaus- und -eintritte | 100 |
| Warum Mitglied? | 108 |
| Der unterschätzte Sonntagskirchgang | 110 |
| | |
| Kirchen sind politisch parteilich | 121 |
| Parteipolitik und Kirchen | 122 |
| Politische Präferenz hat weltanschaulichen Hintergrund | 125 |
| Kirchen und Staat | 134 |
| | |
| Islam(isierung) | 137 |
| Islamophobie | 137 |
| Islam: eine friedliebende Religion? | 140 |
| Leitbilder fürs Zusammenleben | 145 |
| Säkulare und gläubige Muslimas und Muslime | 153 |
| | |
| Unterwegs in die Zukunft | 157 |
| Wenn wir so weitermachen wie bisher | 157 |
| Wirklich katholisch werden | 159 |
| Männer und Frauen | 192 |
| Kognitive Minderheiten leben vom Austausch | 213 |
| | |
| Postludium | 222 |
| | |
| Anhang | 231 |
| Tabellen | 231 |
| Abbildungen | 252 |

*1*
*unser vater*
*der du bist die mutter*
*die du bist der sohn*
*der kommt*
*um anzuzetteln*
*den himmel auf erden*

*2*
*dein name werde geheiligt*
*dein name möge kein hauptwort bleiben*
*dein name werde bewegung*
*dein name werde in jeder zeit konjugierbar*
*dein name werde tätigkeitswort*

*3*
*bis wir loslassen lernen*
*bis wir erlöst werden können*
*damit im verwehen des wahns komme dein reich*

*4*
*in der liebe zum nächsten*
*in der liebe zum feind*
*geschehe dein wille -*
*durch uns!*

*kurt marti*[1]

---

[1] Aus: Kurt Marti, Die Liebe geht zu Fuß © 2018 Nagel & Kimche in der MG Medien-Verlags GmbH, Haar. – Kurt Marti (1921–2017) war evangelisch-reformierter Pfarrer und Lyriker.

# Präludium

„um anzuzetteln den himmel auf erden", so hat der evangelische Pfarrer Kurt Marti aus der Schweiz im eingangs zitierten Gedicht Jesu Herzensanliegen umschrieben. Der Titel des vorliegenden Buches erinnert an eine ebenso prägnate wie herausfordernde Formulierung des großen Aachener Bischofs Klaus Hemmerle. Wir Christinnen und Christen seien, so seine markante Zu-Mutung, nicht dazu auf Erden, dass wir möglichst unberührt und moralisch von der „gottlosen Welt" unbeschädigt in den Himmel kommen. Das sei zwar ein Hauptanliegen schon des kleinen Schulkatechismus der katholischen Kirche gewesen, das mir in der ersten Grundschulklasse als Merksatz auf die Frage „Wozu sind wir auf Erden?" eingehämmert wurde: „Um Gott zu erkennen und zu lieben und so in den Himmel zu kommen." Damit haben wir aber das Uranliegen Jesu praktisch auf den Kopf gestellt. Uns einst in den Himmel zu bringen und endgültig mit dem als Christus auferstandenen Jesus zu vollenden, das ist das große „Opus Dei" (Werk Gottes), das er in seiner Liebe kraftvoll und unwiderstehlich vollbringen werde. Er aber sei dazu in die Welt gesandt, dass die Welt gottvoll und dadurch menschlicher werde. Er nannte diesen Zustand „Reich Gottes". Einen Zustand also, in dem „der Himmel auf die Erde kommt. In Spuren wenigstens", füge ich demütig bei.

An diesem Herzensanliegen Jesu beteiligt sich das Buch sowohl pastoraltheologisch wie spirituell. Seine Überlegungen sind ein Dialog mit Forschungsergebnissen über die Religion im Leben der Menschen eines zunehmend modernisierten europäischen Landes, und das über ein halbes Jahrhundert hinweg. Diese genau wahrzunehmen, ist deshalb fachtheologisch unumgänglich, weil die (katholische) Kirche – und mit ihr auch alle anderen christlichen Kirchen – seit dem Vatikanischen Konzil ausdrücklich programmatisch darum ringt, „Kirche in der Welt von heute" zu sein und sich mit den Freuden und Hoffnung (Gaudium et spes), der Trauer und den Leiden der Menschen verbunden zu wissen. Die fachwissenschaftliche Forschung hilft dabei, diese Welt besser kennenzulernen. Die große Besorgnis von Papst Paul VI., der das Konzil finalisiert hatte, dass es eine riesige Kluft zwischen Kultur und Evangelium gebe, kann mit solcher Forschung überbrückt werden.

Nach dem Dialog mit den profanen Wissenschaften vom Leben und Zusammenleben der Menschen aber werden deren Ergebnisse auf den Prüfstand des Evangeliums gestellt. Auf diese Weise kommt der gegenseitig befruchtende Dialog zwischen dem Leben und dem Evangelium in Gang. Von einem solchen Dialog gewinnen nicht nur Menschen für ihre persönliche Spiritualität – wie Sie als Leserin und Leser dieses Buches. Es können dabei auch die für das Leben der Kirche Verantwortlichen auf allen ihren Ebenen für ihre anstehenden Aufgaben in der Welt von heute lernen: von den unverzichtbaren Pfarrgemeinden und ihren pastoralen Gremien bis zur Bischofskonferenz und deren Vereinigung auf Europäischer Ebene im Rat der Konferenz der Europäischen Bischofskonferenzen (CCEE).

## Zur Studie Wandlung

Für ein halbes Jahrhundert liegen Daten vor. Sie zeigen die Entwicklung der religiösen Dimension in der Kultur eines Landes, das sich im Herzen Europas befindet: Österreich. Internationale Studien zeigen, dass die Lage in vielen anderen Ländern ähnlich ist.

Es ist ein katholisch geprägtes Land. Nach der Reformation sicherten die katholischen Habsburger in enger Zusammenarbeit mit der katholischen Kirche die Katholizität der Menschen. Katholisch sein war in diesem Land „Schicksal". Abweichungen wurden nicht geduldet. Das Land war „konfessionell gesäubert". Protestanten wurden ins Ausland vertrieben. Einige überlebten im Untergrund.

Der blutige Dreißigjährige Krieg hat dann alle christlichen Kirchen in Misskredit gebracht. Sie waren Mitverursacher dieses Konflikts und konnten den „Landfrieden" nicht herbeiführen. Voltaire forderte daher eine Vernichtung der infamen Kirche. Diese schwerwiegende Beschädigung der Kirchen in Europa führte aber nicht zum Ende der Religion. Aufklärer forderten vielmehr eine friedliebende Religion ohne Kirchen. Nach und nach wurden jedoch in Frankreich Stimmen laut, die eine Welt ohne Gott für die menschlichste hielten.

## Verbuntung und Wandlung

Inzwischen wurde aus dem Schicksal Wahl, so Peter L. Berger in seiner religionssoziologischen Formel „from fate to choice". Die Menschen können in modernen Gesellschaften alles frei wählen: ob sie einer Religionsgemeinschaft angehören wollen, was sie aus deren Lehren annehmen, wie sie sich am Leben einer Kirche beteiligen. Sie sind genauso frei, ohne Kirche religiös zu sein, aber ebenso frei, ihr Leben ohne Gott zu deuten und zu gestalten. Das Einzige, was sie nicht wählen können, ist ob sie wählen wollen oder nicht.

Sie müssen. Es herrsche ein Zwang zur Wahl, zur „Häresie".[2]

Diese neue Wahlfreiheit trug wesentlich dazu bei, dass aus dem mehr oder minder katholischen ein weltanschaulich buntes Land wurde. Ähnliches geschah auch in jenen Ländern Europas, die von den Kirchen der Reformation geprägt waren. Anders als in freiheitlichen Ländern wurde in einigen Ländern der Atheismus von den vormodernen Machthabern zur „Religion" erhoben und mit allen gesellschaftlich verfügbaren Mitteln durchgesetzt. Deren Machtanspruch ging in der samtenen Revolution 1989 zu Ende. Er hat aber tiefe Spuren in mehreren weltanschaulich gleichgeschalteten Ländern wie Ostdeutschland, Tschechien oder Estland hinterlassen. Insgesamt ist heute das freiheitsliebende Europa weltanschaulich verbuntet.[3] Und auch die einzelnen Kulturen sind weltanschaulich pluralistisch.

Die Verbuntung und mit ihr verbunden die unaufhaltsame kulturelle Wandlung (Transformation) prägen moderne freiheitliche Gesellschaften. Diese sind nicht, wie viele Fachleute der Religionsforschung in den Siebzigerjahren des 20. Jahrhunderts annahmen, unausweichlich auf dem Weg einer (totalen) Säkularisierung, sondern eben der Pluralisierung. Moderne Gesellschaften haben stets „many altars" (viele Altäre), so Peter L. Berger in seinem letzten Buch.[4] Berger war einer der Mitbegründer der Säkularisierungshypothese, die er aber schließlich widerrief. Zu viele Fakten sprechen inzwischen gegen sie. Wachsende Verbuntung und

---

2 | Berger, Peter L.: Der Zwang zur Häresie. Religion in der pluralistischen Gesellschaft, Frankfurt 1980.
3 | Zulehner, Paul M.: Verbuntung. Kirchen im weltanschaulichen Pluralismus; Religion im Leben der Menschen 1970–2010. Ostfildern ²2011.
4 | Berger, Peter L.: The many Altars of Modernity. Towards a paradigm for religion in a pluralistic age, Berlin-Boston 2014.

damit Wandlung sind somit charakteristisch für heutige europäische Kulturen.

## Herausforderung für Gesellschaft und Kirche

Verbuntung und Wandlung stellen gewaltige Herausforderungen nicht nur für die Kirchen, sondern für die ganze Gesellschaft und darin die Lebensführung der einzelnen Menschen dar. Die Veränderungen in der weltanschaulichen Dimension im letzten halben Jahrhundert berühren die Politik ebenso wie die Weltanschauungsgemeinschaften. Von diesen vielfältigen oder oftmals übersehenen Herausforderungen soll in diesem pastoraltheologischen Essay die Rede sein. Es richtet sich aber nicht nur an die Verantwortlichen in den christlichen Kirchen und der islamischen Religionsgemeinschaft, sondern soll auch die Zeitgenoss*innen zur Nachdenklichkeit anstiften.

Die größte Herausforderung besteht darin, dass die Menschen im Land in gänzlich unterschiedlichen „Wirklichkeiten" leben. „Wirklichkeit" wird hier wissenssoziologisch verstanden.[5] Es ist jene „Welt", in der ein Mensch „lebt", die er mit seinem Bewusstsein wahrnimmt, die er deutet und in der er sein Leben gestaltet. Jeder Mensch lebt in „seiner" eigenen Welt. Jeder und jede ist zunächst ein Einzelfall: eine Person, ein Individuum.

Ein Hauptmerkmal all dieser „Welten" ist deren Reichweite an Raum und Zeit. Der Begriff der „Transzendenzspannweite" lässt sich dafür verwenden. Die Reichweiten der Lebenswelten der Menschen sind höchst unterschiedlich.

5 | Berger, Peter L./Luckmann, Thomas: The Social Construction of Reality. A Treatise in the Sociology of Knowledge, New York 1966.

An den jeweiligen Enden einer denkbaren Skala finden sich „Sterbliche" und „Unsterbliche".

- Für die „Sterblichen" endet ihrer Überzeugung nach ihre Lebenswirklichkeit definitiv mit ihrem individuellen Tod. Sie leben in begrenztem Raum und in limitierter Zeit.
- Die „Unsterblichen" hingegen finden sich mit solchen Begrenzungen von Raum und Zeit nicht ab. Für sie ist der Tod nicht das Ende, sondern eine Art Geburt in eine von Raum und Zeit losgelöste Existenzweise. So vermag die christliche Liturgie in der Totenmesse singen: „Bedrückt uns auch das Los des sicheren Todes, so tröstet uns doch die Verheißung der künftigen Unsterblichkeit. Denn deinen Gläubigen, o Herr, wird das Leben gewandelt, nicht genommen. Und wenn die Herberge der irdischen Pilgerschaft zerfällt, ist uns im Himmel eine ewige Wohnung bereitet." Dieser Lobpreis erklingt mit Blick auf Jesus, den Christus: „In ihm erstrahlt uns die Hoffnung, dass wir zur Seligkeit auferstehen."

Mit einer Reihe von Daten kann erhoben werden, wo sich eine befragte Person auf dieser Skala Sterblichkeit-Unsterblichkeit bzw. Begrenzung-Entgrenzung befindet. Es lassen sich auch Typen bilden, wobei als ein zusätzliches Kriterium die „Gewissheit" dazukommt. Es gibt also den Typ jener, die sich sicher sind, dass sich ihr Leben ausschließlich innerhalb der endlichen Grenzen von Raum und Zeit ereignet. Von diesem Typ unterscheiden sich die anderen, die persönlich sicher sind, dass mit dem Tod nicht alles aus ist, sondern der Tod eine Transformation in eine neue Form von Wirklichkeit darstellt. Ihre raumzeitliche Wirklichkeit ist entgrenzt. Zwischen diesen beiden Typen findet sich der dritte Typ.

Personen, die diesem zuzurechnen sind, werden von erheblichen Ungewissheiten geprägt.

Die Analysen werden zeigen, dass mit dieser Reichweite der Wirklichkeit empirisch belegt eng zusammenhängt, ob sich jemand religiös versteht, wie er/sie das Glaubenshaus einrichtet – und welches Gottesbild er/sie hat. Und damit wiederum korreliert stark die Bereitschaft, mit einer weltanschaulichen Gemeinschaft in Austausch zu treten und sich für ihre „mission" zu kommitten.

Entscheidend aber ist, wie detailliert zu zeigen sein wird, dass „Sterbliche" wie „Unsterbliche" ihre Lebenswirklichkeit nicht nur anders deuten, sondern diese Deutung auch nachhaltige Auswirkungen auf die Lebensgestaltung hat. Diese grundlegende Charakteristik unserer heutigen Kultur soll nunmehr näher vorgestellt werden.

# „Sterbliche" und „Unsterbliche"

Ein Mythos, so erklärte der große Theologe und Kirchenmann Karl Lehmann (1936–2018), erzählt in einer historischen Geschichte von dem, „was immer und überall der Fall ist". Die großen Fragen der Menschheit werden in den Mythen erwogen. Die Absicht der Erzählungen ist dabei nicht, diese Fragen erschöpfend zu beantworten, sondern sie überhaupt ans Licht zu heben, zu vertiefen und zuzuspitzen. Zur zeitlosen Frage werden zeitliche Geschichten erzählt.

## Der Orpheusmythos: der Tod oder die Liebe

Eine der faszinierendsten Erzählungen entstammt der griechischen Mythologie. Diese bedenkt die menschheitsalte Frage, was am Ende stärker ist: der Tod oder die Liebe.[6]

Die Hauptdarsteller in dieser mythischen Erzählung sind Orpheus, ein Spielmann, und Eurydike, die er liebt. Durch den Biss einer Schlange wird sie ihm entrissen. Sie muss hinab in die Unterwelt, den Hades, den Herrschaftsbereich der Todesgötter.

Das aber lässt den liebenden Spielmann nicht ruhen. Er findet sich nicht damit ab, dass der Tod das Ende seiner Liebe ist. Kraft des Spiels auf seiner Lyra vermag er den Todesfluss zu überqueren und gelangt vor die Götter der Unterwelt – Hades und Persephone. Diese sind von seiner Liebe so sehr beeindruckt, dass sie ihm gestatten, das Schattenwe-

---

6 | Die Mythologie kennt für beide Erfahrungen jeweils eine Gottheit, nämlich Thanatos oder Eros. Thanatos gilt zwar als unerbittlich, der Tod aber, den er bringt, ist sanft.

Orpheus und Eurydike bei Hades und Persephone
(Griechisch-Römisches Museum Karlsruhe)

sen Eurydike aus der Unterwelt wieder in die Oberwelt, also in das Land des Lachens und der Liebe zurückzuführen. Sie geben ihm allerdings eine Auflage mit: Auf dem langen Weg von der Unter- in die Oberwelt dürfe er sich nicht umsehen. Und so geht er und geht, und je länger er unterwegs ist, umso größer werden seine Zweifel, ob ihm das lautlose Schattenwesen Eurydike denn wirklich folgt. Er schaut sich um und verliert sie für immer.

Die Antwort auf die menschheitsalte Frage, was am Ende stärker sei, der Tod oder die Liebe, ist im griechischen Mythos düster und depressiv: Der Tod behält das letzte Wort. Keine gute Nachricht für die Liebenden.

# Der alte Mythos wird christlich „umerzählt"

In den jungen christlichen Gemeinschaften war dieser düstere griechische Mythos offenbar bekannt. Er wird aber „umerzählt", erhält dabei einen anderen Ausgang. Das tat beispielsweise der um das Jahr 150 in Athen geborene Clemens. Dieser wurde im Jahr 175 Leiter der Katechistenschule in Alexandrien, was ihm seinen Beinamen eingetragen hat. Er erzählt den Orpheusmythos in einer neuen, christlichen Variation. Sein liebender Spielmann ist nunmehr der Christus-Orpheus. Als solcher wird er später auch in Fresken in den Marcellinus-Petrus- und anderen Katakomben dargestellt: mit phrygischer Mütze und seiner Lyra in der Hand.

Christus-Orpheus
(Katakomben des heiligen Petrus und der heiligen Priszilla, Rom)

Eurydike, die der Spielmann Christus liebt, ist die Menschheit. Wie die griechische Eurydike ist auch sie in den Herrschaftsbereich des Todes geraten. Dies lässt den liebenden Christus-Orpheus nicht ruhen. Auch er steigt in die Unterwelt: „hinabgestiegen in das Reich des Todes", so das christliche Glaubensbekenntnis ganz in der Sprache des griechischen Mythos. Ebenso die ostkirchliche Tradition. Nach ihr ist die Hadesfahrt das erste Großereignis nach der Auferstehung. Vor dem Aufstieg in den Himmel steht der Abstieg in die „Hölle" auf dem Programm des umgewandelten Jesus, den der Tod von Raum und Zeit entfesselt und zum Christus gemacht hat (Apg 2,36). Und auf dem rettenden Weg mit Eurydike in das Leben „blickt er nicht zurück". Denn er sagt ja selbst: „Keiner, der die Hand an den Pflug gelegt hat und nochmals zurückblickt, taugt für das Reich Gottes" (Lk 9,62). Und so vermag er kraft seiner Lyra Eurydike zurückzulieben in das Land des Lachens, der Liebe und der Auferstehung. Die Lyra des göttlichen Spielmanns ist übrigens für Clemens die Kirche, welche der Menschheit das rettende Lied zusingt. Und das Plektron, mit dem er die Saiten der Kirchenlyra zum Erklingen bringt, ist für ihn der Heilige Geist.

Die Antwort des umerzählten griechischen Orpheusmythos auf die menschheitsalte Frage nach dem Tod und der Liebe ist nun nicht mehr depressiv, sondern randvoll gefüllt mit Zuversicht und Hoffnung. Jetzt hat nicht mehr der Tod das letzte Wort, sondern die Liebe behält dieses. Der trostlose Mythos wird durch seinen neuen Ausgang zum tröstlichen „Eu-angelion", zur guten Nachricht. Und diese gilt nunmehr, wie eben jeder Mythos, immer und überall. Für jeden Menschen also und zu allen Zeiten. In den Fresken der orthodoxen Kirchen zieht deshalb der Auferstandene beide,

Adam und Eva, aus dem einstürzenden Hades mit dem Rettungsgriff heraus. Diese beiden Gestalten vertreten archetypisch die ganze Menschheit.

Zwei Orpheus- und Eurydike-Mythen stehen einander also diametral gegenüber: der griechische und der christliche, der depressive und der hoffnungsvolle, der trostlose und der tröstliche. Der eine ist für die Liebenden eine schlechte Nachricht, der andere eine sehr gute. Und wichtig ist bei den Mythen: Sie argumentieren nicht, fragen nicht, warum es so ist, sondern erzählen einfach, was ist. Wenn für die Zuversichtlichen ein Grund durchscheint, dann ist es die unruhige Liebe des göttlichen Christus-Orpheus. Erzählt wird von einem, der die Todespforten (wie Tamino und Pamina in der Zauberflöte; auch Jes 43,1–4) durchschritten hat. Und wie er, so auch wir, so der österliche Lobgesang auf dem Altar der Welt.

## Anhänger beider Mythen

Die Daten der Langzeitstudie „Religion im Leben der Österreicher*innen" decken nun auf, dass es diese beiden mythischen Varianten nicht nur in den alten Erzählungen gibt. Die Polarität besteht auch in unseren Bevölkerungen, und zwar nicht hintereinander, sondern nebeneinander. Beide Mythen haben heute Follower.
- Die einen halten es mit dem griechischen Mythos: Für sie hat der Tod das letzte Wort, nicht die Liebe. Sie verlieren ihre Geliebten für immer.
- Die anderen hingen schlagen sich auf die Seite der christlichen Deutung. In dieser wird der Tod als Verlierer verspottet. So jubelt Paulus in seinem Brief an die Gemeinde

in Korinth: „Verschlungen ist der Tod vom Sieg. Tod, wo ist dein Sieg? Tod, wo ist dein Stachel?" (1 Kor 15,55). Die Liebe, die Gott selbst ist, obsiegt. Kein Tod kann auf Dauer die Liebe zerstören. Ein alter Hymnus der christlichen Kirche, gesungen am Osterfest, bestaunt diese Hoffnung so:

> *Mors et vita duello conflixere mirando;*
> *Dux vitae mortuus*
> *Regnat vivus.*[7]

- Und zwischen diesen beiden Polen bewegt sich eine beachtliche Zahl von Menschen, die hoffen und doch zweifeln, ob ihre Hoffnung nicht trügerisch ist. Zudem haben sie enorme Vorstellungsprobleme, wie Liebende aussehen, welche den „Tod hinter sich und vor sich nur noch die Liebe haben" (Dorothee Sölle).

Die Menschen in modernen Bevölkerungen leben somit mit höchst unterschiedlichen Grundannahmen über ihr Leben: Die einen halten sich für sterblich, die anderen für unsterblich. Für die einen spricht die physische Erfahrung, für die anderen die metaphysische Hoffnung.

Im Folgenden werden wir diese beiden Variationen ausleuchten. Das soll in drei Schritten erfolgen:
- In einem ersten Schritt werden die beiden Positionen anhand der Daten der österreichischen Langzeitstudie „Religion im Leben der Österreicher*innen 1970–2020" näher präsentiert.

---

7 | Tod und Leben rangen in wundersamem Zweikampf. Der Fürst des Lebens, der gestorben war, herrscht [jetzt] lebend.

- In einem zweiten Schritt wird erhellt, wie diese unterschiedlichen Wirklichkeitsauffassungen der Befragten weltanschaulich unterschiedlich eingerichtet und von Institutionen, säkularen oder religiösen, legitimiert werden. In diesem Teil geht es bei der religiösen Legitimation um den engen Zusammenhang zwischen Todesbildern und Religiosität als Grundgefühl/Grundstimmung; um Religion in der Form von Glaubenshäusern, die jemand „bewohnt"; um das Verhältnis zu einer Weltanschauungsgemeinschaft/Kirche und das Commitment in dieser. Aber es gibt auch eine säkulare Version der Legitimation. Dazu dient vielen die Wissenschaft. Die religiöse Version ist typisch für die „Unsterblichen", die säkulare für die „Sterblichen".
- In einem dritten Schritt wird schließlich die lebenspraktische Doppelfrage erwogen, welche Auswirkungen beide Wirklichkeitsauffassungen und deren weltanschauliche Einrichtung auf die Gestaltung sowohl des privaten Lebens wie des gesellschaftlichen Zusammenlebens haben. Es wird sich zeigen, dass die Auswirkungen stärker sind, als gemeinhin angenommen wird. Die Antworten auf mehrere nicht unwichtige, politisch heftig diskutierte Fragen werden durch die jeweilige „Wirklichkeit" geprägt. „Sterbliche" formen ihr Leben in manchen Belangen anders als „Unsterbliche" und machen nicht zuletzt andere politische Vorschläge.

# Die vielen „Wirklichkeiten" heutiger Menschen

Die Daten der Langzeitstudie „Religion im Leben der Österreicher*innen 1970–2020"[8] belegen mit unbestreitbarer Deutlichkeit, dass die Menschen in unserem Land in gänzlich verschiedenen Wirklichkeiten leben: Ihre dem gesamten Leben zu Grunde liegenden Weltbilder, Weltanschauungen sind völlig konträr. Die einen halten sich für sterblich, die anderen für unsterblich. Die einen stützen sich auf Erfahrung, die anderen setzen auf Hoffnung. Für die einen ist der Tod stärker als die Liebe. Andere finden sich damit nicht ab und leben aus der Hoffnung auf einen Sieg der Liebe über den Tod. Die einen ergeben sich der endgültigen Endlichkeit, die anderen zerhoffen den Tod.

Im Fragebogen des Erhebungsmoduls für 2020 gab es zu diesem fundamentalen menschlichen Thema mehrere einschlägige Aussagen. Die Befragten wurden gebeten, zu jeder von ihnen Stellung zu nehmen. Die Antwortmöglichkeiten waren: 1 = stimme voll und ganz zu oder 5 (bzw. 4) = lehne ich ganz und gar ab. Eine tieferschürfende Analyse der vielen Einzelaussagen erbringt ein ebenso fundiertes wie faszinierendes Ergebnis.

Im Folgenden die vielfältigen Aussagen, die mit statistischer Durchleuchtung in Paketen geordnet werden. Stichwortartig formuliert werden bei statistischer Durchleuchtung der Daten vier Dimensionen sichtbar: begrenzt – entgrenzt – unvorstellbar – reinkarnatorisch. Diesen vier Töpfen werden die einzelnen Aussagen hier zugeordnet:

---

8 | Zulehner, Paul M.: Wandlung. Religionen und Kirchen inmitten kultureller Transformation. Ergebnisse der Langzeitstudie Religion im Leben der Österreicher*innen 1970–2020, Ostfildern 2020.

begrenzt:
- „*Ob es ein Weiterleben nach dem Tod gibt, ist für mein Leben ohne Bedeutung.*"
- „*Nach dem Tod ist alles endgültig aus.*"
- „*Mit dem Tod ist alles aus.*"

entgrenzt:
- „*Ich hoffe, dass es ein Weiterleben nach dem Tod gibt.*"
- „*Der Tod ist ein Übergang zu einer anderen Existenz.*"
- „*Die Menschen werden mit Leib und Seele von den Toten auferstehen.*"

unvorstellbar:
- „*Ein Weiterleben nach dem Tod gibt es nur ohne Körper.*"
- „*Der Gedanke an ein erfülltes Leben kann mir den Tod leichter machen.*"
- „*Es ist unmöglich, eine klare Vorstellung über ein Weiterleben nach dem Tod zu haben.*"

reinkarnatorisch:
- „*Ich glaube, dass Ereignisse aus einem vorherigen Leben mein jetziges Leben beeinflussen.*"
- „*Es gibt eine Reinkarnation (Wiedergeburt) der Seele in einem anderen Leben.*"
- „*Mit der Frage eines Lebens nach dem Tod habe ich mich noch nicht beschäftigt.*"

Bei den letzten beiden Stichworten (unvorstellbar, reinkarnatorisch) geht es um Bilder, wie ein Leben nach dem Tod aussehen könnte. Nicht wenige Personen haben keine Sicherheit, ob der Tod das definitive Ende oder ein neuer Anfang ist. Jedenfalls könne man sich davon keinerlei Vorstellung machen. Diese Zweifel erhalten philosophisch dadurch Nahrung, dass der Tod (lediglich) die Existenz eines Menschen in Raum und Zeit beende. Anschauliche Vorstellungen seien jedoch an die Kategorien von Raum und Zeit gebunden: Das mache eine Existenz jenseits von Raum und Zeit für Raumzeitgebundene so schwer vorstellbar. Unschwer lässt sich dabei erkennen, dass die Überlegungen (nur) um die Begrenztheit der menschlichen Vorstellungskraft kreisen, nicht aber um die Begrenztheit der menschlichen Existenz selbst durch den Tod (31 %). Entscheidend für unsere weiteren Analysen sind die Aussagen zu den ersten beiden Stichworten begrenzt und entgrenzt. Zwei völlig konträre Positionen werden sichtbar:

- Der eine Teil der Befragten begrenzt die Existenz des Menschen durch die Endlichkeit von Raum und Zeit und bindet diese ausschließlich daran. Für diese Personen ist mit dem Tod, der für sie die für irdisches Leben unabdingbare Verbindung der Existenz zu Raum und Zeit aufhebt, *„alles aus"* (28 % aller Befragten), *„endgültig aus"* (ebenfalls 28 %).
- Ein anderer Teil hingegen entbindet die Existenz eines Menschen grundsätzlich von Raum und Zeit und deren raumzeitlichen Begrenzungen. Diese Personen halten die Existenz eines Menschen auch ohne Bindung an Raum und Zeit für möglich. Das macht aus dem (von der ersten Gruppe angenommenen) definitiven Untergang der Existenz eines Menschen im Tod einen Übergang in eine andere Existenzweise. Der Tod beendet nicht die Existenz, sondern wandelt diese um, transformiert sie. Diese Annahme wird in die traditionelle Hoffnungsformel gekleidet, dass es ein Weiterleben nach dem Tod gebe. Damit kann freilich nicht eine Verlängerung des bekannten

raumzeitgebundenen Lebens gemeint sein, sondern ein Leben in einer anderen Existenzform, entfesselt von Raum und Zeit. Menschen, die dieser Spur folgen, halten sich (so die Studie) an die christliche Formel von der „Auferstehung mit Leib und Seele", also des ganzen Menschen (22 % aller Befragten sehen das so).

Für die Bildung einer übersichtlichen Typologie habe ich jene drei Items ausgewählt, die faktorenanalytisch miteinander sehr eng korrelieren und in den Fragebögen aller sechs Erhebungen der Langzeitstudie 1970–2020 enthalten sind. Diese sind: *„Ich hoffe, dass es ein Weiterleben nach dem Tod gibt."* – *„Die Menschen werden mit Leib und Seele von den Toten auferstehen."* – *„Mit dem Tod ist alles aus."*

Errechnet und mit einer angemessenen Benennung versehen wurden folgende drei Typen: „Sterbliche" (33 %), „Unsterbliche" (39 %) und eine noch näher zu bestimmende Mittelgruppe (29 %). Es handelt sich bei den Randpositionen um ziemlich „reine" Typen mit nur wenigen „Ausscherern".

Die Unterschiede zwischen den zwei polaren Typen könnten markanter nicht sein: „Unsterbliche" sehen im Tod einen Übergang, „Sterbliche" einen Untergang. 97 % der „Unsterblichen" haben Hoffnung über den Tod hinaus; für 95 % der „Sterblichen" ist hingegen mit dem Tod alles unwiderruflich aus. Für die „Unsterblichen" ist der Tod Umwandlung und Transformation, für die „Sterblichen" hingegen Ende und Auslöschung. Die „Unsterblichen" erhoffen „alles", die „Sterblichen" enden im „Nichts". Bestimmend ist für sie die Grundannahme, dass es für ihre Träume und Ziele nur diese begrenzte Lebenszeit auf dieser Erde gibt. Leben wird zur „letzten Gelegenheit" (Marianne Gronemeyer).

# Unterschiedliche Reichweiten der Wirklichkeit

Mit den Wissenssoziologen Thomas Luckmann und Peter L. Berger kann dieses Ergebnis auch so versprachlicht werden: Die Menschen in unseren Gesellschaften leben in unterschiedlichen „Wirklichkeiten". „Wirklichkeit" gilt wissenssoziologisch als „gesellschaftlich konstruiert" und kulturell tradiert.[9] Bei diesen handelt es sich um jene „Welten", welche die einzelnen Menschen mit ihrem Bewusstsein besiedeln.

Diese „Wirklichkeitskonstruktion" ereignet sich im dialektischen Wechselspiel zwischen Person und Gesellschaft. In vormodernen Gesellschaften waren die Konstruktionsstätten in „öffentlicher Hand": Staat und Kirche sorgten im christentümlichen Europa für ein mehr oder weniger einheitliches Ergebnis. In modernen freiheitlichen Gesellschaften hingegen ist die Wirklichkeitskonstruktion (bei allen sozialen Prägungen etwa durch die Herkunftsfamilie[n]) „in privater Hand". Das führt dazu, dass heute inmitten einer einzigen Kultur die Menschen in vielfältigen „Wirklichkeiten" leben.

Markant unterscheiden sich diese „Wirklichkeiten", in denen heute Menschen in einem gemeinsamen Land zusammenleben, durch deren Reichweite:
- Bei den „Sterblichen" hat die „Wirklichkeit" eine begrenzte raumzeitliche Reichweite. Ihnen steht (lediglich) diese endliche Welt mit rund neunzig Jahren zur Verfügung.
- Bei den „Unsterblichen" ist die bewusst bewohnte Wirklichkeit hingegen unbegrenzt. Zeitliche wie räumliche Grenzen der Wirklichkeit gelten als überwindbar. An den

9 | Berger, Peter L./Luckmann, Thomas: Die gesellschaftliche Konstruktion der Wirklichkeit. Eine Theorie der Wissenssoziologie, Frankfurt 1966.

Grenzen findet im Prozess des Sterbens[10] ein umwandelnder Übergang in eine andere Wirklichkeitsform statt, die nicht mehr raumzeitlich begrenzt ist. Der Tod wird dann nicht als definitives Ende, sondern als finale Geburt hinein in ein bleibendes, ewiges Leben gedeutet. Aber auch während des irdischen Lebens kann es Erfahrungen geben, die wie Fenster in die dahinterliegende weite Welt sind.

„Sterbliche" leben somit in einer Wirklichkeit mit begrenzter Transzendenzspannweite. Diese reicht hingegen bei den „Unsterblichen" erheblich weiter: ins Unbegrenzte, Ewige und Unendliche. Hoffnungsbilder der Religionen dafür sind „Himmel", „Paradies", „ewiges Licht, das leuchtet".

Einige Detailergebnisse der Studie überraschen. 41 % der „Sterblichen" sind der Ansicht, es gebe ein *„Weiterleben nach dem Tod nur ohne Körper"*. Dieser Satz muss wohl so verstanden werden: Sollte jemand an ein Weiterleben nach dem Tod glauben, dann kann das bestenfalls ein Leben ohne den sterblichen Körper sein. Dazu passt auch, dass 84 % der „Sterblichen" der Ansicht sind, dass ein „Weiterleben nach dem Tod" unvorstellbar sei. „Unvorstellbar" kann hier ein Zweifaches bedeuten: ein solches „Weiterleben" ist unmöglich, oder wenn es ein solches doch geben sollte, dann könne man sich davon keinerlei Vorstellung machen.

Mag sein, dass hinter diesem Nichtvorstellenkönnen auch irreführende Bilder stehen, die sich in der Alltagssprache festgesetzt und sich von den biblischen Aussagen entfernt haben. Auferstehung des Leibes hat in der Bibel eine eigene Bedeutung. Diese darf nicht mit einer falschen Vorstellung

---

10 | Renz, Monika: Hinübergehen. Was beim Sterben geschieht. Annäherungen an letzte Wahrheiten unseres Lebens, Freiburg 2011.

von der Auferstehung des Körpers verwechselt werden. *Körper* ist das, was als Leichnam nach dem Tod zurückbleibt und im Anatomiesaal seziert werden kann. *Leib* hingegen meint nach biblischem Sprachgebrauch den ganzen Menschen mit allen seinen Weltbezügen. Auferstehung der Toten bedeutet daher die Hoffnung, dass ein Mensch auch in seinem Tod ganz bei Gott, dem Schöpfer allen Seins, Bedeutung hat und gerettet wird. Kein Augenzwinkern, kein liebevoller Gestus geht verloren. Alles hat Bedeutung vor dem Schöpfer allen Seins: „Die Liebe wird bleiben wie das, was sie einst getan hat (1 Kor 13,8; 3,14)" (Gaudium et spes 39).[11]

## „Unsterbliche" sind nicht jenseitsflüchtig

Die vorliegenden Daten räumen gründlich mit der religionskritischen Mär auf, dass die „Unsterblichen" Jenseitsflüchter und daher generell an einer (revolutionären) Veränderung der Welt in Richtung Gerechtigkeit uninteressiert seien. Allein die Einstellung der beiden Gruppen zur Aussage „*Der Gedanke an ein erfülltes Leben kann mir den Tod leichter machen*" zeigt, dass auch und gerade die „Unsterblichen" dieses vergängliche Leben lieben und in ihm Erfüllung suchen: 81 % der „Unsterblichen" stimmen dieser Aussage zu. Unter den „Sterblichen" sind es mit 61 % sogar deutlich weniger: Auch geglücktes Leben nimmt vier von zehn „Sterblichen" nicht das Ärgernis der Endlichkeit ab.

Die marxistische Annahme, Religion und ihre Jenseitsoffenheit seien das Opium des leidenden Volks, trifft daher nicht einfachhin und schon gar nicht auf alle Jenseitshoffen-

---

11 | Virt, Günter: Pfarrbrief Seekirchen, Ostern 2020.

den zu. Dabei braucht man gar nicht zu leugnen, dass eine der historischen Ausprägungen der (christlichen) Religion die Menschen tatsächlich aufs Jenseits vertröstet hat und geistlich zum Ertragen des vorfindbaren Elends aufrief. Karl Marx erlebte im zeitgenössischen Pietismus rund um Trier eine jenseitsflüchtige Spiritualität und an sie gebunden eine demotivierende Vertröstung ausgebeuteter Menschen auf das Jenseits.[12] Aber inzwischen sind in den christlichen Kirchen in vielen Regionen der Erde „Theologien der Befreiung" entwickelt worden, welche die Welt gerechter machen wollen. Auch der Titel des vorliegenden Buches spricht dagegen. Der Himmel soll auf die Erde kommen. Und das schon jetzt und nicht erst einst.

Der Unterschied zwischen den „Sterblichen" und den „Unsterblichen" liegt somit nicht primär darin, dass sich die einen um diese Welt kümmern und die anderen aus ihr flüchten. Beide lieben die Welt und verbringen ihr Leben in dieser. Die „Sterblichen" leben aber *nur* in dieser Welt. Die „Unsterblichen" hingegen in dieser *und* in einer „Wirklichkeit", in welche diese Welt eingebettet ist und die keine Grenzen von Raum und Zeit kennt, damit keine Endlichkeit, keine Vergänglichkeit, keinen Tod. Für die „Unsterblichen" ist das Leben auf dieser Welt nur ein kleiner Teil ihrer Existenz, für die „Sterblichen" hingegen das Ganze.

Noch ein beachtenswertes Detail: „Unsterbliche" sind todsensibler als die „Sterblichen". Von den „Sterblichen" hat sich die Hälfte (51 %) „mit der Frage eines Lebens nach dem Tod noch nicht beschäftigt". Unter den „Unsterblichen" sind es

---

12 | Zulehner, Paul M.: Kirche und Austromarxismus, Freiburg-Wien 1967.

mit 29 % deutlich weniger. Verdrängen die „Sterblichen" die Frage nach der Sterblichkeit und der eigenen Vergänglichkeit?[13]

## Soziale Vergewisserung der konstruierten „Wirklichkeit"

Nur 29 % aller Befragten sind der Ansicht, *„Religion braucht man in erster Linie, um die Angst vor dem Tod zu überwinden"*. Bei den zustimmenden Antworten gibt es kaum Unterschiede zwischen den „Sterblichen" und den „Unsterblichen". Allerdings lehnen die „Sterblichen" diesen Satz mit 48 % „stimme ganz und gar nicht zu" erheblich vehementer ab als die „Unsterblichen" (23 %).

Religion und was mit ihr verbunden ist, hat zumal für die „Unsterblichen" eine große Bedeutung: nicht als Droge gegen die Todesangst, sondern bei der Legitimation der (konstruierten) Wirklichkeit, die sie mit dem schon im Mutterschoß erwachenden Bewusstsein „bewohnen", also wissenssoziologisch gesprochen bei deren sozialen Vergewisserung.

Alle in den Todesbildern sichtbar gewordenen Wirklichkeitskonstruktionen werden „sozial abgestützt". Dazu tragen religiöse wie auch säkulare Institutionen bei, welche diese (Er-)Findungen der Kultur und damit der Einzelpersonen plausibel (glaubhaft) machen. Institutionen erweisen sich wissenssoziologisch besehen als „Plausibilitätsstrukturen" (Peter L. Berger, Thomas Luckmann). Es geht dabei nicht um Wahrheit, sondern um Glaubhaftigkeit, darum, ob diese Konstruktionen im Leben tragfähig sind und in ihnen

---

13 | Siehe Tabelle 1 „Profil der ‚Sterblichen' und der ‚Unsterblichen'" im Anhang.

eine befriedigende Lebensdeutung und Lebensführung möglich werden.

Die „Unsterblichen" gestalten ihren unbegrenzten Kosmos mit Hilfe religiöser Traditionen. Diese stellen ihnen ausdeutende Bilder bereit und bilden Riten aus. In der katholischen österreichischen Kultur stehen sie im Austausch mit einer christlichen Kirche. Von diesen übernehmen manche das von ihrer Kirche wohleingerichtete „Glaubens-Fertighaus", andere schaffen sich mit Bauteilen auch anderer Weisheiten der Menschheit ihr selbst eingerichtetes Glaubenshaus. Bewegt werden sie bei diesem Vorgang durch ihre starke subjektive religiöse Energie, ihre Religiosität.

Auch die „Sterblichen" konstruieren ihre Wirklichkeit nicht völlig privat, sondern besitzen ebenfalls eine „Plausibilitätsstruktur". Ihnen dient dazu die moderne Wissenschaft, an die sie „glauben" und mit der sie ihre Wirklichkeitskonstruktion legitimieren. Aber auch sie übernehmen nicht alle wissenschaftlichen Erkenntnisse, zumal diese vielfach nur vorläufig und teilweise widersprüchlich sind. Vielmehr wählen sie jene Elemente aus, die ihre Wirklichkeitskonstruktion für sie plausibel machen.

Die folgende Abbildung belegt allerdings, dass die Wissenschaft beiden, den „Sterblichen" wie den „Unsterblichen" (mit jeweils 90 % Zustimmung!) ein zentraler Bezugspunkt für ihre Wirklichkeitskonstruktion ist.[14] „Unsterbliche" stützen sich also in ihrer Wirklichkeit auf Glaube *und* Wissenschaft, die „Sterblichen" *allein* auf die Wissenschaft. Die Frage drängt sich auf, wie Wissenschaftsgläubige ohne Glauben und Gläubige mit der Wissenschaft leben können. Vor allem mit Blick auf Gläubige erhebt sich eine spannende

---

14 | Siehe Abbildung 1 „Glaubenshäuser der ‚Sterblichen' und der ‚Unsterblichen'" im Anhang.

Frage: Wie leben sie zugleich in einer säkularen und einer gläubigen Wirklichkeit? Welche Bewusstseinspolitik braucht der gläubige Mensch in einer verwissenschaftlichten säkularen Kultur?[15]

Für die weiteren Analysen kombiniere ich nunmehr die Todesbilder („Wirklichkeitsbilder") mit den in der Religionsstudie reichlich vorhandenen sozioreligiösen Variablen. Diese spielen bei den „Unsterblichen" eine positive Rolle, bei den „Sterblichen" korrelieren sie hingegen negativ: Sie lehnen Religion im öffentlichen Leben ab, halten Glauben für voraufklärerisch und subjektive Religiosität für eine Art Sucht oder Krankheit, die durch Aufklärung geheilt werden könne, ja müsse. Es ist für die Betroffenen im Übrigen nicht einfach, dass es für Atheisierende, Unreligiöse, Nichtglaubende in unserem Sprachspiel lediglich negative Ausdrücke gibt. Sie leben kulturell von der Negation.

Drei Cluster/Typen wurden errechnet. In einem ersten Cluster sind die stringent Diesseitigen versammelt, in einem zweiten die stringent Jenseitigen. Die einen leben in einer begrenzten und rein säkularen, die anderen in einer entgrenzten und religiösen „Welt". Deshalb werden diese beiden Typen als die „Begrenzten" und die „Entgrenzten" benannt. Dazwischen ist ein Cluster von „Offenen" mit offengehaltenen, durchlässigen Grenzen und abgestuften Gewissheiten.

Die 2020 in Österreich Befragten verteilen sich auf diese drei Cluster so: 29 % zählen zu den (säkularen) „Begrenzten", 23 % zu den (religiösen) „Entgrenzten". Die übrige Hälfte (48 %) wurde den „Offenen" zugerechnet. Deutlich mehr Männer (36 %) als Frauen (23 %) leben in einer strin-

---

15 | Dazu mehr in Berger, Peter L.: The many Altars of Modernity. Towards a paradigm for religion in a pluralistic age, Berlin-Boston 2014.

gent diesseitigen Welt ($cc^{16}$ = ,11). Je jünger die Befragten sind, desto transzendenzärmer wird deren Wirklichkeit (18 % bei den Siebzigern, 44 % bei den Zwanzigern; cc = ,15). Auch mit steigernder Schulbildung verdiesseitigt sich die Lebenswelt (Volksschule 14 %, Hochschule 41 %; cc = ,08). Unter den Personen mit fünf Kindern zählen 5 % zu den „Begrenzten", unter den Kinderlosen hingegen sind es 43 % (cc = ,18).

Detaillierte Analysen zeigen, dass die Wirklichkeitskonstruktionen „sterblich" oder „unsterblich" bei den meisten Angehörigen des Typs der „Begrenzten" in Reinkultur vorkommen: Sie sind voll überzeugte „Sterbliche" bzw. voll überzeugte „Unsterbliche". Ihre Welt ist entweder begrenzt oder entgrenzt. Aber in Einzelfällen kommt es vor, dass „Sterbliche" aus ihrer „begrenzten" Welt heraus unerwartete Ausflüge in transzendente Welten unternehmen. Es gibt „Sterbliche", die sich in ihrer Unsicherheit und ihrem Leiden an der Vergänglichkeit der Liebe dann und wann in die hoffnungsgeladene Transzendenz „verirren".

Daneben gibt es „Unsterbliche", die ihre Lebensdeutung und Lebenspraxis nachhaltig von ihrer Verankerung in einer transzendenten Wirklichkeit her bestimmen und sich dazu auch in einen abfedernden Austausch mit einer Transzendenzgemeinschaft (Kirche) begeben, die ihnen gleichsam „den Himmel offenhält" und deren Hauptaufgabe darin gesehen wird, sich in einer säkularen Welt Gedanken über Gott zu machen: 44 % aller Befragten meinen, das würde niemand sonst machen, wenn es die Kirche nicht tut. Aber es finden sich auch „Unsterbliche", die nur in geringem Aus-

---

16 | Cc ist der Regressionskoeffizient. Er ist eine Maßzahl für die Einflussstärke des jeweiligen Merkmals, bereinigt von überlagernden anderen Einflüssen.

tausch mit einer Transzendenzgemeinschaft stehen und die dazu neigen, in der Gottesfrage agnostisch oder atheisierend zu denken.

„Unsterbliche" verankern ihr diesseitig-vergängliches Leben in einer „anderen", „heiligen Welt", die sie von einem liebenden Gott getragen sehen. Dieses Verweben und In-Beziehung-Setzen der vergänglichen Welt mit einer umfassenden „anderen Welt" ist ein urtypisch religiöser Vorgang. Lautet doch eine der Bedeutungen von Religion „religare", rückbinden, einbinden. Es schwingt aber auch ein „Relativieren", ein „In-Beziehung-setzen" mit. Diese Welt gewinnt ihren Sinn aus jener umfassenden Welt, auf die sie „related" (englisch; oder lateinisch „relata"), bezogen ist. Auch von einem Einordnen des eigenen Lebens in einen „heiligen Kosmos" kann gesprochen werden. Religion ist daher zunächst nicht Moral und Lebenspraxis, sondern Verbundenheit. Der Mystiker aus New Mexico, Richard Rohr, bezeichnet den urreligiösen Vorgang daher „connectedness" und formuliert: „It is not necessary to be perfect, but to be connected."[17]

„Unsterbliche" investieren in diese Bezogen- und Verbundenheit ihre subjektiv gefühlte religiöse Energie. Und diese ist messbar bei den „Unsterblichen" in einem weit stärkeren Ausmaß vorhanden als bei den „Sterblichen". Auf die Frage: *„Wie würden Sie Ihre Religiosität einstufen?"* haben die unterschiedlichen Wirklichkeitstypen so geantwortet: 69 % der „Unsterblichen" sind (sehr) religiös, von den „Sterblichen" hingegen sind 73 % (eher) nicht religiös.[18]

---

17 | Rohr, Richard: The universal Christ. How a forgotten reality can change everything we see, hope for and believe, New York 2019. – „Es ist nicht nötig, perfekt zu sein, sondern verbunden."
18 | Siehe Tabelle 2 „Wirklichkeitstypen und (subjektive) Religiosität" im Anhang.

Die Umfragedaten zeigen zudem mit aller Deutlichkeit, dass eine religiös geprägte Wirklichkeitskonstruktion mit dem Gottesglauben eng verwoben ist. 54 % der „Unsterblichen" beziehen sich auf einen persönlich liebenden Gott, 39 % auf ein „höheres Wesen". Lediglich 7 % verstehen sich als agnostisch oder atheistisch und können zur Gottesfrage nichts sagen.[19]

Die Frage nach dem Tod sowie jene nach einem „Gott" erweisen sich als eng verbunden.[20] Und weil es für die Menschen letztlich nicht um den Schmerz der Vergänglichkeit, sondern um die Freude über ein Lieben geht, das eine Beendigung durch den Tod nicht erleiden will, liegt nahe, dass Gott, der ihre Hoffnung auf den Sieg der Liebe trägt, selbst ein Liebender ist. Es legt sich also für die „Unsterblichen" ein „theistisches" Gottesbild nahe.

Ganz anders fallen die Ergebnisse zu Religiosität und Gottesbild bei den „Sterblichen" aus. 13 % halten sich für (eher) nichtreligiös. 48 % verstehen sich atheistisch, 18 % als Agnostiker. 28 % nehmen „deistisch" zur Kenntnis, dass es eine Art Weltbaumeister gibt, der sich aber um die Welt nicht kümmert. Dieser hat vielleicht die Welt erschaffen, aber er nimmt tatenlos auch deren endgültigen Untergang hin. Er hat – anders als die „Unsterblichen" hoffen – keine Liebensgeschichte mit der Welt und darin mit der Menschheit und mit allen einzelnen Menschen, die ihr angehören.

---

19 | Siehe Tabelle 3 „Wirklichkeits-/Todesbilder und Gottesbilder" im Anhang.
20 | Der Korrelationskoeffizient beträgt satte c = ,50.

## Auferstehungshoffnung

Angesichts der bislang vorgelegten Ergebnisse aus der österreichischen Religionsstudie 2020 muss bei den Verantwortlichen der christlichen Kirchen Nachdenklichkeit wachsen. Ihre Kernbotschaft ist seit ihren Frühzeiten eben der umerzählte griechische Mythos, dass nicht der Tod, sondern die Liebe das letzte Wort hat. Im Zentrum der großen Erzählung des Christentums steht die Auferstehung: zunächst des gekreuzigten Mannes aus Nazaret, dann aber, wovon die Schriften des Zweiten Testaments einhellig Zeugnis geben, die Auferstehung aller Menschen, ja die Umwandlung der ganzen Schöpfung.

Christen bildeten von Anfang an und formen auch heute eine Gemeinschaft. Unentwegt wird in dieser bei jeder Zusammenkunft vom Sieg der Liebe über den Tod erzählt. In all ihren Ritualen und von ihr sogenannten Sakramenten feiern sie diesen österlichen Sieg. Die österlich inspirierte Gemeinschaft nahm die Umwandlung der Nacht des Todes von einem kalten Ende in eine zweite Geburt in ein unvorstellbares Leben im Licht als Grundlage für ihre praktische Lebensgestaltung. Diese Überzeugung von der Ver-, genauer Vorübergänglichkeit des diesseitigen Lebens als eine Art Schwangerschaft für ein bleibendes Leben war so stark, dass Christinnen und Christen ihre Besitztümer solidarisch teilen konnten. Zugleich gab sie ihnen die unglaubliche Freiheit, erhobenen Hauptes ihr vergängliches Leben für weniger wichtig anzusehen als ihre Anhänglichkeit an einen Gott, der für sie Licht und Leben ist, in das sie im Tod hineinfallen. Bereits die junge Kirche konnte sich deshalb vieler Märtyrer rühmen. Das ist bis auf den heutigen Tag der Fall.

Christliche Kirchen feiern in jeder Liturgie diesen Sieg über den Tod in den Versammlungen am ersten Tag der Woche, der auch als achter Tag[21] bezeichnet wurde. Oftmals wurde dazu die Zahl Acht umgelegt und mutierte so zum Zeichen der Ewigkeit und damit der Unvergänglichkeit. Die Mitte allen kirchlichen Lobpreises und ihrer sakramentalen Feiern ist österlich. In jedem Herrenmahl, in dem der Herzschlag der jungen Gemeinden zu spüren ist, rezitieren katholische Christinnen und Christen bis auf den heutigen Tag: „Deinen Tod, o Herr, verkünden wir und deine Auferstehung preisen wir, bis du kommst in Herrlichkeit."

So der Idealbefund. Der Auftrag. Das „Missionstatement" der Kirche. Sie hat ihre Existenzberechtigung allein darin, diese unglaubliche Nachricht vom Sieg der Liebe über den Tod in der Geschichte in Erinnerung zu halten: indem, was Christinnen und Christen glauben, wovon sie erzählen, was sie feiern.

## „Wie die anderen, die keine Hoffnung haben"

Ein Blick in die vorliegenden Zahlen ernüchtert jedoch. Von den Mitgliedern der katholischen Kirche Österreichs zählen 15 % zu den „Sterblichen", 46 % zu den „Unsterblichen" und 39 % sind beim unsicheren Mitteltyp. Zur Erinnerung: Nur die „Unsterblichen" erhoffen mit wenigen Ausnahmen die Auferstehung des ganzen Menschen und nicht nur eine geistige Existenz nach dem Tod ohne (wenngleich umgewandelten) Körper. Der katholischen Kirche gelingt es offensichtlich bei der Hälfte ihrer Mitglieder nicht, ihre gute Nachricht

---

21 | Heer, Friedrich: Der achte Tag. Roman einer Weltstunde, Wien 1950.

vom Sieg der Liebe über den Tod in der Gestalt der Auferstehung des ganzen Menschen glaubhaft zu vermitteln. Angesichts der Grundbotschaft ihrer Kirche erweisen sich nicht wenige Mitglieder „wie die anderen, die keine Hoffnung haben" (1 Thess 4,13): eine Klage, die sich schon im Neuen Testament findet.

Die österliche Kernbotschaft (ihr „Kerygma") kommt in der katholischen Kirche am ehesten bei jenen Mitgliedern an, die in einem intensiven Austausch mit einer konkreten Sonntagsgemeinschaft stehen. Die österlich gestimmte feiernde Gemeinde hält offenbar die Auferstehungshoffnung so lebendig, dass diese gegen andrängende Zweifel und kulturelle Unsicherheiten resistent ist. Je seltener hingegen dieser Austausch mit einer feiernden Gemeinde wird, desto mehr schrumpft die Zahl der „Unsterblichen" und steigt der Anteil der „Sterblichen". Die zweifelnde, unsichere Mittelgruppe verdoppelt sich mit abnehmendem Kirchgang von 22 % auf 44 %.[22]

Ob also die der Erfahrung der Vergänglichkeit widerstrebende gläubige Hoffnung auf eine Umwandlung in eine neue Existenz im Tod heute lebendig bleibt, hängt offenbar vom Austausch mit einer Hoffnungsgemeinschaft ab. Dabei ist der Austausch mit der feiernden Gemeinschaft am Sonntag gewiss nur eine unter vielen Möglichkeiten des Austausches. Doch lassen die Zahlen keinen Zweifel daran, dass diese Form des sonntäglichen Austausches in unserer Zeit bei den meisten Menschen faktisch prägend ist. Die Hoffnung über den Tod hinaus ist offensichtlich eine solidarische Hoffnung und keine einsam-private.

---

22 | Siehe Tabelle 4 „Je regelmäßiger der Kirchgang, desto wahrscheinlicher ‚unsterblich'" im Anhang.

Bestätigt werden diese Zusammenhänge durch Daten über den Glauben an die Auferstehung Jesu, des Christus. Wiederum: Die Auferstehung Jesu wird aufgrund von Widerfahrnissen von Frauen (Maria von Magdala) und Männern (Apostel) als ein Geschehen zunächst an einem einzelnen Menschen vor zweitausend Jahren geglaubt. Anders als die ostkirchliche Tradition hat unser westkirchliches, zunehmend individualistisches Zeitalter weithin vergessen, dass es eine tiefe Einheit allen Seins und damit auch aller Menschen gibt. Für die biblischen Erzählungen war jedoch glasklar: Was an Adam und Eva, den Archetypen der Menschheit, geschehen ist, betrifft alle Menschen. Und ebenso ist der Völkerapostel Paulus davon felsenfest überzeugt, dass das, was in der Auferstehung Jesu, dem Juden aus Nazaret, als einem von uns aus der einen Menschheit, geschehen ist, ein archetypisches Modell für alle Menschen ist. Diese Universalität ist typisch „katholisch", und das nicht im Sinn von konfessionell, sondern von universell. Gott handelt seit dem Anfang der Geschichte an der Einen Welt und der einen Menschheit und führt diese durch seinen – der Wirklichkeit vom Big Bang an – innewohnenden Geist in eine finale Vollendung.[23] Dieser Weg führt unentrinnbar durch den Untergang des Todes, der die einzelnen Menschen ebenso trifft wie alles, was lebt und existiert. In der christlichen Erzählung steht dafür der Tod des Menschensohnes am Kreuz. Aber nicht nur jeder Mensch ist todgeweiht, sondern auch die ganze Schöpfung. Diese ersehnt aber zugleich ihre finale Umwandlung, die sich ohne das

---

23 | Mehr dazu in: Rohr, Richard: The Universal Christ. How a forgotten reality can change everything we see, hope for and believe, London 2019. (Alles trägt den einen Namen. Die Wiederentdeckung des universalen Christus, Freiburg 2019.)

Ende des Bestehenden nicht ereignen kann: „Denn wir wissen, dass die gesamte Schöpfung bis zum heutigen Tag seufzt und in Geburtswehen liegt" (Röm 8,22).

Die Auferstehung Jesu erschließt damit den finalen Sinn des Lebens jedes einzelnen Menschen wie jenen der ganzen Geschichte. Das ist eben die Grundmelodie der großen Erzählung der christlichen Kirchen und ihrer sonntäglichen eucharistischen Feiern. Schaut man von da aus in den Spiegel der Daten, wird man stutzig. Lediglich zwei von zehn Mitgliedern der katholischen Kirche, die so gut wie nie in die Kirche gehen und daher mit keiner feiernden Gemeinschaft im Austausch stehen, können dank der Auferstehung Jesu dem eigenen Tod einen Sinn abringen. Acht von zehn können dies nicht. Diese Gruppe der austauscharmen und damit weithin unbezogenen Kirchenmitglieder machte 2020 29 % aus. Ganz anders stellt sich die Situation bei jenen dar, die in regem Austausch stehen. Das sind allerdings in ganz Österreich lediglich 13 % der Katholik*innen. Neun von zehn dieser austauschfreudigen Personen *„gibt die Auferstehung Jesu Christi Sinn"*.[24]

Warum gelingt es den christlichen Kirchen so wenig, die Kernbotschaft vom Sieg der Liebe über den Tod ihren eigenen Mitgliedern zu vermitteln? Nehmen die Kirchen an, dass der Osterglaube bei ihren Mitgliedern ohnedies vorhanden sein müsse, weil sie diesen für kulturell selbstverständlich halten? Feiert denn nicht die gesamte Kultur und das ganze Land jährlich Ostern? Solche zuversichtlichen Vermutungen werden durch die Umfrage nicht gedeckt.

Bei den christlichen Kirchen müssten also die Osterglocken zu Alarmglocken werden. Denn es ist dramatisch,

---

24 | Siehe Tabelle 5 „Die Auferstehung von Jesus Christus gibt meinem Tod einen Sinn" im Anhang.

wenn die Grundbotschaft von der Hälfte der Kirchenmitglieder nicht geglaubt wird. Im Grunde bedeutet dies, dass es im Land zwar viele Katholik*innen und Protestant*innen etc. gibt, dass unter denen aber nur ein Teil „konsequente" Christ*innen sind – konsequent im Sinn von „consequi", also nachfolgen.

Die katholische Kirche in Österreich ist wie auch die christlichen Kirchen in anderen europäischen Ländern derzeit mit sich selbst, ihrem Überleben, ihren Strukturen, der Lebensform ihrer Priester, mit klerikaler Macht und Machtmissbrauch beschäftigt. Was aber bringt das Meistern all dieser durchaus wichtigen Herausforderungen den Kirchen? Mir kommt es so vor, als setze man in die schwankenden Gemäuer neue Glasfenster ein und merkt nicht, dass das Fundament brüchig geworden ist. Ein Christentum ohne Osterglauben verliert aber seinen Sinn. Offenkundig zweifelten in der Gemeinde von Korinth nicht wenige Mitglieder, dass es eine Auferstehung gebe, weil sie der langen jüdischen Tradition folgten. In dieser tauchte erst in den Makkabäerbüchern dieser Gedanke auf. Paulus versuchte sie eindringlich zu überzeugen:

„Wenn aber verkündet wird, dass Christus von den Toten auferweckt worden ist, wie können dann einige von euch sagen: Eine Auferstehung der Toten gibt es nicht? Wenn es keine Auferstehung der Toten gibt, ist auch Christus nicht auferweckt worden. Ist aber Christus nicht auferweckt worden, dann ist unsere Verkündigung leer, leer auch euer Glaube. Wir werden dann auch als falsche Zeugen Gottes entlarvt, weil wir im Widerspruch zu Gott das Zeugnis abgelegt haben: Er hat Christus auferweckt. Er hat ihn eben nicht auferweckt, wenn Tote nicht auferweckt werden. Denn wenn Tote nicht auferweckt werden, ist auch Christus nicht auferweckt worden. Wenn aber Christus nicht auferweckt worden ist, dann ist euer Glaube nutzlos und ihr seid immer noch in euren Sünden; und auch die in Christus Entschlafenen sind dann verloren. Wenn wir allein für dieses Leben unsere Hoffnung auf Christus gesetzt haben, sind wir erbärmlicher daran als alle anderen Menschen. Nun aber ist Christus von den Toten auferweckt worden als der Erste der Entschlafenen. Da nämlich durch einen Menschen der Tod gekommen ist, kommt durch einen Menschen auch die Auferstehung der Toten. Denn wie in Adam alle sterben, so werden in Christus alle lebendig gemacht werden" (1 Kor 15,12–22).

Nun lässt sich – gestützt auf die Daten – einwenden, viele Kirchenmitglieder leugnen nicht eine Auferstehung, können aber mit einer Auferstehung mit Leib und Seele nichts anfangen. Selbst mehr als die Hälfte der katholischen „Unsterblichen" ist der Ansicht, es gebe lediglich ein *„Weiterleben nach dem Tod nur ohne Körper"*. Der Körper verwese doch, verfalle zu Staub oder werde zu Asche verbrannt. Haben gläubige Katholik*innen weniger Glaubens-, sondern vielmehr Vorstellungsprobleme? Dabei sehen diese Menschen sichtlich nur die Vergänglichkeit des jetzigen Körpers. Paulus aber argumentiert mit dessen Umwandlung von der Verweslichkeit in die Unverweslichkeit. In seiner Verteidigungsrede zur Auferstehung geht der Europamissionar auf solche plausiblen Bedenken ausdrücklich ein:

„So ist es auch mit der Auferstehung der Toten. Was gesät wird, ist verweslich, was auferweckt wird, unverweslich. Was gesät wird, ist armselig, was auferweckt wird, herrlich. Was gesät wird, ist schwach, was auferweckt wird, ist stark. Gesät wird ein irdischer Leib, auferweckt ein überirdischer Leib. Wenn es einen irdischen Leib gibt, gibt es auch einen überirdischen. So steht es auch in der Schrift: Adam, der erste Mensch, wurde ein irdisches Lebewesen. Der letzte Adam wurde lebendig machender Geist. Aber zuerst kommt nicht das Überirdische; zuerst kommt das Irdische, dann das Überirdische. Der erste Mensch stammt von der Erde und ist Erde; der zweite Mensch stammt vom Himmel. Wie der von der Erde irdisch war, so sind es auch seine Nachfahren. Und wie der vom Himmel himmlisch ist, so sind es auch seine Nachfahren. Wie wir nach dem Bild des Irdischen gestaltet wurden, so werden wir auch nach dem Bild des Himmlischen gestaltet werden" (1 Kor 15,42–49).

Für Paulus ist wichtig, dass der ganze Mensch verwandelt wird, nicht nur ein geistiger Teil von ihm, eine Seele, der Geist des Menschen. Damit betont Paulus aber auch, dass die Menschen mit einem unsterblichen Leib auferweckt werden, einem unverweslichen. Entscheidend ist für ihn, dass damit der Tod überwunden ist. Dieser wird geradezu hymnisch verspottet:

„Seht, ich enthülle euch ein Geheimnis: Wir werden nicht alle entschlafen, aber wir werden alle verwandelt werden – plötzlich, in einem Augenblick, beim letzten Posaunenschall. Die Posaune wird erschallen, die Toten werden als Unverwesliche auferweckt, wir aber werden verwandelt werden. Denn dieses Verwesliche muss sich mit Unverweslichkeit bekleiden und dieses ‚Sterbliche' mit Unsterblichkeit. Wenn sich aber dieses Verwesliche mit Unverweslichkeit bekleidet und dieses ‚Sterbliche' mit Unsterblichkeit, dann erfüllt sich das Wort der Schrift: Verschlungen ist der Tod vom Sieg. Tod, wo ist dein Sieg? Tod, wo ist dein Stachel?" (1 Kor 15,51–55)

## Universelle Auferstehung

Es könnte freilich sein, dass viele in Europa diese guten Argumente des Paulus und jener, die ihre Briefe mit seiner Autorität versehen haben, in Europa einseitig, weil individualistisch lesen. Auch die Verkündigung begrenzt sich selbst fahrlässig, wenn sie Ostern lediglich als Fest der Auferstehung des Juden aus Nazaret und einzelner Follower besingt.

Gute biblisch gestützte Tradition ist aber nicht individualistisch, sondern bezieht sich auf die ganze Wirklichkeit. Nicht Einzelne werden aus einer großen Zahl „Verlorener" „herausgerettet". Vielmehr legt uns die biblische Osterbotschaft nahe, dass am Kreuz der Prophet aus Nazaret gekreuzigt wurde und gestorben ist. Auferstanden ist aber nicht nur er, sondern weil der Tod ihn von Raum und Zeit entgrenzt hat, konnte er von Gott zum Christus gemacht werden: Das eröffnete die Umwandlung und damit Auferstehung aller mit ihm Verbundenen sowie der ganzen Schöpfung mit allem, was ist und lebt. Man mag fragen, wie in einer solchen Vision der endzeitlichen Auferstehung aller sich die Christen von den Buddhisten unterscheiden und wie die gemeinsame Auferstehung und die individuelle ineinander spielen. Aber all diese Fragen können offenbleiben, wenngleich die christliche Tradition mit Blick auf die Transformation Jesu in den universellen Christus nicht dessen Individualität preisgibt. Denn, so berichten die Zeugen der Auferstehung gestützt auf ihre nichtsinnlichen, nicht an Raum und Zeit gebundenen inneren Erfahrungen, der Auferstandene habe sich dem ungläubigen Thomas mit seinen Wunden erkennbar gemacht und der Erstzeugin Maria von Magdala dadurch, dass er sie zärtlich bei ihrem Kosenamen „Maria!" anredete.

Ist daher nicht alle Schöpfung von ihrem Anfang an auf diese finale Umwandlung, und in diesem Sinn Auferstehung durch den Tod der Einzelnen und dem „Big Crash" des Alls hindurch unterwegs: und zwar unaufhaltsam? Und das mit österlicher Gewissheit, die eben auch mit Blick auf die Schöpfung der verwandelnden Liebe das letzte Wort gibt und nicht dem Tod des Untergangs? Dann wird, so jubelt Paulus, Jesus, der in der Auferstehung für uns zum Christus gemacht wurde (Apg 2,36) als der Erstgeborene der ganzen Schöpfung erkannt werden. Dann kommen alle als Nachgeborene. Der Sohn (der Logos aus dem Johannesprolog) wird alles, was ist und jemals war, dem Vater übergeben:

„Es gibt aber eine bestimmte Reihenfolge: Erster ist Christus; dann folgen, wenn Christus kommt, alle, die zu ihm gehören. Danach kommt das Ende, wenn er jede Macht, Gewalt und Kraft entmachtet hat und seine Herrschaft Gott, dem Vater, übergibt. Denn er muss herrschen, bis Gott ihm alle Feinde unter seine Füße gelegt hat. Der letzte Feind, der entmachtet wird, ist der Tod. Denn: Alles hat er seinen Füßen unterworfen. Wenn es aber heißt, alles sei unterworfen, ist offenbar der ausgenommen, der ihm alles unterwirft. Wenn ihm dann alles unterworfen ist, wird auch er, der Sohn, sich dem unterwerfen, der ihm alles unterworfen hat, damit Gott alles in allem sei" (1 Kor 15,23–28).

In Zeiten der ökologischen Krise sind solche ökotheologischen Aussagen bedenkenswert.

## Wirklichkeitsbilder und Lebenspraxis

In einem weiteren Schritt wird der Frage nachgegangen, ob die unterschiedlichen Wirklichkeitsauffassungen („Sterbliche" – „Unsterbliche"; „Entgrenzte" – „Begrenzte") sich auch auf die Gestaltung des persönlichen Lebens und des gesellschaftlichen Zusammenlebens auswirken. Man könnte ja zunächst meinen, es sei eine höchst private und gesellschaftspolitisch belanglose Angelegenheit, ob jemand über den Tod hinaus hofft und (einschließlich der Zeit in dieser Welt) eine unbegrenzt weite Wirklichkeit mit seiner kosmisch unbehausten Seele bewohnt oder ob sich jemand nur in dieser Welt einrichtet und in ihr das Auslangen finden muss und offensichtlich auch findet. Eine solche Annahme erweist sich angesichts der vorliegenden repräsentativen Daten als unhaltbar. Denn die Auswirkungen der Reichweite der mit dem Bewusstsein besiedelten Wirklichkeit sind beträchtlich: für das private Leben wie das gesellschaftliche Zusammenleben. An wenigen Beispielen soll dies im Folgenden illustriert werden. Dabei werden der Typ der (diesseitig, sterblichen) „Begrenzten" und jener der (jenseitig, unsterblichen) „Entgrenzten" einander gegenübergestellt.

## Straffreiheit der aktiven Sterbehilfe

Wie sehr sich die jeweilige Wirklichkeitskonstruktion auf den gesellschaftspolitischen Diskurs auswirkt, wird am Beispiel des Ringens um humanes Sterben sichtbar. Die Befragten wurden zu einer Stellungnahme aufgefordert zur Aussage: *„Es sollte möglich sein, das Leben von Menschen in der letzten Lebensphase aktiv zu beenden."* So sehen die Zusammenhänge aus:[25]
- Von jenen Personen, die sich diesseitig verstehen und davon fest überzeugt sind (also die „Begrenzten"), sind

---

25 | Siehe Abbildung 2 „Entgrenzte/Begrenzte und Euthanasie" im Anhang.

36 % grundsätzlich und weitere 50 % unter Umständen – das sind zusammen 86 % – für die Straffreiheit aktiver Sterbehilfe. Marginale 14 % haben Vorbehalte gegen eine Freigabe oder sind grundsätzlich dagegen.
- Ganz anders jene, die in einer weiten Wirklichkeit daheim sind (die „Entgrenzten") und mit dieser auch bei ihren Lebensentscheidungen rechnen. Hier sind 54 % mehr oder minder gegen jegliche Form von aktiver Sterbehilfe. 39 % sehen besondere Einzelfälle. Lediglich 8 % sind grundsätzlich dafür.
- Der Typ der „Offenen" liegt zwischen den beiden kantigen Typen der „Begrenzten" und der „Entgrenzten".

Liegt es nicht nahe, dass jene, für welche mit dem Tod alles endgültig aus ist, in ihrer individualistisch konzipierten Freiheit die Regie über das Sterben übernehmen? Es macht für sie wenig Sinn, Leiden und Schmerzen im Prozess des Sterbens durchzustehen. Einfacher scheint es zu sein, diesen Teil vom Leben abzutrennen und den Zeitpunkt des ohnedies für sie definitiven Endes autonom zu bestimmen. Natürlich kann es auch für „Unsterbliche" Sinn machen, die Zeit des Leidens wenigstens nicht zu verlängern. Aber wenn das Sterben als eine Art Geburtsvorgang aufgefasst wird, ist es widersinnig, die Schwangerschaft abzukürzen und die Geburt in das andere Leben frühzeitig einzuleiten. Dass für diesen Vorgang unnötige physische und auch psychische Schmerzen abgemildert und mit palliativ care auch bemäntelt werden, ist in unserer Kultur unumstritten. Die Unerträglichkeit von Leiden ist heute angesichts unserer Hightech-Medizin kaum noch ein tragfähiges Argument für einen vorweggenommenen Tod. Immer mehr anerkannt wird gesellschaftspolitisch allerdings, wie jüngst in der Bundesrepublik Deutschland, dass jemand in seiner freien Verantwortung um ärztlichen Beistand beim Sterben bitten kann und der assistierende Arzt dafür nicht bestraft wird.

Es gibt im Diskurs dieser Frage auch Argumente, welche die individuelle Freiheit des Einzelnen, straffrei ärztliche Hilfe für ein vorgezogenes Sterben verlangen zu können, anfragen. Denn was mit Blick auf einen Einzelnen zunächst noch plausibel erscheint, kann bei Einbeziehung gesellschaftlicher Zusammenhänge fragwürdig werden. Die Befürchtung ist nicht gänzlich von der Hand zu weisen, dass sich Grauzonen des Missbrauchs auftun: um rascher zu erben, um beschwerliche Pflege zu beenden, Angehörigen nicht zur Last zu fallen, um Mittel des Gesundheitssystems für das oftmals teure Sterben einzusparen. Dass eine unnötige künstliche Verlängerung des Sterbens durch *„surmedicalisation"* („Übermedikalisierung") den Wunsch nach assistierter Selbsttötung begünstigt, ist unbestritten und sollte auch aus ökonomischen Gründen unterbunden werden.

## Entinstitutionalisierung der Liebe

Ehe- und familienpolitisch bedenkenswert sind die Auswirkungen der jeweils bewohnten Wirklichkeit hinsichtlich der Ehebilder, also der rechtlichen und rituellen Gestaltung von mehr oder minder dauerhaften Liebesbeziehungen.

Über deren Pluralisierung wurde in den letzten Jahren ausgiebig diskutiert. In der Studie spielte diese Frage indirekt eine Rolle. Gefragt wurde danach, für welche Formen von Lebensverbünden die Kirche ihr Trauungsritual bereitstellen soll. In der Vergangenheit machten das die christlichen Kirchen, wie es auch noch im Ehepatent Josephs II. aus dem Jahre 1783 vorgesehen ist, für einen Mann, der eine

Frau heiratete, um mit ihr alt zu werden, und der mit seiner Frau Kinder zeugt und diese in einer stabilen Familie großzieht.

Inzwischen haben sich alle drei Kriterien des josephinischen Ehepatents aufgelöst. Eheschließung ist – auch in einer light-Version – in vielfältigen Konstellationen möglich geworden. Das ist auch dadurch erleichtert, dass generative und symbolische Sexualität trennbar sind. Zudem mutierte das Konzept Ehe zu einem Lebensverbund Liebender und gilt nicht mehr als Institution gesellschaftlicher Reproduktion. Wenn nicht grundsätzlich an Kindern, so doch zumindest an einer größeren Anzahl von Kindern haben moderne Bevölkerungen deutlich das Interesse verloren, was für die Eindämmung der Überbevölkerung der Erde durchaus nützlich ist und zugleich einen viele Bürger*innen beängstigenden Migrationssog zumindest unter arbeitswilligen gut ausgebildeten Fachkräften erzeugt. Jedenfalls haben die Variationsmöglichkeiten auf dem Spielfeld der Liebe deutlich zugenommen. Es gibt bereits Bilder mit der Überschrift: Ich heirate meine Frauen – also eine „Ehe" unter drei Frauen. Auch von einer Ehe mit drei Männern wurde unlängst just aus dem katholischen Kolumbien berichtet.

So haben nun 2020 die Befragten auf die Frage nach einer Öffnung der kirchlichen Trauung für neue Eheformen geantwortet, wobei die Antworten hier gleich für die beiden Typen der „Entgrenzten" und der „Begrenzten", der „Sterblichen" und „Unsterblichen" aufgeschlüsselt präsentiert werden:[26]

- 50 % der „unsterblichen" „Entgrenzten" wollen das kirchliche Trauungsritual lediglich für die traditionelle Ehe. Für sie ist offensichtlich ihre Ehe in einer transzendenten

26 | Siehe Tabelle 6 „Ehebilder der ‚Begrenzten' und ‚Entgrenzten'" im Anhang.

Wirklichkeit verankert. Es ist ihre Überzeugung, dass Ehen „im Himmel geschlossen" werden. Für sie ist das keine Fessel, sondern Ausdruck der Freude der Liebe. Allerdings sind 42 % der „Entgrenzten" für eine Öffnung des kirchlichen Rituals für jegliche Art von Liebesbeziehung offen.
- Ganz anders optieren die „sterblichen" „Begrenzten": 67 % sind für eine breite Öffnung des kirchlichen (!) Rituals. Vielleicht ist das für sie lediglich ein Ausdruck der Entdiskriminierung bislang unzulässiger Formen liebender Verbindungen und keine Form der Wertschätzung kirchlicher Rituale. Für eine solche Interpretation spricht, dass 60 % gar keine Notwendigkeit für einen Beistand der Kirche bei einer Verehelichung sehen. 40 % lassen sich im Übrigen auch vom Staat beim Heiraten nicht gern in ihre Liebeskarten schauen. Marginale 18 % der „Begrenzten" haben dafür votiert, dass nur nach dem Ehepatent von Joseph II. kirchlich getraut werden kann.

## Solidarität

Die jeweilige Wirklichkeitsauffassung hat auch Auswirkungen auf persönliche Grundhaltungen mit großer gesellschaftspolitischer Tragweite. So zum Beispiel auf die gesellschaftlich bedeutende Bereitschaft und Fähigkeit zu solidarischem Handeln. Eine Reihe von Aussagen der Studie haben den Vorrat an Solidarität einer befragten Person ans Licht gehoben. Vier faktorenanalytisch konsistente Items wurden für die Errechnung eines Solidaritätsindex herangezogen:
- *„Man sollte denen, die mehr haben, etwas wegnehmen dürfen, um es an Bedürftige zu verteilen."*

- *"Einkommensunterschiede sollen verringert werden."*
- *"Wenn wir alle ein bisschen verzichten würden, gäbe es bald keine Armut mehr."*
- *"Das Wichtigste, was Kinder lernen müssen, ist das Teilen."*

Die Auswertung der Daten zeigt nun, dass die Begrenztheit einer endlichen Lebenszeit die Solidarität dämpft. Unter den „Begrenzten" sind deutlich mehr „sehr Unsolidarische" (25 %) als unter den „Entgrenzten" (12 %). Entsprechend sind unter den „Entgrenzten" die Solidarischen deutlich häufiger anzutreffen (42 % sehr solidarisch, 47 % solidarisch, das sind zusammen 89 %); allerdings bilden auch bei den „Begrenzten" die Solidarischen, wenngleich mit reduzierten 75 %, die Mehrheit. Die Politik könnte mit diesem beachtlichen Solidaritätspotential im Land viel besser wirtschaften: mit Blick auf die Kinderarmut, die Entwicklungszusammenarbeit, die Flucht vieler vor Umweltkatastrophen, Kriegen und hoffnungslos machender Verarmung.[27]

## Parteien der „Begrenzten" und Parteien der „Entgrenzten"

Politologisch nachdenklich macht auf dem Hintergrund der bisher skizzierten Beispiele die Verteilung der Befragten auf diese drei Typen nach parteipolitischer Präferenz: Den stärksten Rückhalt in einer entgrenzten Wirklichkeit haben ÖVP-Sympathisant*innen (40 %), den geringsten jene der NEOS (7 %). Die stärkste Transzendenzarmut findet sich bei

---

27| Siehe Tabelle 7 „Solidaritätsbereitschaft der Begrenzten und der Entgrenzten" im Anhang.

den Sympathisant\*innen der Grünen (41 %), die geringste bei jenen der ÖVP (16 %).[28]

Dieses Ergebnis macht deshalb nachdenklich, weil just jene Parteien derzeit eine gemeinsame Regierung stellen, deren Sympathisant\*innen in Wirklichkeiten mit höchst unterschiedlicher Reichweite wohnen. Überraschend ist zugleich, dass sich die Sympathisant\*innen der FPÖ und der Grünen weitaus ähnlicher sind als die Programme dieser beiden Parteien. Zugleich ist die Kluft zwischen den Anhänger\*innen der ÖVP auf der einen sowie der Grünen und der FPÖ auf der anderen Seite ziemlich gleich groß.

Daraus müssen sich nicht zwingend Konflikte ergeben. Denn es ist erstens nicht gesagt, dass die Politiker der Grünen persönlich in ähnlichen Wirklichkeiten leben wie jene, die sie wählen. Dasselbe gilt auch für die ÖVP-Politiker. Jene Befragten, welche parteipolitisch die ÖVP präferieren, leben allerdings großteils in einer entgrenzten Wirklichkeit und räumen dieser entgrenzten Welt auch Einfluss auf ihr Leben sowie auf die politische Praxis ein. Das zeigt sich etwa bei den Lebenswichtigkeiten, der Sensibilität für stabile Familien und der Bereitschaft zu Kindern, dem Lebensschutz. Es kommt aber auch in Fragen der Solidarität zum Vorschein, welche derzeit einen Ernstfall in der Migrationspolitik und hinsichtlich des Islam darstellt.

Gestellt wurde in der Umfrage auch die religionspolitisch derzeit hoch umstrittene Frage: *„Empfinden Sie die folgenden Symbole im öffentlichen Raum (also z. B. auf den Straßen, in den Schulen, in Ämtern, in Unternehmen usw.) als eher positiv, eher negativ oder ist Ihnen das egal?"* Beim Kopftuch hat fast die Hälfte der Antwortenden mit „ist mir egal" votiert.

---

28 | Siehe Abbildung 3 „‚Wirklichkeitsreichweite' nach parteipolitischer Präferenz" im Anhang.

Dann aber unterscheiden sich die „Begrenzten" und „Entgrenzten" merklich. Denn nur 4 % der „Begrenzten" sehen das Kopftuch positiv, unter den „Entgrenzten" sind es hingegen 24 %. 53 % der „Begrenzten" haben mit „negativ" geantwortet (36 % der „Entgrenzten"). Wieder überrascht von hier aus ein Blick auf die realen politischen Positionen der Parteien. Der Abstand zwischen den politischen Repräsentanten und den diese wählenden Sympathisant*innen erscheint beträchtlich.

## Gutes Leben der „Begrenzten" und der „Entgrenzten"

80 % der „Unsterblichen"', aber nur 61 % der „Sterblichen" lehnen die *Aussage „Ich weiß nicht, wozu der Mensch lebt"* ab. Umgekehrt meinen (nur) 9 % der „Unsterblichen", dass das Leben sinnlos sei. Unter den „Sterblichen" hingegen sind es mit 18 % immerhin doppelt so viele. Zieht man zur Aufschlüsselung die Typologie nach der Transzendenzspannweite der Wirklichkeit heran, triften beide Randtypen weiter auseinander. Dann halten 22 % der Menschen in einer „begrenzten" rein diesseitigen Wirklichkeit, aber nur 7 %, die in einer „entgrenzten" Welt angesiedelt sind, ihr Leben für sinnlos. 86 % der „Entgrenzten" hingegen fühlen Lebenssinn. Unter den „Begrenzten" sind es mit 52 % erheblich weniger.[29] Wächst die Sinnhaftigkeit des Lebens mit der Reichweite der Wirklichkeit? Gefährdet pure Diesseitigkeit den Lebenssinn eher, als wenn das diesseitige Leben in Jenseitigkeit eingebettet ist?

---

29 | Siehe Tabelle 8 „Wirklichkeitsreichweite und Lebenssinn" im Anhang.

Zum Lebenssinn finden sich in der Studie neben dieser allgemeinen Frage noch viele detaillierte Sinnfragen.[30] Die Antworten auf diese tragen dazu bei, die Fragestellung zu differenzieren.

Die vielfältigen Daten lassen neben der angenommenen Sinnlosigkeit drei mögliche Weisen der Sinnstiftung erkennen: eine naturalistische, eine bürgerliche sowie eine religiöse.

- Eine erste Weise der Sinnstiftung verweist darauf, dass die Natur und das Leben bereits den Sinn in sich tragen. Dieser natürliche Sinn müsse lediglich „ausgelebt" werden, indem man sich das Leben so angenehm wie möglich macht und das Beste dabei herausholt. Die *naturalistische* Dimension ist zugleich im besten Sinn dieses Wortes hedonistisch, lebensfroh, positiv gestimmt.
- Die zweite Weise bezieht den Sinn aus der *Religion*. Personen, die diese Weise der Sinngebung praktizieren, legen Wert darauf, dass man dem Leben selbst einen Sinn geben müsse. Dem Leben werde Sinn verliehen: dies aber im Horizont eines Gottes und eines Lebens nach dem Tod.
- Die dritte Dimension kommt „alltagspraktisch", in einem guten Sinn *„bürgerlich"* daher. Wichtig sind dabei gesichertes Einkommen, eine angesehene Position sowie Sicherheit und Wohlstand, die wichtiger sind als die Freiheit.
- Die vierte Weise wird in der Forschung als *Anomie* charakterisiert. Leben hat keinen Sinn. Man wisse nicht, wozu der Mensch lebt.

---

30 | Siehe Tabelle 9 „Dimensionen der Sinnsuche" im Anhang.

Unter allen Befragten finden 38 % auf dem „naturalistischen" Weg Sinn. 33 % gehen den „bürgerlichen" Weg, 29 % den „religiösen". Aufschlussreich ist die Kombination mit der Reichweite der Wirklichkeit. Nicht überrascht, dass relativ gesprochen den religiösen Sinnstiftungsweg am ehesten die „Entgrenzten" gehen (42 %). Nur 6 % von ihnen gewinnen ihren Lebenssinn „naturalistisch". Die meisten von den „Entgrenzten" (52 %) finden wir auf dem „bürgerlichen" Weg: Gesichertes Einkommen und angesehene Position sind ihnen wichtig. Nimmt man diese beiden Gruppen der „Entgrenzten" noch näher unter die Lupe, zeigt sich, dass die „Entgrenzten" mit der religiösen Sinnstiftung kaum autoritär (13 % sehr autoritär) sind, jene mit der bürgerlichen hingegen überdurchschnittlich autoritär (41 % sehr autoritär – auf vierteiliger Skala).

Von den Menschen der „Begrenzung", der „Diesseitigkeit" hingegen sind kaum welche auf einem religiösen Sinnstiftungsweg (16 %), aber auch nicht auf dem bürgerlichen (16 %). Zwei Drittel von ihnen fühlen „naturalistisch" (68 %). Das diesseitige Leben trage seinen Sinn in sich. Diesen gelte es auszuleben.[31]

Dieses Ergebnis wirft Fragen auf. Anthropologen betonen, dass dem Menschen die Fähigkeit innewohne, Begrenzungen zu erkennen oder auch zu definieren. Schon im Wort definieren steckt das lateinische „finis", eben Grenze. Philosophisch betrachtet kommen freilich jene, welche Grenzen setzen, um die Frage nicht herum, was jenseits der gesetzten Grenzen ist. Wenn ich meine Lebenszeit auf neunzig Jahre begrenze (oder sie als begrenzt erlebe), stellt sich immer die Frage nach einem möglichen Danach, einem Darüber-Hin-

---

31 | Siehe Tabelle 10 „Wirklichkeitsreichweite und Weisen der Gewinnung von Lebenssinn" im Anhang

aus. Und das nicht unbedingt im Sinn einer Verlängerung des Bekannten, sondern durchaus hinein in einen Bereich des noch gänzlich Unbekannten. Ist eine Wirklichkeit einfach dadurch nicht, dass ich eine solche ausschließe? Es bleibt eine gewisse Unsicherheit bestehen, die durch meine Annahme, es sei alles aus, nicht behoben wird. Dass jenseits der Grenzen definitiv nichts ist, ist eine Art Glaubensaussage. Sie steht auch philosophisch auf wackeligen Beinen. Denn die Aussage „definitiv aus" besagt, es sei danach „nichts". Aber Nichts ist ja genau die Nichtexistenz, die nicht existieren kann. Es bleibt eine gewisse Ratlosigkeit für philosophisch Nachdenkliche.

Diese Ratlosigkeit wird noch verstärkt, wenn man einen anderen anthropologischen Zugang wählt. So nimmt der französische Psychoanalytiker Jacques Lacan an, dass das Leben auch und gerade des Menschen „désir" sei – Sehnsucht. Dieser Sehnsucht sei aber eigen, dass sie nicht in Raum und Zeit passe. Daher präge das Leben jedes Menschen einerseits maßlose Sehnsucht und zugleich das Leiden einer stets nur mäßigen Erfüllung. Der Theologe Karl Rahner nannte es geradezu eine „Erfahrung der Gnade", dass die Rechnungen immer offenbleiben, wir also „nach mehr aus sind als stattfindet". Ich habe tatsächlich noch bei keinem Trauungsgespräch Liebende angetroffen, die erklärt haben: „Ich will den oder die andere drei Jahre lieben." Liebe ist anarchisch, sie duldet keine Grenzen, sie sprengt Raum und Zeit. „Wer liebt, sucht im letzten einen Gott, d. h. einen, der ihn so erfüllt, dass weder Maß noch Grenze vorhanden sind: also Ewigkeit, Unendlichkeit. Der eine Mensch verheißt dem anderen eine solche Erfüllung. Welcher Mensch kann dafür einstehen?"[32]

32| Bleistein Roman, Die jungen Menschen und die alte Kirche, Freiburg 1972, 75.

## Wege und Abwege der Sinnstiftung bei „Diesseitigen"

Was macht also der rein „Diesseitige", der „Begrenzte", mit seiner maßlosen Sehnsucht, die im Grunde Ewigkeit und Unendlichkeit sucht? Er kann sie leugnen. Zur Illusion erklären. Kann der Atheist das aber wirklich? Widerspricht das nicht menschheitsalter Erfahrung? Die Endlichkeit erweist sich somit angesichts der unendlichen Sehnsucht des Menschen letztlich nach Lieben und Geliebtwerden für den Diesseitigen als eine gewaltige Herausforderung.

Aber es gibt starke Vorschläge für deren Bewältigung. Eine Lösung zeigt Henri Lefebvre.[33] Er bekennt sich als Atheist. Gerade als solcher konzediert er, dass es im Menschen eine maßlose Sehnsucht gebe. Es gebe nämlich in das Leben eingestreute Erfahrungen, welche die Grenzen von Raum und Zeit überschreiten. Zumindest lassen sie uns diese Grenzen vergessen. Er nennt diese Erfahrungen „moments", Momente. Und konkret zählt er vier auf: das Spiel, das Erkennen, gute Arbeit und die Liebe. Er könnte auch an die Erzählung von der Verklärung Jesu auf dem Berg Tabor erinnern. In dieser wird eine Erfahrung der Jünger erzählt, die sich auf dem Berg ereignet und so aus den Niederungen des alltäglichen Lebens herausragt. Johann Wolfgang von Goethe lässt sich zitieren: „Wenn Du zum Augenblicke sagst: Verbleibe doch, du bist so schön!"

Aber Henri Lefebvre ist Realist. Er weiß aus Erfahrung, dass diese Momente „scheitern". Der Mensch wird aus den „moments" zurückversetzt in sein alltägliches Leben. Und da fragt Lefebvre, ob dieses Abtauchen in die raumzeitlosen

---

33 | Lefebvre, Henri: Das Alltagsleben in der modernen Welt, Frankfurt 1972.

Momente und deren vorhersehbarer Beendigung Sinn mache. Sehr wohl, so meint er. Denn diese Momente bleiben in meiner Erinnerung wie eine belebende Kraft gegenwärtig. Und indem ich mich an sie erinnere, wird in mir die Sehnsucht nach neuerlichen Momenten wach. Und das lässt einen auch in einem endlichen Dasein sinnvoll leben.

Sein Konzept ist das einer Art säkularisierter Religion. Die Momente sind wie eingestreute kleine „Himmel" in das Leben auf der Erde. Sie sind von einer diskreten Art von Transzendenz gezeichnet. Denn sie überschreiten das alltägliche Leben und dessen raumzeitliche Grenzen. Aber es ist eine innerweltliche Transzendenz. Eine andere, die irdischen Erfahrungen überschreitende Welt brauche es nicht.

Lefebvre gibt auch lebenspraktische Ratschläge. Er betont, dass uns die Momente „zufallen" – ein merkwürdiges Wort aus der Feder eines Atheisten, das mehr Fragen aufwirft als beantwortet. Man könne, so seine Botschaft, die Momente nicht „machen". Sie müssten auch nicht häufig sein. Nach Ernest Hemingway wackelt im Roman „Wem die Stunde schlägt" nur dreimal im Leben die Erde: So zumindest belehrt die liebeserfahrene Mutter der „Zigeunerin, deren Tochter der Soldat liebt" den in der Liebe noch Unerfahrenen.

Ob man etwas dazu tun kann, dass es Momente im Leben gibt? Man könne einen „versöhnten Alltag" herstellen. Denn ist der Alltag beschädigt, könnten uns Moments nicht zufallen.

Es ist eine bewegende Deutung des Leidens an der nur mäßigen Erfüllung der maßlosen Sehnsucht in mäßiger Zeit. Wer ihr folgt, kommt ohne eine „Welt Gottes" aus, damit ohne eine aufs Jenseits hin offene Transzendenz, wie die Religionen sie vorschlagen.

Ich kann diesem Entwurf auch als gläubiger Mensch viel abgewinnen. Denn der Atheist, der nur diese Welt hat, muss viel ernsthafter nach den Möglichkeiten ausschauen, die einem Menschen im Rahmen der diesseitigen Welt offenstehen. Leben also rein Diesseitige ernsthafter, behutsamer? Achten sie die vorhandenen Glücksmomente mehr? Treten sie für ökologische Belange stärker ein? Ist das womöglich einer der plausiblen Gründe, warum die Grünen mit ihrer ausgeprägten Diesseitigkeit bei ihren Sympathisant*innen verlässliche Kombatant*innen für die Bewahrung der vergänglichen Erde sind?

Atheisten lehren uns, diese Erde zu lieben und das gute, befriedigende Leben zu schätzen. Und dies gerade seiner Vergänglichkeit wegen. Wenn dies ein Atheist mit stoischer Weisheit tut, hat er beste Chancen, zu einem weisen, achtsamen und toleranten Menschen zu werden. Es gibt eine atheistische Ethik, die ohne (religiöse) Transzendenz auszukommen scheint und gute Früchte trägt. Es ist daher verständlich, dass es unter den rein Diesseitigen, deren Wirklichkeit nicht in eine heilige Welt eingebunden ist, solidarisch liebende Menschen gibt. Diesseitige setzen sich, manchmal mehr als Jenseitige, ernsthaft für Frieden, Gerechtigkeit und Bewahrung der Schöpfung ein. So können sie engagierte Streiter für eine friedvolle Welt sein. Weise Religionsführer, wie Papst Johannes XXIII. einer war, nennen sie wertschätzend „Menschen guten Willens" und suchen die Kooperation mit ihnen zugunsten der Welt.

Allerdings ist diese rein diesseitige Welt der Atheisten und sind die Beziehungen diesseitiger Menschen in ihr untereinander nicht ungefährdet. Die gelassen-tolerante Friedfertigkeit und der engagierte Sinn für Gerechtigkeit finden sich gewiss bei einer Elite der überzeugt Diesseitigen. Aber es gibt daneben eine andere Art, in der reinen Diesseitigkeit zu leben. Nicht allen gelingt es, das permanente Scheitern der maßlosen Sehnsucht in einer dergestalt erhabenen Weise zu meistern. Bei nicht wenigen scheint die scheiternde Sehnsucht in die Sucht nach „moments" zu kippen.

Ihre Lebensart erscheint geprägt vom zwiespältigen Gefühl, dass sie das maßlose Glück nicht nur in eingestreuten Momenten haben wollen, sondern versuchen, dieses als eine Art Dauerzustand zu erzwingen. Sie möchten ständig den leidfreien Himmel auf Erden. Sie kultivieren also nicht die in das diesseitige Leben hereinragenden seltenen Momente, sondern versuchen das maßlose Glück in mäßiger Zeit als Dauerzustand zu erzwingen. Folgen dieser Lebensart wurden von der Soziologin und Pädagogin Marianne Gronemeyer erforscht. Sie spricht vom „Leben als letzte Gelegenheit". Zeitknappheit bedrohe das Leben vieler Zeitgenoss*innen. Das mache ihr Leben hastig, anfordernd, überfordernd. Burnout kann damit leicht zur verbreiteten Volkskrankheit werden. Es gibt keine gelassene, ja stoische Bereitschaft, auf das nicht planbare „Zufallen" der seltenen Momente zu warten. Man will „alles, und zwar subito". Eine solche Lebensart ist überschattet von der ständigen Angst, in einem knappen Leben mit der Jagd nach dem Himmel auf Erden zu kurz zu kommen. Solche Angst ist ein guter Nährboden für ständig lauernde Rivalität. Das Glück der anderen weckt tiefsitzenden Neid. Die gelassene stoische Kultur des die „moments" Genießenden bei Henri Lefebvre kippt gar leicht in eine unsolidarische Rivalitätskultur. Man will immer mehr für sich und verteidigt das nach und nach angehäufte Glück gegen alle, deren Elend und Verarmung in uns das Gefühl weckt, es mit den Armen teilen zu müssen. Dazu muss es uns gelingen, einen Keil zwischen uns und die anderen zu treiben. Die anderen werden zur Bedrohung unseres erzwungen Glücks, das durch Neid und Rivalität zerfressen wird.

Es wird die hier in Anlehnung an Marianne Gronemeyers Analysen gezeichneten Menschen in Reinkultur nicht geben. Aber die Diesseitigkeit und das Meistern ihrer Herausforderungen erweist sich bei einer einfühlsamen Analyse als höchst ambivalent.

## Wege und Abwege der Sinnstiftung bei „Jenseitigen"

Dasselbe ist aber mit umgekehrten Vorzeichen auch bei den „Jenseitsorientierten" der Fall. Auch ihre Lebensart erweist sich als ambivalent. Unter den Jenseitsorientierten gibt es Weltverachter und Weltflüchter auf der einen sowie jenseitsverwurzelte Diesseitsliebhaber auf der anderen Seite.

Die Versuchung eines Teils der „Jenseitigen" besteht darin, diese Welt zu verachten. Manche Jenseitsorientierte halten diese Welt für ein „Jammertal", aus dem man sich herausretten müsse. Das könne sie auch davon befreien, dass das Böse der Welt, oder noch mehr „die böse Welt", sie moralisch kontaminiere. Von ihrem Ansatz her sind solche jenseitsorientierte Menschen „weltflüchtig". Die Weisungen der Religion lesen sie auszugsweise. Es interessiert sie, was mit ihrem persönlichen Heil zu tun hat. Ihrem Urteil nach sind jene, die nicht denselben Weg einschlagen, Sünder auf dem Weg ins ewige Unheil. Scheitern Versuche, diese Sünder zu bekehren, werden diese als Kandidaten ewiger Verdammnis betrachtet. Solche Weltflüchtigkeit setzt kaum Kräfte frei, die Verhältnisse auf der Welt zum Besseren zu verändern. Statt sich einzusetzen, setzen sie sich ab. Sie pflegen eine tiefe Frömmigkeit, doch trägt diese narzisstisch-heilsegoistische Züge. Zumal Diesseitige, denen es um gutes Leben für alle auf dieser vergänglichen Erde geht, kritisieren solche weltverachtende und weltflüchtige Religiosität. Sie halten sie, wie Karl Marx, für ein Opiat für Glückssüchtige. Von solchen Frommen aber gewinnt die Welt nichts.

Nicht alle „Jenseitigen" gehen diesen Weg. Es gibt daneben jene, die sich gerade wegen ihrer Jenseitsverankerung engagiert um die diesseitige Welt kümmern. Sie betrachten diese Welt als eine Schöpfung Gottes, die ihnen wie Farmern zum Kultivieren, Hegen und Pflegen anvertraut ist (Gen 2,15). Sie machen sich dafür stark, dass diese Schöpfung bewahrt wird, dass Gerechtigkeit in der Einen Welt zunimmt und dass so der Frieden gesichert, ja geschaffen werden kann. Auch „Jenseitige" lieben die diesseitige Erde. Zwar haben sie ihre Wurzeln in der heiligen Welt Gottes. Dort haben sie ihre Heimat: aus ihr kommen sie und in diese kehren sie zurück. Diese Welt betrachten sie deshalb gewiss als „Fremde" (Phil 3,15–21). In dieser aber leben sie jetzt und fühlen den gottgegebenen Auftrag, schöpferisch in dieser Welt zu wirken. So finden sich Jenseitsverankerte in allen Bereichen des diesseitigen Lebens und Schaffens: in Unternehmen, Gewerkschaften, Forschungseinrichtungen, akademischen Organisationen, Schulen, Bildungsstätten, in Kunst und Kultur.

Die Theologie hat für diese Lebensart das Begriffspaar „mystisch" und „politisch" entwickelt. Mystisch fängt begrifflich ein, dass diese Personen jenseitsverwurzelt sind: und das in einem Jenseits, das in dieser Weltzeit wie ein „Geheimnis" verborgen und zugleich präsent ist und das letztlich unvorstellbar bleibt. Mystiker aber „wohnen" in diesem „Geheimnis" mit ihrer kosmisch unbehausten Seele. Sie sind im „Ge-HEIM-nis da-HEIM". Aus dieser mystischen Erfahrung sind sie aber in der diesseitigen Welt unterwegs. Hier wissen sie von einer in dieses Leben mitgegebenen „Berufung", diese Welt zu gestalten, sich um das Weltgemeinwohl zu kümmern und diese Welt als eine bewohnbare der nächsten Generation zu übergeben. Das verlangt ihnen einen integrierten Einsatz für die untrennbar verwobenen Felder der Ökonomie und der Ökologie ab. Sie sehen darin einen verlässlichen Weg zum Frieden in der Welt, und zwar Frieden unter den Völkern und mit der Mitwelt: der sich entfaltenden Natur. All diese Aufgaben verstehen sie als politisch. Dieser politische Einsatz ist aber eng verwoben mit ihrer mystischen Verwurzelung. Für solche Jenseitsverwurzelte und Diesseitsliebhaber gilt theologisch die Formel: „Je mystischer, desto politischer. Und umgekehrt." Oder nach einem Jesuswort: „Und siehe, ein Gesetzeslehrer stand auf, um Jesus auf die Probe zu stellen, und fragte ihn: Meister, was muss ich tun, um das ewige Leben zu erben? Jesus sagte zu ihm: Was steht im Gesetz geschrieben? Was liest du? Er antwortete: Du sollst den Herrn, deinen Gott, lieben mit deinem ganzen Herzen und deiner ganzen Seele, mit deiner ganzen Kraft und deinem ganzen Denken, und deinen Nächsten wie dich selbst. Jesus sagte zu ihm: Du hast richtig geantwortet. Handle danach und du wirst leben!" (Lk 10,25–28)

Diese im Jenseits verwurzelten und in dieser Welt engagierten Menschen realisieren etwas vom Titel dieses Buches: „Damit der Himmel auf die Erde kommt. In Spuren wenigstens."

# Galerie der Gottesbilder

Die lange Geschichte der Menschheit hindurch hat „Gott" Gläubige, Suchende, Zweifler und Fragende beschäftigt. Gott steht auf der Tagesordnung aller großen Religionen, nur ein Gott oder viele Götter. Gott hat viele Namen und Bilder. Aber Gott ist auch der Namenlose, von dem man sich kein Bild machen soll und der sich, wie Mose erzählt, nicht ins Gesicht, sondern sich nur von hinten schauen lässt (Ex 33,18). Oder in einer diskreten Gotteslitanei von Paul Celan: „O einer, o keiner, o niemand, o du!"[34]

## Entstehen neuer Gottesbilder

Während auch heutzutage viele an Gott glauben – in Österreich sind es 2020 74 % –, lehnen andere *„einen Gott oder ein höheres Wesen"* ab. Sie glauben nicht, dass überhaupt ein Gott existiert oder verwerfen zumindest jenen Gott, den Religionsgemeinschaften präsentieren.

In Europa hat der Weg zur Leugnung Gottes eine bewegte Geschichte hinter sich. Aus einem Gemenge von religiösen und politischen Gründen spaltete sich vor mehr als 500 Jahren in der Reformation das westliche Christentum; das östliche hatte sich schon 1054 von Rom getrennt. Konfessionen gerieten im Namen Gottes kriegerisch aneinander und taten den Bevölkerungen Europas in einem dreißig Jahre währenden Krieg blutige Gewalt an.

---

34 | Celan, Paul: Es war Erde in ihnen, 1959.

Diese dunkle Allianz von Gott und konfessioneller Gewalt bestärkte bei Nachdenklichen Zweifel, ob von solchen Gottesanhängern und ihren Gemeinschaften der „Landfrieden" kommen könne. Der grausame Religionskrieg brachte zunächst die zerstrittene Kirche in Verruf: Sie sollte, so Voltaire, „ausgerottet" werden, weil sie Blut an ihren Händen habe. Eine friedliche Weltreligion der Philosophen sollte an die Stelle des von den Konfessionen gelehrten Christentums treten. Führende Kreise in der Philosophie haben sich von der Autorität einer Kirche und dem vermeintlich von dieser begünstigten Aberglauben emanzipiert und abgesetzt. Frei über Gott und die Welt zu denken, verbreitete sich von England ausgehend und zog in ganz Europa einflussreiche Kreise an. Herrscher wie Joseph II. oder Künstler wie Mozart waren Mitglieder in einer Freimaurer-Loge, welche mächtige Geheimklubs bildeten.

Die Emanzipation vom herkömmlichen christlichen Denken machte die Kritiker der friedlosen Konfessionen und Kirchen zunächst zu „Deisten". Die nach wie vor religiös gestimmten Freidenker lösten sich von der Autorität der Kirchen ab und modifizierten das Gottesbild. Ihr Gott war jetzt als Weltbaumeister konzipiert. Ihre Symbole waren Winkel und Zirkel. Die von ihm geschaffene Welt habe Gott dann den Vernünftigen, vorab den Logenmitgliedern, überlassen. In der sozialistischen Bewegung kam allerdings eine atheistische Variante des Freidenkertums auf. Die Feuerbestattung wurde in dieser Zeit zu einer religionspolitisch umkämpften Bestattungsform, als „Bekenntnis" gegen den kirchlich vorgelegten Auferstehungsglauben.

Der Krieg im Namen Gottes hatte in nachdenklichen Kreisen nach und nach nicht nur den Kredit der Konfessionen ramponiert, sondern Gott selbst in Misskredit gebracht.

Einige europäische Denker gingen deshalb einen Schritt weiter. Sie erhofften sich ein friedliches Zusammenleben auf Erden nicht nur ohne Kirchen, sondern auch ohne einen Gott in einem Himmel. Der Atheismus blühte in Europa auf und gewann Anhänger. Federführend waren im 18. Jahrhundert französische Gelehrte. Sie konnten sich dabei auf eine Tradition stützen, die bis in die griechische Antike zurückreicht.

In kurzer Zeit entstanden in der europäischen Kultur nacheinander neue Gottesbilder und konkurrierten mit dem überlieferten Gottesbild. Dieses wurde vom Christentum verteidigt: ein Gott, der in sich Liebe wie zwischen „Personen" ist; ein Gott, der vom ersten Augenblick der Schöpfung an eine dauerhafte Geschichte mit der Welt hat. Von Anfang an beginnt, so die christliche Gotteserzählung, die Einung Gottes mit der geschaffenen Welt und drängt hin zu jener Vollendung, die in einem Menschen – nämlich Jesus aus dem jüdischen Nazaret – offenbar geworden ist. Was ihm widerfahren ist, wird zur Lesehilfe für die gesamte Schöpfung: Durch den Tod hindurch gelangt die ganze Schöpfung in ihre Vollendung. Die christliche Tradition sieht in der österlichen Auferstehung Jesu, die ihn von Raum und Zeit entbunden und zum „Christus" gemacht hat (Apg 3,26), den Anfang der endzeitlichen Vollendung der ganzen Schöpfung. In diesem großen Entwurf der christlichen Erzählung hat das „theistische" Gottesbild einen von großen Theologen und Mystikerinnen wohldurchdachten Ausdruck gefunden.

Das Gottesbild der antiklerikalen Aufklärer, nicht zuletzt auch der politisch mächtigen Freimaurerlogen, unterscheidet sich von diesem theistischen Entwurf merklich. Im Mittelpunkt steht jetzt nicht die Geschichte eines „unbeirrbar treuen Gottes" (Dtn 32,4) mit seiner von ihm „aus Liebe" geschaffenen Welt. Vielmehr wurde die „Leistung" Gottes „deistisch" auf die Schöpfung reduziert. Für „Deisten" ist zwar „etwas" Göttliches, ein „höheres Wesen", der „Ursprung alles Seienden"; ein dauerhaftes göttliches Wirken in die Geschichte oder gar eine Offenbarung Gottes in einer Heilsgeschichte wird als „nicht begründungsfähig" verworfen.

Durch das Aufkommen moderner Wissenschaften wurden diese deistischen Annahmen über Gott zunehmend hinterfragt. Die Zahl von Agnostikern mehrte sich. Auch diese konnten sich auf eine lange Tradition berufen. Schon der griechische Philosoph Protagoras lehrte, man könne letztlich über einen Gott nichts wissen und nichts sagen, auch nicht über eine Unsterblichkeit der Seele oder eine Auferstehung des Leibes. Der Weg vom Agnostizismus hin zum überzeugten Atheismus war dann nicht mehr weit.

## Aus dem Hintereinander wurde ein Nebeneinander

Diese im Lauf der letzten Jahrhunderte aufgetauchten Gottesbilder samt der Ablehnung eines Gottes stehen in der heutigen Bevölkerung nebeneinander. Laut Religionsstudie 2020 haben sich 29 % der theistischen (*„Es gibt einen persönlichen Gott."*) Position zugeordnet, 11 % der agnostischen (*„Ich weiß nicht richtig, was ich glauben soll."*) und 13 % der atheistischen (*„Ich glaube nicht, dass es einen Gott, irgendein höheres Wesen oder eine geistige Macht gibt."*). Die Mehrheit von 45 % hat sich für die deistische Variante entschieden (*„Es gibt irgendein höheres Wesen oder eine geistige Macht."*). 2 % haben sich nicht zugeordnet.

Worin sich diese Gottesbilder unterscheiden, zeigt gut ihre Korrelation mit der Aussage: *„Es gibt einen Gott, der sich mit jedem Menschen persönlich befasst."* 96 % der Atheisten lehnen diesen Satz erwartungsgemäß klar ab. Markant fällt der Unterschied zwischen den „Theisten" und den „Deisten" aus. Während 89 % der „Theisten" eine persönliche Beziehung Gottes zum Menschen annehmen, sind es unter den „Deisten" lediglich 41 %. In der Aufschlüsselung deutet sich auch bereits eine wichtige Erkenntnis an: Die Agnostiker kommen mit 83 % Ablehnung dieser Aussage den Atheisten sehr nahe. Sind Agnostiker also faktisch mehrheitlich Atheisten, die sich (aus welchen Gründen auch immer) hinter ihrem „Nichtwissenkönnen" kulturell verstecken? Ist es vielleicht nach wie vor sozial zuträglicher, sich als Agnostiker denn als Atheist zu bekennen? Diese Nähe der Agnostiker und der Atheisten hat auch, wie noch zu zeigen sein wird, eine lebenspraktische Seite. Denn sowohl Agnostiker wie Atheisten geben einem Gott keinen Einfluss auf die Gestaltung des persönlichen Lebens und des gesellschaftlichen Zusammenlebens. Das macht beide einander ähnlich.[35]

## Atheismus

Historisch ist der Atheismus als Ablehnung des über undenkliche Zeiten überlieferten Gottesglaubens entstanden. Das erklärt, warum es für Atheisten in der deutschen Sprache so gut wie keine geläufige positive Bezeichnung gibt. Die „negativen" Begriffe *„un*gläubig", „konfessions*los*" oder „lai-

---

35 | Siehe Tabelle 11 „Es gibt einen Gott, der sich mit jedem Menschen persönlich befasst" im Anhang.

*zistisch*" („säkularisiert") werden diesem Teil unserer Bevölkerung nicht hinreichend gerecht. Bereits seit den Zeiten der griechischen Philosophie lebt das Wort A-Theismus vom verneinenden griechischen Wortteil „α-". Der A-Theismus bezieht sich damit sprachlich ungewollt auf den „Theismus", den er verwirft. Theologisch versierte Humoristen machen daraus eine Art „Gottesbeweis". Sie scherzen: Man könne doch nur einen Gott leugnen, den es gibt. Mein Lehrer Karl Rahner meinte ähnlich und doch anders: „Die meisten Atheisten leugnen einen Gott, den es Gott sei Dank gar nicht gibt."

## Abgestufter Atheismus

Atheisten sind freilich nicht einfach Atheisten. Es gibt vielmehr bei den Befragten einen „abgestuften Atheismus". Auf dem Feld des Atheismus finden sich Personen mit unterschiedlich starker „Ablehnungsenergie", mit der sie gleichsam „Gott wegglauben", während die Gottgläubigen „Gott herglauben", also in die Welt und ihre bewusste Wirklichkeit „hereinglauben".

Die Daten illustrieren diese gestufte Ungläubigkeit der Atheisten verblüffend einfach. Die Befragten hatten im Lauf der Erhebung an drei verschiedenen Stellen die Möglichkeit, zum Ausdruck zu bringen, ob sie an einen Gott/an ein höheres Wesen glauben oder nicht. Das waren die Fragen bzw. Aussagen, zu denen eine Stellungnahme erbeten wurde:

- *„Glauben Sie an einen Gott bzw. an höhere Wesen und Mächte?"* (Antwortmöglichkeiten: ja/*nein*);
- *„Geben Sie bitte an, woran Sie aus den Folgenden glauben und woran Sie nicht glauben! – Gott"* (Antwortmöglichkeiten: glaube daran/*glaube nicht daran*);

- „*Für viele Menschen sind religiöse Inhalte Teil ihrer Weltanschauung. Inwieweit stimmen Sie der folgenden Aussagen zu? ‚Es gibt keinen Gott.'*" (Antwortmöglichkeiten: 1 = stimme sehr zu, 4 = *stimme gar nicht zu*).

Diesen drei Positionen[36] wurde vom Großteil der Befragten verschieden oft zugestimmt. 70,5 % der Befragten haben keine der drei möglichen atheistischen Positionen gewählt. 11,9 % hingegen punkteten bei allen drei Aussagen atheistisch. Neben diesen konsistent Antwortenden gibt es aber zwei weitere Gruppen: 7,5 % haben die atheistische Position einmal sowie 10,4 % zweimal bejaht.

Die überwiegende Mehrheit der Menschen lässt sich somit keiner dieser drei atheistischen Positionen zuordnen; sie sind also „Nichtatheisten". Sie sollen als die „Gottgläubigen" bezeichnet werden. Deren Vielfalt (theistisch, deistisch) wurde ja soeben vorgestellt.

Die drei kleineren Gruppen befinden sich gemeinsam auf dem Feld des Atheismus, aber in unterschiedlicher Ausprägung. Je nach Häufigkeit der Zuordnung zur Aussage „*ich glaube nicht an einen Gott*" und „*ich glaube auch nicht an ein höheres Wesen*" werden angemessene Benennungen vergeben. Wer einmal zustimmte, erhält die Bezeichnung „atheisierend", jene mit zwei Zustimmungen „atheistisch". Personen mit drei Zustimmungen sollen „Vollatheisten" heißen.

Offensichtlich sind Atheisten in unterschiedlicher Eindeutigkeit und Sicherheit von ihrer Ablehnung der Existenz eines Gottes überzeugt. Der konkrete Atheismus der Menschen erweist sich somit hinsichtlich seiner Ablehnungskraft ähnlich wie die Zustimmungskraft der Gottgläubigen als gestuft.

---

36 | Diese drei Items sind faktorenanalytisch mit sehr hoher „Ladung" „eindimensional".

Fasst man die 30 % vom Feld des Atheismus als eine gemeinsame Kategorie aller Menschen zusammen, welche die Existenz eines Gottes ablehnen, dann sind von diesen 25 % atheisierend, 35 % atheistisch und die übrigen 40 % vollatheistisch.

## Das Gottesbild der vielfältigen Atheisten

Diese Abstufung in der Ablehnungskraft der Atheisten hat beträchtliche Auswirkungen auf die Zustimmung zunächst zu weiteren Aussagen in Bezug auf Gott. In der Studie wurde eine Reihe von Items über Gott vorgelegt, über dessen Verhältnis zur Welt und der Bedeutung Gottes für den einzelnen Menschen: *„Gott leitet das Leben jedes einzelnen Menschen"*; *„Es gibt einen Gott, der sich mit jedem Menschen persönlich befasst"*; *„Das Leben hat nur einen Sinn, weil es Gott gibt"*; *„Ich glaube, dass es einen Gott gibt"*; *„ denn irgendjemand muss die Welt erschaffen haben"*; *„Es gibt einen Gott, der den Lauf der Welt beeinflusst"*; *„Es gibt einen Gott, der Gott für uns sein will"*; *„Wenn es mir nicht gelingt, Gott zu erkennen und ihn zu lieben, ist mein Leben sinnlos"*; *„Nur ein Mensch, der an Gott glaubt, kann Opfer auf sich nehmen."*

Zwei Drittel bis drei Viertel der Gottgläubigen stimmen solchen Aussagen über Gott zu, der ihrer Überzeugung nach zur Welt und zu ihrem Leben in einem interessierten, schöpferischen Verhältnis steht. Werden die Gottesanhänger noch nach theistisch und deistisch aufgeschlüsselt, zeigt sich neuerlich ein deutliches Gefälle in den Zustimmungswerten.[37]

Die „Vollatheisten" lehnen hingegen solche Aussagen strikt ab. „Atheisierende" scheinen verunsicherte Gottgläubige zu sein. Die Gruppe weist beachtliche Zustimmungs-

---

37 | Siehe Tabelle 13 „Variationen hinsichtlich des Gottesglaubens" im Anhang.

werte zwischen 25 % und 50 % auf. Die „Atheistischen" sind bei den meisten Items den „Vollatheisten" sehr ähnlich. Unter dem Strich gibt es also eine Minderheit von leicht-ungläubigen Gottgläubigen sowie von etwas-gläubigen Atheisten. Die Menschen glauben offensichtlich nicht so konsistent wie Inhaber oder Inhaberinnen von dogmatischen Lehrstühlen, die Verfasser von Katechismen oder philosophischen Werken des wissenschaftlich bedachten Atheismus.

Dieselben Zusammenhänge werden sichtbar, wenn weitere Fragen mit diesen so unterschiedlichen weltanschaulichen Positionen in Verbindung gesetzt werden. Solche sind: *„Die höhere Macht: Das ist der ewige Kreislauf zwischen Mensch, Natur und Kosmos (der ganzen Welt)"; „Gott befindet sich nicht irgendwo da oben, er ist ausschließlich in den Herzen der Menschen"; „Meiner Meinung nach ist Gott nichts anderes als das Wertvolle im Menschen"; „Es ist nur ein frommer Wunsch, dass Gott die Menschen liebt"; „Es ist mir gleichgültig, ob es Gott gibt"; „Wenn es einen Gott gibt, dann spürt man jedenfalls wenig davon."*

Immer wieder kommt die Abstufung der Zustimmungen mehr oder minder deutlich zum Vorschein. Das ist bei den Aussagen, die gottskeptisch sind („frommer Wunsch", „gleichgültig", „spürt wenig") noch stärker ausgeprägt als bei naturalistischen Umdeutungen eines transzendenten Gottes in eine immanente höhere Naturmacht: Sogar ein Drittel der „Vollatheisten" kann sich vorstellen, dass mit dem Begriff Gott etwas im Herzen des Menschen gemeint ist. Das Wertvolle im Menschen wird (vielleicht wie gut mundender Wein – aber stets als etwas rein Diesseitiges) als „göttlich" gepriesen.[38]

---

38 | Siehe Tabelle 14 „Weitere Facetten des Gottesglaubens und der Leugnung Gottes" im Anhang.

## Farben des Gottesbildes von Atheisten

Aufschlussreich ist auch die emotionale Einfärbung des Gottesbildes der verschiedenen Arten von Atheisten. In der Studie wurde ermittelt, welche Eigenschaften die Befragten mit Gott verbinden. Dazu wurde ein Set von möglichen Eigenschaften vorgelegt. Unter diesen finden sich (wie eine faktorenanalytische Durchleuchtung erbrachte) „dunkle" (bedrohliche) sowie „helle" Eigenschaften.

- Zu den *hellen* Eigenschaften, die „Gott" zugeschrieben werden, zählen: *gütig-vergebend* – rächend; zerstörerisch – *schöpferisch*; väterlich – mütterlich; *allmächtig* – ohnmächtig; *tröstend-nah* – unbeteiligt-fern; einengend – *befreiend*;
- Als *dunkle* Eigenschaften gelten hingegen: *sexfeindlich* – sexfreundlich; *ängstigend* – beruhigend; für die Armen da – *für die Reichen da*; streng – liebevoll.

Die „Unatheistischen" (Gottgläubigen) setzen die hellen, nicht aber die dunklen Eigenschaften mit ihrem Gottesbild in Verbindung.[39] Bei den „Vollatheistischen" hingegen findet sich eine durchschnittliche Akzeptanz aller vorgelegten Eigenschaften. Das lässt sich als Sowohl-als-auch oder als Weder-noch deuten. Die zweite Deutung liegt näher. Denn wie sollen einem nichtexistenten Gott Eigenschaften zugeschrieben werden?! Die „Atheistischen" liegen nahe an den „Voll-

---

39 | Für die Aufschlüsselung der Zuschreibung dieser Eigenschaften zu den vier „Atheismustypen" wurde ein einzelnes Item (*„Es gibt keinen Gott"*) herausgegriffen, weil diese Frage nach den Eigenschaften nicht an jene gestellt wurde, die in der Frage nach den einzelnen Glaubenssätzen Gott nicht angemerkt haben, also nicht an einen Gott glauben. Die vier Antwortmöglichkeiten auf die Aussage „Es gibt keinen Gott" waren 1 = stimme voll zu, 4 = lehne ich gänzlich ab.

atheisten", die „Atheisierenden" hingegen tendieren bei den hellen Eigenschaften in Richtung der positiven Zustimmungswert der „Unatheistischen", der Gottgläubigen.

Die „Unatheistischen" (Gottgläubigen) haben von der emotionalen Einfärbung her ein sehr freundliches Gottesbild. Es entspricht weithin dem Gott des Erbarmens, für welchen das Judentum wie das Christentum in ihren Kernerzählungen stehen: ein Grundmerkmal, auf das Papst Franziskus in seinem Pontifikat unentwegt verweist.[40] Es sind Eigenschaften, die von einem guten, liebenden Gott erzählen. Das Gottesbild der anderen drei Typen (vollatheistisch, atheistisch, atheisierend) ist mit den hellen Farben unterschiedlich ausgemalt. Die dunklen Farben haben aber bei allen drei Typen in etwa die gleiche Stärke. Diese dunkle Färbung liegt bei ihnen deutlich höher als bei den gänzlich Unatheistisch-Gottgläubigen. Die dunklen Farben lassen Gott als streng bis bedrohlich, lebensfeindlich (sexualfeindlich) und – ein alter Vorwurf – als einen Gott auf der Seite der Reichen erscheinen.[41]

## Glaubenskosmen der weltanschaulichen Typen

Die Studie leuchtet nicht nur das Gottesbild aus und sucht nach bevorzugten Eigenschaften der Bilder des geleugneten Gottes bei den unterschiedlichen Glaubens- und Atheismusstufen. Es leuchtet auch den Glaubenskosmos der Menschen aus. Dazu diente die einfache Frage: *„Geben Sie bitte an, wo-*

---

40 | Zulehner, Paul M.: „Ich träume von einer Kirche als Mutter und Hirtin". Die neue Pastoralkultur von Papst Franziskus, Ostfildern 2018.

41 | Siehe Abbildung 4 „Helle und dunkle Gottesbilder – nach Atheismusstärke" im Anhang.

*ran Sie aus den Folgenden glauben und woran Sie nicht glauben!"* Nach dieser Einleitung wurde eine Liste von bekannten Glaubenspositionen vorgelegt, ergänzt durch den „Glauben an die Wissenschaft". Neuerlich werden die „Gottgläubigen" in „Theisten" und „Deisten" aufgesplittet.[42]

„Vollatheisten" sind (nur) wissenschaftsgläubig. Aber die Wissenschaft hat auch bei den „Theisten" und den „Deisten" einen hohen Stellenwert. Wissenschaft und Glaube sind offensichtlich heute für die Glaubenden kein Widerspruch mehr. Als gegensätzliche Positionen erweisen sich die „Theisten" und die „Vollatheisten". Dabei ist bemerkenswert, dass 37 % der Atheisten an eine Seele glauben, 10 % an Wunder oder die Heilung durch Handauflegung. Sollte bei dieser kleinen abweichenden Gruppe Chesterton Recht behalten, wenn er sagte: „Wer nicht an Gott glaubt, glaubt nicht an nichts, sondern an alles"?

## Lebenspraktische Auswirkungen der Gottesbilder

Es ist derzeit ein starkes Bemühen wahrnehmbar, den Nachweis zu erbringen, dass es hinsichtlich des Guten und Wertvollen zwischen den Atheisten und den Nichtatheisten keine Unterschiede gibt. Abgelehnt wird die Behauptung, dass Nichtatheisten moralisch bessere Menschen seien. Die Ethik der Atheisten und die Ethik der Nichtatheisten würden einander gleichen oder seien zumindest sehr ähnlich. Es brauche keine Religion und keinen Gott für eine menschenwürdige Gestaltung des persönlichen Lebens und

---

42 | Siehe Abbildung 5 „Glaubenskosmen – nach Gottesbild" im Anhang.

des gesellschaftlichen Zusammenlebens. Das gemeinsame Menschsein sei eine ausreichende Basis.

Eine solche aufgeklärte Position macht friedenspolitisch Sinn. Dennoch kann es hypothetisch möglich sein, dass der Teufel im Detail sitzt. Was menschenwürdige Gestaltung des Lebens ist, kann bei Nichtatheisten und Atheisten etwas anderes bedeuten. Mag das Ziel eines friedlichen, weil gerechten Miteinanders auf dem Weg der Menschlichkeit auch gleich sein: der Weg, der zum Ziel führt, ist möglicherweise ein anderer.

Diese Debatte um die (sozial)ethische Relevanz von Gottglauben und Atheismus wird mit viel Einsatz geführt. Durchaus verständliche Interessen scheinen im Spiel zu sein. Atheisten mussten sich lange Zeit gegenüber den einst dominanten Kirchen verteidigen, die sich mit den Mächtigen verbündet hatten. Nach dem Aufkommen des Atheismus gerieten wiederum vor allem im totalitären Machtbereich des Kommunismus die Nichtatheisten in Verteidigungsposition. Im aggressiven Religions- und Kirchenkampf wurde von Christen die erlittene politische Unterlegenheit mit moralischer Überlegenheit beantwortet.

Auschwitz und GULAG haben der atheistischen, aber auch der theistischen Position einen historischen Dämpfer versetzt. Angesichts bedrohlicher Aspekte in der Menschheitsentwicklung wird in weltanschauungsübergreifender Ökumene Einklang gesucht. Atheisten betonen ihre moralische Gleichwertigkeit.[43] Nichtatheisten haben gelernt, von moralischer Überheblichkeit Abstand zu nehmen und im Dialog mit allen Menschen guten Willens Wertschätzung und Respekt zu zeigen.

---

43 | Grosser, Alfred: Die Früchte ihres Baumes. Ein atheistischer Blick auf die Christen, Göttingen 2005.

Solcherlei vermutbare Interessen können das Erkennen verschatten. Gleichklang wird gesucht: Aber stellt er sich tatsächlich ein? Ein nüchterner Blick in die reichhaltigen Umfragedaten ermöglicht Differenzierungen. Bei den Analysen der Daten soll hypothetisch angenommen werden, dass die unterschiedlichen weltanschaulichen Positionen sich auf viele Belange des alltäglichen Lebens und Zusammenlebens kaum auswirken. Denn Glaubende und Nichtglaubende stehen vor den gleichen alltäglichen Herausforderungen in Familie und Beruf. Sie teilen kulturelle Werte in Musik, Poesie, bildender Kunst, Wissenschaft, Wirtschaft und Politik. Sie stehen in gleicher Weise vor der ökologischen Herausforderung und dem Kunststück, die Balance zwischen Ökologie und Ökonomie einigermaßen zu halten. Aber die Möglichkeit von Unterschieden wird nicht von vornherein ausgeschlossen. Mithilfe der reichhaltigen vorliegenden Daten versuchen wir zu diesem wichtigen Aspekt des gesellschaftlichen Diskurses einen fundierten Beitrag zu leisten.

## Tod und Sterben

Wenn es um die Frage geht, in welcher „Wirklichkeit" jemand lebt und wie die Herausforderung des Todes gemeistert wird, sind die Unterschiede zwischen den verschiedenen Typen des Gottverhältnisses drastisch.

Atheisten und Gottanhänger leben in einer gänzlich anderen Wirklichkeit. Für „Vollatheisten" ist die Wirklichkeit, die sie mit ihrem Bewusstsein bewohnen, allein diesseitig, begrenzt in Raum und Zeit. Sie existieren nur in dieser irdischen Welt. Die Transzendenzspannweite ihrer Wirklichkeit ist eng (98 % zählen zum Typ der „Begrenzten"). Sie wähnen sich als „Sterbliche" (80 %). Verliert der Atheismus bei einem

Befragten an Eindeutigkeit, nimmt also die Energie ab, mit der Gott abgelehnt wird. Dann fallen die Werte derer stark, die sich für sterblich halten und in der begrenzten diesseitigen Welt verankert sind. Dabei wiederholt sich die schon bekannte Nähe der „Atheistischen" zu den „Vollatheistischen" und jene der „Atheisierenden" zu den „Gottgläubigen". Mit der (zunehmend klaren) Ablehnung der Existenz eines Gottes reduziert sich also die Transzendenzspannweite der Wirklichkeit drastisch. Die Wirklichkeit wird begrenzt und geheimnislos. Dasselbe Bild erhält man, wenn es um „(Un-) Sterblichkeit" geht. 2 % der „Theisten" zählen zu den „Sterblichen", für welche mit dem Tod ihre Existenz definitiv endet. Unter den „Vollatheisten" steigt ihr Anteil auf 80 %.[44]

Die Todesfrage wird also von den „Vollatheisten" diametral anders beantwortet als von den „Theisten". Dieses verschiedene „Weltbild" wirkt sich unmittelbar auf praktische Fragen rund um Sterben und Tod aus. Wegen der hohen Korrelation zwischen den Gottes- und den Todesbildern treffen die folgenden Analysen faktisch auch auf die zuvor vorgestellten „Sterblichen" und „Unsterblichen", die „Entgrenzten" und die „Begrenzten" zu.

### *Bevorzugte Orte für Pflege und Sterben*

Nur leichte Unterschiede zeigen sich je nach weltanschaulichem Typ in der Frage, wo jemand in einem terminalen Stadium gepflegt werden und sterben möchte. „Theisten" wünschen sich mehr als „Vollatheisten", dass dies „daheim" geschieht. 39 % der „Theisten" möchten im eigenen Zuhause, weitere 25 % bei Familienangehörigen diese Zeit verbringen, das sind zusammen zwei Drittel (64 %). Unter den „Vollathe-

---

44 | Siehe Tabelle 12 „Transzendenzspannweite und (Un-)Sterblichkeit je nach (Un-)Glaubenstypen" im Anhang.

isten" haben („nur") 40 % diesen Wunsch. Es ist nicht einfach zu erklären, warum es den 20 % der „Vollatheisten" egal ist, unter den „Theisten" hingegen nur 4 %.[45]

## Unterschiedliche Kulturen des Abschiednehmens

Weitere Gemeinsamkeiten und Differenzen zwischen den Haltungen einem Gott gegenüber werden sichtbar, wenn es um den Abschied von einem angehörigen Menschen geht. Einig sind sich die „Theisten" und die „Vollatheisten", dass die Toten in Erinnerung bleiben sollen. Beide Typen stellen sich dem Loslassen. Der Verlust wird von beiden als schmerzlich empfunden. Auch Dankbarkeit für das Leben der Verstorbenen kommt auf. Allerdings zeigen sich bei den letzten beiden Gedanken schon Unterschiede.

Bei weiteren Fragen tut sich aber ein immer breiterer Graben auf. „Theisten" denken eher als „Vollatheisten" an den eigenen Tod, fragen nach dem Sinn des Lebens im Allgemeinen. Noch größer ist die Differenz beim Gedanken daran, dass es dem toten Menschen jetzt besser geht. Wenn 39 % der „Vollatheisten" so denken und fühlen, dann eher, dass der Tote viel Dunkles losgeworden ist. Der „Theist" hingegen denkt tendenziell an Erlösung. Der eine findet sich durch das Nichtsein erlöst, der andere durch das Umgewandeltsein.

Dass es bei den beiden letzten Aussagen krasse Differenzen gibt, war erwartbar. Wer nicht an einen Gott und mit diesem an eine Existenz nach dem Tod glaubt bzw. glauben kann, kann auch dem Toten kein *„neues Leben"* wünschen, obgleich 27 % der „Vollatheisten" das machen. Schwer zu

---

45 | Siehe Tabelle 15 „Wenn Sie unheilbar krank wären: wo möchten Sie gepflegt werden und sterben?" im Anhang.

deuten ist auch, dass 20 % der Vollatheisten hoffen, dass *„wir uns alle wiedersehen werden".*[46]

Diese Daten sind für Beerdigungsansprachen von Belang. Denn bei der Beerdigung hören alle zu, Theisten wie Atheisten. Den Rednern mag es eine Erleichterung sein, dass nicht wenige Gedanken und Gefühle von allen geteilt werden. Dazu zählen Gedanken über den eigenen Tod und den Sinn des Lebens. Zugleich gibt es aber Gedanken, die bei anwesenden Atheisten auf Unverständnis stoßen und deren Gedanken und Gefühlen zuwiderlaufen. Nicht mehr konsensuell sind die Bilder von einer möglichen Existenz nach dem Tod, wie: dass es *„dem toten Menschen jetzt besser geht",* dass dem oder der Toten *„ein ‚neues Leben' gewünscht wird"* oder wenn von der Hoffnung die Rede ist, dass *„wir uns alle wiedersehen werden".* Zwar neigt auch eine Minderheit der „Vollatheisen" zu solchen Hoffnungsbildern. Aber die Mehrheit lehnt sie – eigentlich logisch! – ab.

### Bestattungskulturen

Deutliche Unterschiede finden sich auch bei der keineswegs belanglosen Frage: *„Was soll mit Ihren sterblichen Überresten geschehen?"*[47]

„Theisten" und „Vollatheisten" vertreten konträre Bestattungskulturen. Anhänger eines persönlichen Gottes (theistisch Glaubende) wünschen eine Bestattung in einem Familiengrab (68 %) oder eine Urnenbeisetzung (zusammen knapp 25 %). Lediglich 7 % von ihnen brauchen keinen „Erinnerungsort" an verstorbene Angehörige. Bei den „Voll-

---

46 | Siehe Tabelle 17 „Beim Abschied von einem angehörigen Menschen: Welches sind Ihre Gedanken und Gefühle?" im Anhang.
47 | Siehe Tabelle 18 „Was soll mit den sterblichen Überresten geschehen?" im Anhang.

atheisten" ist diese Frage 52 % entweder egal oder sie lehnen einen Erinnerungsort ab (28 %). Während also die Gottesanhänger einen Ort wünschen, der sie an die Toten erinnert, lehnen Gottleugner Erinnerungsorte mehrheitlich ab. Sie können mit einer „Entsorgung" der sterblichen Überreste gut auskommen.[48]

## Autoritarismus

Gottesbilder stehen in einem engen Zusammenhang mit dem Freiheitsverständnis einer Person. Autoritarismus ist ein Persönlichkeitsmerkmal, das Freiheitsskepsis bis Freiheitsflucht signalisiert. Anders ausgedrückt: Autoritarismus ist Unterwerfungsbereitschaft. „Recht hat, wer oben ist", so lautet der handlungsleitende Hauptsatz des Autoritarismus. Diese Unterwerfungsbereitschaft erfordert eine Autorität, der sich jemand unterwirft. Nach Theodor W. Adorno[49] erklärt diese Bereitschaft die hohe Akzeptanz von faschistischen Diktaturen der Zwischenkriegszeit.

## Entwicklung des Autoritarismus 1970–2020

Die Langzeitstudie hat zu diesem Themenbereich Daten über die Entwicklung des Autoritarismus über ein halbes Jahrhundert. Dieser ist in Österreich seit den Siebzigerjahren kontinuierlich zurückgegangen. Der Achtundsechzigerkulturrevolution war dies eines der wichtigsten Ziele. Alle repressiven gesellschaftlichen Realitäten sollten entmachtet werden. Dazu zählen Institutionen, Normen und Autoritä-

---

48 | Siehe Abbildung 6 „Was mit den sterblichen Überresten geschehen soll …" im Anhang.
49 | Adorno, Theodor W.: The authoritarian personality, 1954.

ten. Es galt, das europäische Anliegen[50], Freiheitsgrade zu mehren, in eine neue historische Phase zu bringen. Wie die Zahlen belegen, ist dies auch weithin geschehen. Die Unterwerfungsbereitschaft der Bevölkerung sank rasch.

Allerdings gibt es derzeit eine bedenkliche Gegenentwicklung. Die Werte steigen seit der Mitte der Neunzigerjahre wieder an. Offenbar nimmt die Zahl jener (auch jungen) Personen zu, die inmitten verbriefter Freiheitsrechte die lästige Last der Freiheit wieder loswerden wollen. Und das in den meisten freiheitlichen Gesellschaften der Welt.[51]

Manche Ursachen erklären diese Umkehr der Freiheitsentwicklung. Die globalisierte Welt ist für viele bedrohlich „unübersichtlich" geworden (Jürgen Habermas). Die verfügbare individualistisch konzipierte Freiheit wird – ohne entlastende Institutionen und Regeln – als riskant (Jürg Willi) und überfordernd wahrgenommen. Die Ausbildung von Ich-starken Menschen ist wegen der Überforderung des für die Primärsozialisation zuständigen familialen Systems erschwert. Die Ausbildung einer lebensfrohen Identität kann auf der Strecke bleiben. Die Versuchung, sich eine Identität bei Gruppen und Führer\*innen zu leihen, steigt. Widerstandskraft wird in einer konsumistischen und lustliberalen Kultur nicht unbedingt gefördert. Zudem schafft der Verlust des offenen Himmels in der abgeschotteten Diesseitigkeit „angustia", Enge, also Angst.

Es ist just diese Angst von neuerlich Autoritätsbedürftigen, die in der Politik rechtspopulistischen[52] und in den Kir-

---

50 | Zulehner, Paul M.: Europa beseelen. Das Evangelium im Ringen um Freiheit, Gerechtigkeit und Wahrheit, Ostfildern 2019.
51 | Siehe Abbildung 7 „Autoritarismus in Österreich 1970–2020 nach Alter" im Anhang.
52 | „Leute, die nicht ordentlich arbeiten, soll man besser gar nicht unterstützen" (c = ,39): Diese sozialpolitisch harte Ansage unterstützen 53 % der

chen fundamentalistischen[53] Bewegungen Aufwind geben. Manche Parteien bedienen diese Ängste gekonnt und schüren sie sogar im Verein mit Boulevardmedien. Aber auch Kreise in den christlichen Kirchen, die am Verlust ihrer klerikalen Macht leiden, sehen ihre Zeit neuerlich gekommen. Umso wichtiger ist, mit Hilfe der Daten die Autoritätsanfälligkeit auch und gerade von Kirchenmitgliedern unter die Lupe zu nehmen. Dazu soll der Autoritarismus einer Person mit dessen Gottesbild korreliert werden.

## Gottesbilder im Kontext des Autoritarismus

Für „Theisten" kommt dafür neben irdischen Autoritäten und Führern auch die Autorität Gottes in Betracht. Solche göttliche Autorität kann durch eine Kirche vertreten werden. 50 % der „Theisten" erwarten sich demgemäß auch von der Kirche Autorität. Dann nehmen in Richtung der „Vollatheisten" (immerhin noch 11 %) die Werte ab: „Deisten" 32 %, „Atheisierende" 34 %, „Atheistische" 19 %.

„Theisten" erweisen sich mit 50 % als deutlich autoritärer als „Vollatheisten" (23 %). Allerdings betrifft das nur einen Teil der „Theisten". Splittet man diese Gruppe nach der Stärke subjektiver Religiosität, dann zeigt sich, dass unter

---

sehr Autoritären, aber nur 12 % der nicht Autoritären. – „Von Zeit zu Zeit würde ich mir in Österreich eine Diktatur wünschen, dann gäbe es nicht so viele Missstände" (c = ,28). 22 % der sehr Autoritären stimmen der Aussage zu; unter den nicht Autoritären sind es 3 %.

53 | Der „Kirchenautoritarismus" kommt in folgenden Textitems zum Ausdruck: *„Ich erwarte mir von einer Kirche Autorität."* – *„Dem Glauben muss man mit Ehrfurcht begegnen und nicht mit Kritik."* – *„Der Glaube sollte etwas ganz Unveränderliches sein, an dem man sich ausrichtet."* – *„Durch die vielen Änderungen in der Kirche wird man im Glauben unsicher."* Je autoritärer eine Person ist, desto eher stimmt sie solchen Aussagen zu. Zulehner: Wandlung, 250f.

den religiösen „Theisten" (jetzt als 100 % genommen) die Autoritären (41 %) wie die Nichtautoritären (44 %) einander die Waage halten. Es gibt also sowohl unterwerfungsbereite wie freiheitsbedachte Theisten. Das spiegelt sehr gut wider, dass es in den Religionsgemeinschaften eine teils aggressive Polarisierung zwischen „Fundamentalisten" und „Modernisten" gibt.

Bei den „Theisten" stellt sich die Frage, ob sich ihr Autoritarismus allein innerweltlich platziert oder ob er sich auch auf das Gottesverhältnis auswirkt. Die Daten lassen lediglich erkennen, dass sehr autoritäre „Theisten" auch zu 75 % von ihrer Kirche Autorität verlangen. Unten den nichtautoritären „Theisten" sind es lediglich 12 %.

„Vollatheisten" kennen keinen Gott, dem sie sich „unterwerfen" könnten. Aber es findet sich bei einem knappen Viertel von ihnen (22 %) die Neigung zu einem säkularen Autoritarismus. Die Unterwerfungsbereitschaft wird dann ausschließlich irdischen Autoritäten zugeleitet: Eltern, Lehrern, Politikern, der Werbung oder wer sonst sich auf dem Markt der Autoritäten anbietet.[54]

## Gesellschaftspolitische Aktivitäten der Kirchen nach weltanschaulichem Hintergrund

Für das gesellschaftspolitische Engagement der christlichen Kirchen ist es hilfreich zu wissen, wie die unterschiedlichen weltanschaulichen Typen dazu stehen. Diese Frage hat historisch gewichtige Gründe. Denn atheistische Systeme haben christliche Kirchen und Religionsgemeinschaften aus der

---

54 | Siehe Tabelle 19 „Autoritarismus nach weltanschaulichen Typen" im Anhang.

Gestaltung der Gesellschaft gewaltsam ausgeschlossen. Sie beanspruchten ein Gestaltungsmonopol allein für die vom Atheismus geprägte kommunistische Partei.

In dieser Studie geht es allerdings nicht um politische Mächte, welche sich dem Atheismus verschworen haben, sondern um einzelne Menschen in freiheitlichen Gesellschaften, die sich zu unterschiedlichen weltanschaulichen Positionen zugehörig wissen. Die Frage in der Studie lautete dementsprechend: *„Für welche der folgenden Bereiche sollen sich die Kirchen Ihrer Meinung nach verstärkt einsetzen?"* Es konnten Aufgaben aus einer Liste mit neun Vorschlägen ausgewählt werden.

Zwei Drittel (67 %) der „Vollatheisten" erwarten Einsatz gegen Armut, fast ebenso viele (64 %) für den Frieden in der Welt. Es folgen die politischen Anliegen der Erhaltung der Umwelt (39 %). Ein Drittel (36 %) wünscht mehr Engagement der Kirchen gegen die Benachteiligung der Frauen, 34 % gegen Ausländerfeindlichkeit. 20 % erwarten von den Kirchen mehr bei der Aufnahme von Asylsuchenden und 17 % mit Blick auf die Veränderungen in der Arbeitswelt.

Auf deutlich höherem Niveau, aber in etwa mit demselben Rückgang der Zahlen von Thema zu Thema liegen die Werte für die „Theisten". Frieden und Armut stehen an der Spitze, Asylsuchende und Arbeitswelt am Ende der Datenreihe.

Die größte Differenz zwischen diesen beiden Randgruppen der „Theisten" und der „Vollatheisten" findet sich beim Engagement für die Zukunft der gesamten Menschheit. Während von den „Theisten" 69 % mehr Engagement der Kirchen wünschen, sind es unter den „Vollatheisten" um

30 % weniger. Auch beim Einsatz für den Frieden erwarten unter den „Vollatheisten" 25 % weniger als die „Theisten".[55]

Das Ergebnis lässt aber insgesamt auf eine gute Zusammenarbeit zwischen allen weltanschaulichen Lagern bei den großen Herausforderungen der Menschheit hoffen. Dass dabei die zumeist kirchengebundenen „Theisten" noch höhere Ansprüche an die eigenen Kirchen stellen als die „Vollatheisten", verwundert nicht. Dies wird an der Summendifferenz anschaulich. Erreichen die „Theisten" bei allen Themen in Summe 413 Prozentpunkte, sind es unter den „Vollatheisten" mit 318 um 95 Punkte weniger. Trotz tiefer weltanschaulicher Differenzen wird aber von einer Mehrheit eine Mitgestaltung der Challenges der Menschheit durch die Kirchen begrüßt.

## Religions- und Ethikunterricht

Beachtlich hoch ist die Zustimmung von „Vollatheisten" zu einem Ethikunterricht mit oder ohne Verbindung mit einem Religions- bzw. Religionenunterricht. Dabei geht deren Tendenz eher zu einem Unterricht für alle Schüler*innen zusammen. Bei den Ergebnissen darf nicht übersehen werden, dass die Befragten für jede einzelne Möglichkeit unabhängig von den anderen votieren konnten. Das ergibt ein nicht konsistentes Ergebnis, was darauf hinweist, dass die Meinungslage in Bewegung ist.

Gar keinen Unterricht wollen 24 % der „Vollatheisten" („Theisten": 6 %). Einen Ethikunterricht für jene, die sich vom Religionsunterricht abmelden, wünschen 38 % der „Vollatheisten". 40 % treten für einen Ethikunterricht für

---

55 | Siehe Tabelle 20 „Für welche der folgenden Bereiche sollen sich die Kirchen Ihrer Meinung nach verstärkt einsetzen?" im Anhang.

alle zusätzlich zu einem Religionsunterricht ein. Jeder zweite der „Vollatheisten" hält schließlich ein neues Unterrichtsfach für gut, in dem Religionen und Ethik zusammen unterrichtet werden. Die Zustimmungswerte bei den „Theisten" liegen allesamt höher. Rund 70 % der „Theisten" können allen neuen Unterrichtsmodellen etwas abgewinnen.

Es scheint somit kulturpolitische Differenzen zu geben, aber nur eine Minderheit (24 %) der „Vollatheisten" lehnt jeglichen Religions-, Religionen- oder Ethikunterricht ab. Dabei steht das Interesse an einem neuen Ethikunterricht im Vordergrund. Immerhin respektiert ein Drittel der „Vollatheisten" einen Religionsunterricht mit Abmeldemöglichkeit. Und zwei Drittel können sich einen Unterricht über die Religionen als Kulturgut in Verbindung mit Ethik vorstellen.[56]

## Verteilung der weltanschaulichen Typen in der Bevölkerung

Wo aber leben die unterschiedlichen weltanschaulichen Gruppen im Land? Welche Bildung haben sie, welches Alter und welches Geschlecht? Um diese Frage differenziert zu beantworten, wurde eine „Regressionsanalyse" gemacht. Mit deren Hilfe können überlagernde Einflüsse ausgeschlossen werden.

Zunächst ist nicht überraschend, dass die Zugehörigkeit bzw. Nichtzugehörigkeit zu einer Religionsgemeinschaft ein starker Faktor ist (beta = ,22). Es folgen die Kinderzahl (beta = -,16) und das Geschlecht (beta = -,12). Eine signifikante,

---

56 | Siehe Tabelle 21 „Religionen- und Ethikunterricht" im Anhang.

also zufallsunabhängige Rolle spielen der Lebensstand (beta = ,09) sowie die Dauer und Art der Schulbildung (beta = ,06). Signifikante Wirkung zeigt schließlich das Lebensalter (beta = ,06). Keinen zufallsunabhängigen Einfluss besitzen die Merkmale wie: welche politische Partei jemand wählt (beta = ,01), und, was überrascht: wie groß der Ort ist, in dem jemand lebt (beta = –,01).

## Religionsgemeinschaft

Es überrascht nicht, dass unter jenen, die keiner Kirche angehören, nur 5 % ein theistisches Gottesbild aufweisen. 30 % von diesen folgen den „Deisten", 8 % sind atheisierend, 17 % atheistisch und die Hälfte von ihnen (50 %) vollatheistisch.

Schon etwas anders sieht die Situation bei jener Kategorie von Befragten aus, die aus einer Kirche ausgetreten sind. Der Anteil der „Vollatheisten" sinkt auf 34 %, 33 % sind atheistische oder atheisierende Personen. 38 % bezeichnen sich als Anhänger eines deistischen Gottesbildes, 7 % glauben an einen persönlichen Gott, haben sich also der Position „theistisch" zugeordnet. Austreten bedeutet also keineswegs immer, gottlos zu werden und nichts zu glauben, obgleich sich zwei Drittel den Atheisten zugeordnet haben. Es kann also sein, dass der Austritt bei einigen ein „gläubiger" Protest gegen Aspekte der kirchlichen Performance ist, bei der deutlich höheren Anzahl aber der konsequente Rückzug von einer Gemeinschaft, deren Markenzeichen es ist, an Gott zu glauben.

Die Mitglieder der einzelnen Religionsgemeinschaften unterscheiden sich deutlich. Eindeutig ist die Lage bei den Angehörigen einer Freikirche. Sie sind eine Kirche von Gottgläubigen (100 %), und zwar von entschiedenen „Theisten"

(94 %). In einer Freikirche ist man vermutlich aus gruppendynamischen Gründen gar nicht frei, nicht an Gott zu glauben oder Skepsis und Zweifel zu haben.

Der Gottesglaube zeichnet auch die Mitglieder des Islams aus, die in Österreich leben. Der Anteil derer, die sich zwar dem Islam zugehörig bezeichneten, aber mit unterschiedlicher Gewissheit nicht an einen Gott glauben, liegt bei marginalen 8 %.

Dieser Anteil aus dem bunten Lager der Atheisten steigt bei den „Orthodoxen" auf 17 %, erreicht bei den Protestanten 19 % und liegt bei den Katholiken bei 21 %. Hinsichtlich ihres Gottesbildes sind die Mitglieder der katholischen und der evangelischen Kirche weithin ähnlich: Ein Viertel glaubt „theistisch" an einen persönlichen Gott, die Hälfte an eine Art höheres Wesen. In einem gewissen Sinn lässt sich behaupten, dass es gemessen an den Lehren der beiden Konfessionen unter ihren Mitgliedern ein Viertel konsistente Christen gibt, während die Hälfte in der Art der deistischen „Etwasisten" glauben: irgendetwas Höheres müsse es geben, zur Erklärung der Welt, zur Fundierung des Gewissens und für Zeiten der Tröstungsbedürftigkeit.[57]

## Kinderzahl

Der zweitstärkste Faktor, welche die Zuordnung eines Befragten zu einem weltanschaulichen Typ erklärt, ist überraschenderweise die Zahl der Kinder, für die sich jemand verantwortlich weiß. Bei dieser Aussage ist schon der Einfluss von Geschlecht, Alter und Lebensstand herausgerechnet. Je mehr Kinder jemand hat, desto eher glaubt dieser Befragte

---

57 | Siehe Tabelle 22 „Weltanschauliche Positionierung nach Religionszugehörigkeit" im Anhang.

im theistischen Modus an einen persönlichen Gott. Der Anteil der Zugehörigen zum bunten Lager der Atheisten sinkt mit steigender Kinderzahl von 43 % bei den Personen ohne Kinder hin zu 15 % bei jenen mit fünf Kindern.[58]

Ist die Bereitschaft, Kinder zu zeugen, im Umkreis des Glaubens an einen liebenden Gott eher möglich? Oder sind Kinder eine Lesehilfe für die Liebe Gottes? Das sind Fragen, auf die eine Antwort nicht leichtfällt. Jedenfalls scheint den Kinderreichen der Gesang ihrer Kirche zu konvenieren: „Gott liebt dieses Kind." Das Kind wird als Gottesgeschenk angenommen.

## Geschlecht

Ausgeprägt sind die weltanschaulichen Unterschiede zwischen den Geschlechtern. Hier können die Daten für jene Befragten ausgewiesen werden, die sich als Frauen oder Männer verstehen; der Anteil der Diversen ist so klein, dass eine Auswertung statistisch nicht zulässig ist. Mehr Frauen (78 %) als Männer (65 %) sind „gottgläubig", mehr Frauen (33 %) als Männer (26 %) haben ein theistisches Gottesbild, wobei freilich das Bild, das Frauen wie Männer haben, die an Gott glauben, eher deistisch ist.

Dementsprechend zählen sich Männer eher einer der Variationen des Atheismus zu: 8 % sind atheisierend, 12 % atheistisch und 15 % vollatheistisch. Das sind zusammen 35 %. Unter den Frauen beträgt diese Summe 22 %.[59]

---

58 | Siehe Tabelle 23 „Weltanschauliche Positionierung nach Kinderzahl" im Anhang.
59 | Siehe Tabelle 24 „Weltanschauliche Positionierung nach Geschlechtern" im Anhang.

## Lebensstand

Unabhängig von Geschlecht, Kinderzahl und Lebensalter spielt bei der Zuordnung zu einer weltanschaulichen Position auch der Lebensstand eine eigenständige signifikante Rolle. Verwitwete Personen, getrennt Lebende, Verheiratete und Wiederverheiratete glauben deutlich eher an einen Gott als Alleinlebende, seien diese geschieden oder ledig. Das gilt auch für unverheiratet Zusammenlebende. Dementsprechend finden sich in diesen beiden Feldern (stabile Beziehungen versus Alleinleben bzw. nicht institutionalisierte Partnerschaft) unterschiedlich viele „Atheisten". Sind es bei den Verheirateten 19 %, steigt deren Anteil bei den Ledigen auf 42 %. Gottesglaube und Lebenskultur beeinflussen einander in subtiler Weise. Leben Gottgläubige verbindlicher als jene, die keinen Zugang zu einem Glauben an Gott haben? Dieser Zusammenhang erinnert an die Korrelation zwischen (Un-)Glauben und der Bereitschaft zu teilen (Solidarität).[60]

## Bildung

Auch die Dauer und Art der Schulbildung beeinflusst eine bestimmte weltanschauliche Positionierung.[61] Personen, welche ausschließlich eine Volksschule besucht haben, sind mit 93 % nahezu alle „gottgläubig", viele von ihnen (60 %) glauben auch in theistischer Weise an einen persönlichen Gott. „Atheisten" sind in dieser Kategorie mit 7 % nur ganz selten anzutreffen. Deren Anteil steigt mit dem Eintritt in

---

60 | Siehe Tabelle 25 „Weltanschauliche Positionierung nach Lebensstand" im Anhang.
61 | Siehe Tabelle 26 „Weltanschauliche Positionierung nach Schulbildung" im Anhang.

eine Hauptschule, Handelsschule oder Berufsschule deutlich an, um dann in den weiteren Bildungsstufen bei einem Drittel zu verbleiben. Die meisten Atheisten finden sich unter den Personen mit Hochschulbildung: auch unter diesen bleibt aber die Ausprägung des Atheismus bunt: 7 % sind atheisierend, 14 % atheistisch und 17 % vollatheistisch. Auf der anderen Seite stehen zwei Drittel der Personen mit abgeschlossener Hochschulbildung, die sich als „gottgläubig" verstehen (63 %), sei es im theistischen (27 %) und noch mehr im deistischen Modus (40 %). Diese Aufteilung „mehr „Deisten" als „Theisten"" trifft auf Volks- und Hauptschüler nicht zu. In diesen beiden Bildungskategorien überwiegen die „Theisten".

Höhere Bildung geht somit bei zwei Drittel mit Gottesglauben einher, bei einem starken Drittel mit der Ablehnung der Existenz eines Gottes. Es wäre hier interessant, zwischen geisteswissenschaftlicher und naturwissenschaftlicher höherer Bildung zu unterscheiden. Dazu liegen jedoch keine Daten vor. Jedenfalls steht fest, dass höhere Bildung und Gottesglaube für die Mehrheit kompatibel ist. Das hat sich bereits weiter oben gezeigt: Personen, die an Gott glauben, glauben zugleich „an die Wissenschaft". Anders als in Zeiten der frühen Aufklärung angenommen, liegt kein zwingender Widerspruch zwischen „fides und ratio", Glauben und Vernunft vor. Zugleich finden sich neben den gottgläubigen Akademiker*innen hochgebildete Personen, die zwischen Glauben und Vernunft einen Widerspruch erleben und sich folglich vom Gottesglauben (mit mehr oder minder starker Gewissheit) zurückziehen. Dass Personen, die nur einen Volksschulabschluss haben, zu 93 % gottgläubig und von diesen wieder die Mehrheit an einen persönlichen Gott glauben, scheint dem alten Vorurteil zu entsprechen, dass einfache Personen eine Art „Köhlerglauben" besitzen. Diese Zuschreibung wäre umso plausibler, hätten sich die Hochgebildeten alle der Ablehnung der Existenz eines Gottes verschrieben, was aber nicht der Fall ist. Insofern sich die heutige Gesellschaft als Bildungsgesellschaft versteht und der Anteil der Personen mit zunehmend hoher Bildung seit 1945 in Österreich stetig gestiegen ist, sind alle jene, welche für den Gottesglauben einstehen, gehalten, modernes Wissen und überlieferten Glauben in eine schöpferische Beziehung zu setzen. Zugleich werden die bestallten Gottesverkündiger respektieren, dass im Umkreis moderner Wissenschaften, die methodologisch gar nicht anders können als so zu forschen, „als ob es Gott nicht gäbe", die Gottesgewissheit gedämpft sein kann und sich legitime Zweifel einstellen können. Dabei kann es sein, dass der Wissenschaft innewohnender Zweifel und Gottesglaube ebenso zusammengehören wie aus dem Zweifel Skepsis und schließlich eine vollatheistische Gewissheit erwachsen kann.[62]

## Alter

Jüngere Menschen haben in unserer Kultur offenbar keinen so einfachen Zugang zum Gottesglauben mehr wie ältere. Sind bei den unter Dreißigjährigen weniger als 60 % „gottgläubig" (wobei sich die „Theisten" und „Deisten" die Waage halten), sind es bei den über Achtzigjährigen 95 %. Das bedeutet zugleich, dass der Anteil der Atheisten mit zunehmendem Alter geringer, bei den jungen Befragten aber am

---

62| Berger, Peter L./Zijderveld, Anton: Lob des Zweifels. Was ein überzeugender Glaube braucht, Freiburg 2005.

stärksten verbreitet ist. Vier von zehn unter Dreißigjährigen ist eine der drei Arten von Atheisten zugeordnet. Von den 20- bis 29-Jährigen sind 7 % atheisierend, 17 % atheistisch und 16 % vollatheistisch.[63]

## Ortsgröße

Überraschenderweise spielt es für die weltanschauliche Positionierung eines Befragten keine signifikante Rolle, ob jemand in einem kleinen Dorf, einer Klein- oder Mittelstadt oder in Wien wohnt (beta = –,01). Die anderen Persönlichkeitsmerkmale wie Geschlecht, Alter oder auch Bildung sind deutlich wichtiger. Offenbar ist die kulturelle Prägung der Menschen auf dem Land und in der Stadt heute weithin ähnlich. Auch die Bewohner des Landes reisen, haben Zugang zu höherer Bildung, sind medial bestens versorgt, pendeln oftmals zur Arbeit in die Stadt bzw. in Stadtnähe.[64]

Faktisch ist der Anteil vielfarbiger Atheisten in der Stadt mit 35 % etwas höher als in Dörfern unter 1000 Einwohnern. Aber wie gesagt, die Einflussströme wurden regressionsanalytisch voneinander getrennt. Typische Merkmale der Städter (wie höhere Bildung oder geringere Kinderzahl aus loseren Beziehungen) fallen sichtlich mehr ins Gewicht.

---

63 | Siehe Tabelle 27 „Weltanschauliche Positionierung nach Alterskategorien" im Anhang.
64 | Siehe Tabelle 28 „Weltanschauliche Positionierung nach Ortsgröße" im Anhang

# Verbuntung auch der Gottesbilder

Das sind Highlights aus den Reflexion zu den Gottesbildern in unserer Kultur:
1. Eine Verbuntung der weltanschaulichen Landschaft zeigt sich nicht nur hinsichtlich der (Nicht-)Zugehörigkeit zu einer Kirche/Religionsgemeinschaft. Vielmehr findet sich diese Verbuntung auch unter den Gottesanhängern und jenen, welche die Existenz Gottes bestreiten.
2. Das Gottesverhältnis hat, wenn auch nur in bestimmten Feldern, nachhaltige Auswirkungen auf die Gestaltung des persönlichen Lebens und des gesellschaftlichen Zusammenlebens. Gottesanhänger haben mehr Kinder, leben eher in stabilen Beziehungen, sind mehr als die Atheisten bereit zum solidarischen Teilen und Verteilen. Sie haben andere Vorstellungen bezüglich der Kultivierung von Pflege, Sterben und Begräbnis. Atheisten neigen dazu, das Sterben aktiv aus ihrem definitiv zu Ende gehenden Leben outzusourcen; Gottesanhänger sind geneigt, ihr Sterben als Teil ihres Lebens zu vollbringen. Ein Teil der Atheisten wünscht sich durch die Hand oder mit Hilfe eines anderen zu sterben, Gottesanhänger eher an der Hand eines vertrauten Menschen.
3. In den großen Herausforderungen der Menschheit wie Frieden, Gerechtigkeit und Klimawandel ist die Bereitschaft unter den verschiedenen weltanschaulichen Gruppen zu gemeinsamem Handeln groß. Das ist eine gute Nachricht für ein friedlicheres und gerechteres Überleben der Menschheit.

# Update der Kirchengestalt

## Wandel der Ära

Die christlichen Kirchen machen derzeit in Europa einen tiefgreifenden Gestaltwandel durch. Manche ahistorisch Denkende oder Leute aus der Kirchenkampfarena verwenden dafür das untaugliche Wort „Krise". In diözesanen Steuerungsgruppen und Pfarrgemeinderäten geht diese Redeweise vielfach mit einer lähmenden Kirchendepression einher. Diese drückt sich in Ratlosigkeit und Jammern aus. Schuldige für die Krise werden gesucht. Die einen suchen einen profanen Sündenbock und klagen über eine Kultur, die als säkularisiert und gottlos verteufelt gilt: Der „Rauch des Satans" verdunkle diese und sei von dort her dabei, in die Kirche einzudringen (Paul VI.). Andere wiederum beklagen die Unfähigkeit der Kirche, das Evangelium in die heutige Kultur einzuweben und sich dazu mutig eine moderne Denkweise, Sprache und Kirchengestalt zu geben. Für diese zweite Richtung ist die Kirche zu weltfremd. Sie fordert ein umfassendes Updating der Kirche in all ihren Bereichen. Genau dieser Vorschlag aber wird wiederum von den Anhängern der ersten Richtung verworfen. Denn er führe nicht zu einer christlicheren Welt, sondern zu einer verweltlichten Kirche. Eine Art „Selbstsäkularisierung" (Wolfgang Huber) finde statt. Beide „Lager", die einander heftig „belagern", sehen zwar etwas Richtiges, sind aber beide einseitig. Während die einen um die Wahrung der Reinheit der überlieferten Tradition besorgt sind, machen die anderen ihre Bemühungen an der heutigen Situation fest und verlangen eine „(In-) Kulturation" des Evangeliums und der Kirchenstrukturen und damit eine Modernisierung der Kirche und ihrer Sprache in der Verkündigung.

Die Gefahr der einen ist eine situationsblinde Musealisierung der Tradition, die Gefahr der anderen der Verlust der prophetischen Kraft der überkommenen Tradition. Die Lösung findet sich folglich an der Schnittstelle zwischen Tradition und Situation, zwischen dem Evangelium und der Kultur. Beide in einen dialektischen befruchteten Dialog zu bringen, ist eines der großen Anliegen von Papst Franziskus, welches er in seiner „Regierungserklärung" *Evangelii gaudium (2013)* präsentiert hat.

## Paradigmenwechsel

Die folgenden Überlegungen arbeiten nicht mit diesem Paradigma der Krise und damit des Niedergangs der Kirche. Sie folgen vielmehr dem neuen Paradigma eines Übergangs, einer Transformation, eben einer „Wandlung", wie der Titel der Studie formuliert. Das ist auch theologisch konsequent. Denn es wird nicht übersehen, dass die Jesusbewegung, die sich in ihren Anfangszeiten in einer spannenden Suchbewegung in verschiedenartigen Kulturen unterschiedliche konkrete Gestalten gegeben hat, auch heute herausgefordert ist, in Zeiten der kulturellen Transformation ihre Kirchengestalt weiterzuentwickeln. Die pastoraltheologische Regel lautet: Tradition bleibt lebendig nur im Wandel ihrer Sozialgestalt und nicht im musealen Festhalten an der bisherigen. Papst Franziskus hat das mit Blick auf die fünfzigjährige Entwicklung der katholischen Kirche nach dem Zweiten Vatikanischen Konzil so ausgedrückt:

„Das Konzil war ein großartiges Werk des Heiligen Geistes. Denkt an Papst Johannes: Er schien ein guter Pfarrer zu sein, aber er war dem Heiligen Geist gehorsam und hat dieses Konzil begonnen. Aber heute, 50 Jahre danach, müssen wir uns fragen: Haben wir da all das getan, was uns der Heilige Geist im Konzil gesagt hat? In der Kontinuität und im Wachstum der Kirche, ist da das Konzil zu spüren gewesen? Nein, im Gegenteil: Wir feiern dieses Jubiläum und es scheint, dass wir dem Konzil ein Denkmal bauen, aber eines, das nicht unbequem ist, das uns nicht stört. Wir wollen uns nicht verändern und es gibt sogar auch Stimmen, die gar nicht vorwärts wollen, sondern zurück: Das ist dickköpfig, das ist der Versuch, den Heiligen Geist zu zähmen. So bekommt man törichte und lahme Herzen ... Der Heilige Geist drängt zum Wandel, und wir sind bequem ... Um es klar zu sagen: Der Heilige Geist ist für uns eine Belästigung. Er bewegt uns, er lässt uns unterwegs sein, er drängt die Kirche, weiterzugehen. Aber wir sind wie Petrus bei der Verklärung, ‚Ah, wie schön ist es doch, gemeinsam hier zu sein.' Das fordert uns aber nicht heraus. Wir wollen, dass der Heilige Geist sich beruhigt, wir wollen ihn zähmen. Aber das geht nicht. Denn er ist Gott und ist wie der Wind, der weht, wo er will. Er ist die Kraft Gottes, der uns Trost gibt und auch die Kraft, vorwärts zu gehen. Es ist dieses ‚Vorwärtsgehen', das für uns so anstrengend ist. Die Bequemlichkeit gefällt uns viel besser."[65]

---

65 | Radio Vatican, 16. 4. 2013. http://www.archivioradiovaticana.va/storico/2013/04/16/papst%20Franziskus%20bem%C3%A4ngelt%20umsetzung%20des%20zweiten%20vatikanums/ted-683281

# Wandel in der Kirchengestalt

Wer diesen Überlegungen zustimmen kann, versteht, dass die Herausforderung der Kirchen in Zeiten tiefgreifender kultureller Transformation darin besteht, die „Kirchengestalt" zu wandeln. Das führt nicht zum Ende der Kirche, auch nicht in Europa. Aber eine vertraute Kirchengestalt wird sterben und eine neue entsteht. Dieser Prozess ist bereits im Gang. Der Prophet Jesaja erhält Zuversicht auslösende Aktualität: „Denkt nicht mehr an das, was früher war; auf das, was vergangen ist, achtet nicht mehr! Siehe, nun mache ich etwas Neues. Schon sprießt es, merkt ihr es nicht?" (Jes 43,18f.)[66]

Nicht, dass die kommende Kirchengestalt allein aus einer religionssoziologischen Langzeitstudie heraus konstruiert werden kann: Das wäre blanker „Soziologismus". Dennoch kann eine solche Forschung in der anstehenden Zeit der Transformation der Kirchengestalt einen fundierten Beitrag zum Umbau leisten. Dabei gilt es, das in einer ersten Reflexion mit sozialwissenschaftlichen Methoden empirisch Aufgedeckte in einer zweiten theologischen Reflexion auf den Prüfstand des Evangeliums zu stellen. Erst in einem solchen echt pastoraltheologischen Dialog lassen sich gut begründete Anregungen für das Handeln der Kirche erkennen. Dazu werden im Folgenden Versuche gemacht.

---

66 | Hennecke, Christian: Lust auf morgen!: Christsein und Kirche in die Zukunft denken, Aschaffenburg 2020.

# Kirchenaus- und -eintritte

Als überaus hilfreich kann sich die Analyse der Kirchenaustritte erweisen. Schon die amtliche kirchliche Statistik zeigt ein Zweifaches: Kirchenaustritte finden schon lange statt. Zudem: Es gibt Austrittsspitzen bei selbstverursachten kirchlichen Störfällen.

## Religiöse Mobilität

Kirchenaustritte sind eine Lesehilfe für praktizierte Wahlfreiheit, die heute in unserer freiheitlichen Gesellschaft jeder Mensch besitzt und auch wahrnimmt. Das Wählenkönnen ermöglich religiöse Mobilität.

In Europa kommen die Kirchen aus Zeiten, in denen es eine solche Freiheit so gut wie nicht gab. Im „christentümlichen" Europa war das Christsein Schicksal. Es wurde in der nachreformatorischen Zeit ausdrücklich dekretiert, dass die Herrschenden die Konfession der Untertanen bestimmen können: „cuius regio eius et religio". Nur so könne der Religions- und damit der „Landfrieden" gewahrt werden: eine Hoffnung, die freilich der blutige Dreißigjährige Krieg zerstreute. Dieser Krieg beschleunigte die Aufklärung, brachte Gott wegen dessen Verbindung mit Gewalt in Misskredit, führte zur verbrieften Religionsfreiheit, trennte Moral und Gesetz, und das alles gegen massiven Widerstand der katholischen Kirche, welche diese neuen „liberalen" Ansichten im Syllabus des Papstes Pius IX. ausdrücklich 1864 verwarf. Erst das Zweite Vatikanischen Konzil versöhnte sich hundert Jahre später (1965) mit den modernen Freiheitsrechten und der Demokratie. Im Kontext dieser gesellschaftlichen errungenen Freiheiten können sich nunmehr die Menschen selbst entscheiden, ob sie einer Kirche angehören wollen oder nicht. Eine Freiheit, die in einem Prozess kultureller Transformation rasch in das lebenspraktische Bewusstsein von immer mehr Bürgerinnen und Bürgern einsickerte. Aus dem „Zwang zu glauben", welcher Kirchenmitgliedschaft zum Schicksal machte, wurde ein „Zwang zur Wahl"[67]: Menschen können, noch mehr, sie müssen entscheiden, wie sie es mit den vielen Möglichkeiten in ihrem Leben halten. Und dazu gehört eben auch, wie sie sich zu Religion und Kirche verhalten.

Die Statistik über die Kirchenaustritte in Österreich seit 1945 ist ein dramatisches Anschauungsbeispiel für diese theoretische Formel. Nach den Wirren des Zweiten Weltkriegs und der Förderung von Kirchenaustritten (oder Übertritten von Katholiken in die evangelische Kirche) durch Adolf Hitler 1939 (dieser führte dazu die Kirchensteuer ein, um den Kirchen zu schaden!) kehrten nach 1945 nicht wenige wieder in die Kirche zurück. Dann aber setzte mit der Achtundsechziger-Revolution und ihrem Kampf für eine repressionsfreie[68] Freiheit eine lautlose Austrittsbewegung ein. 1967 traten rund zehn-, 1970 zwanzig-, 1982 dreißigtausend Personen aus der katholischen Kirche aus. 2018 lag deren Zahl über 54.000.

Diese Entwicklung kann als Lesehilfe für den Umbau der Kirchengestalt herangezogen werden. Die „Schicksalskirche" geht zu Ende, die Gestalt der „Wahlkirche" etabliert sich. Im Zuge dieses Umbaus wählen sich viele traditionelle „Schicksalsgläubige", ihre neue Freiheit nutzend, aus der

---

67 | Berger, Peter L.: Der Zwang zur Häresie. Religion in der pluralistischen Gesellschaft, Frankfurt 1980.
68 | Als Agenten der Repression galten alle gesellschaftlichen Institutionen, Autoritäten und Normen, nicht nur die religiösen.

Kirche aus. Lässt sich dieser Vorgang stoppen? Die Antwort kann nur lauten: Solange der Umbau dauert – nein! Möglich wäre das nur, wenn es den Kirchen gelänge, dass aus den kulturgestützten „Schicksalsgläubigen" persönlich entschiedene „Wahlgläubige" werden, und das in historisch besehen überaus kurzer Zeit.

Für dieses ambitionierte Unterfangen werden seit Jahren pastorale Programme entworfen und auch durchgeführt. Diese haben verschiedene Namen, aber stets das gleiche Ziel: Menschen in Freiheit für das Evangelium und für das Mitlieben und Mitwirken in Gemeinschaften des Evangeliums zu gewinnen. Manche versuchen es mit Katechesen, andere mit modernen Evangelisierungsmethoden, andere setzen auf sanften Bekehrungsdruck in religionspsychologisch raffiniert agierenden Gruppen.[69] Am besten scheint es derzeit den Freikirchen zu gelingen: Sie bestehen laut Studie überwiegend aus entschiedenen „Wahlgläubigen" und geben ihren Mitgliedern für die Erhaltung dieser Entscheidung nachhaltigen gemeinschaftlichen Support.

Vermutlich haben solche pastoralen Anstrengungen der letzten Jahrzehnte den Auszug mancher Kirchenmitglieder verhindert und manche zu einem entschiedenen Leben aus dem Evangelium gewonnen. Aber der Erfolg ist nicht so ergiebig, dass die Großkirchen und vor allem ihre herkömmliche Gestalt auf Dauer gesichert sind. Nähert sich die Kirche bei uns wieder dem biblischen Normalfall? Muss sie lernen, nicht großkirchlich eine „Kirche aller" zu sein, sondern jesuanisch und minderheitskirchlich eine „Kirche für alle", also Licht und Salz für die Erde (Mt 5,13f.) zu werden? Müssen die Kirchen in Europa nach dem endgültigen Ende der

---

69 | Rey, Karl Guido: Gotteserlebnisse im Schnellverfahren. Suggestion als Gefahr und Charisma, München 1985.

Konstantinischen Ära in ihrer nachreformatorischen Gestalt nicht aufhören, ihre Mitgliedszahlen auf 100 % zu beziehen und depressiv von dieser Benchmark herunterzurechnen, sondern in der Ära verbriefter Religionsfreiheit von 0 % hinaufzurechnen und sich darüber zu freuen, dass im Vergleich zu politischen Parteien oder Gewerkschaften gar nicht wenige freiwillig und engagiert mitmachen? In den Großkirchen ist jedenfalls der Anteil der entschiedenen „Wahlgläubigen" in den letzten fünfzig Jahren in Summe deutlich gesunken, obgleich auch in freilich überschaubarer Zahl Menschen gewonnen wurden, sich neu einzuwählen oder ihre Mitgliedschaft in einer Art Dauerentscheidung aufrechtzuerhalten.

Die Studie belegt diese Entwicklung mit konkreten Zahlen. Auf die Frage: *„Haben Sie schon mal überlegt, aus der Kirche auszutreten?"* antworteten im Jahr 2020 36 % der Katholiken und 21 % der Protestanten mit ja. Im Jahr 2010 waren es unter den Katholiken 33 %, unter den Protestanten 28 % gewesen. Bei jenen, die an einen Austritt dachten, wurde die Frage nachgeschoben: *„Darf ich noch einmal genauer fragen: Sind Sie fest dazu entschlossen, aus der Kirche auszutreten, oder haben Sie sich entschlossen zu bleiben, oder haben Sie bis jetzt noch keine feste Entscheidung gefällt?"* Von jenen Katholiken, die an einen Austritt dachten[70], haben sich 21 % entschlossen, tatsächlich auszutreten, 34 % hingegen zu bleiben. 46 % haben noch keine Entscheidung getroffen. Bei den Protestanten finden sich in beiden Untersuchungsjahren nahezu gleich viele im „Austrittsstandby" (43 %, 2010: 45 %), während von den Übrigen sich im Jahr

---

70 | Diese Personen werden hier als Gruppe herausgenommen und bilden für die folgenden Prozentwerte die Grundgesamtheit von 100 %.

2020 deutlich mehr zum Bleiben entschlossen haben (46 %, 2010: 28 %) als zum Gehen (12 %; 2010: 14 %).

Kirchenmitgliedschaft wird also für die Zeitgenossinnen und Zeitgenossen immer mehr zu einem Thema der freien Wahl. Bei dieser werden manche die ihnen als Kind übertragene Mitgliedschaft abwählen, andere werden sich in eine frei gewählte Kirchengemeinschaft einwählen. Und was für die Verantwortlichen der Kirchen ganz wichtig ist: Die Mehrheit befindet sich im „Austrittsstandby". Diese Kirchenmitglieder erwägen, sind aber unentschlossen. Die persönliche Wahl ist ein Prozess, der sowohl in die persönliche Lebensgeschichte wie in kulturelle Grund- und Gegenstimmungen eingewoben ist.

## Irritationen und Gratifikationen

Großes Gewicht bei der persönlichen Wahl haben, so die Studien der letzten Jahre, „gute Gründe", die aus einem Gemenge von Argumenten und Gefühlen bestehen. Es kann für das einzelne Mitglied gute Gründe für die Entscheidung zu bleiben, es kann aber ebenso gute Gründe für das Gehen geben. Wir haben uns in den Studien nach solchen guten Gründen auszutreten umgesehen.

Grob gesprochen spielen Personen und Lehren eine Rolle. Bei 95 % der aus der katholischen Kirche Ausgetretenen waren bestimmte Auffassungen der Kirche entscheidend, bei den Protestanten waren es mit 83 % ähnlich viele. 64 % (bei den Protestanten 68 %) haben sich über bestimmte Personen geärgert.

Die Ausgetretenen wurden in der Studie gebeten, aus einer längeren Liste jene konkreten Irritationen auszuwählen, die beim Verlassen der Kirchengemeinschaft eine Rolle spielten. Ganz oben rangiert der Kirchenbeitrag (Katholiken 67 %, Protestanten 68 %). Dieser kann ebenso Ursache sein wie Anstoß. Wem die Kirchenmitgliedschaft für sein Leben hilfreich und wichtig ist und wer sich engagiert, zahlt auch dann, wenn ihn manches irritiert.

Nach dem Kirchenbeitrag folgen in der Ergebnisliste typisch „katholische Irritationen", welche mit dem Verhältnis der Kirche zur heutigen Kultur zu tun haben. Dazu zählen der (antimoderne) Kurs der Kirche (45 %), die Haltung der Kirche gegenüber den Frauen (20 %), dass die Kirche undemokratisch ist (17 %), die in der Kirche vermittelte Sexualmoral (39 %). Es sind dies jene Themen, bei denen Reformgruppen in der katholischen Kirche schon seit dem Konzil unnachgiebig Entwicklungen einfordern. Dann gibt es auf der Liste akute Widrigkeiten: der sexuelle Missbrauch (42 %), innerkirchliche Skandale (34 %), Streit mit kirchlichem Personal (4 %).

### Persönliche Kirchenkrise oder Glaubenskrise?

„Nur" 15 % nannten als Austrittsgrund eine persönliche Glaubenskrise. Weitaus mehr irritiert die Performance der Kirche. Und es sind nicht nur Skandale. Was Zeitgenossen mindestens ebenso stört, ist das „kulturelle Martyrium", das ihnen „ihre antiquierte Kirche" als „heutige" Menschen zumutet.

Das ist freilich nur ein erster Befund. Differenzierte Analysen führen tiefer. Sie zeigen, dass die persönliche Glaubensentwicklung mehr Gewicht hat, als sichtlich von den Betroffenen selbst wahrgenommen wird. Hier berühren sich Irritationen und Gratifikationen. Die Irritationen wirken zentrifugal, treiben aus der kirchlichen Gemeinschaft hinaus; die Gratifikationen binden, wirken zentripetal. Schon die Studie 2010 hat gezeigt, dass das Verhältnis zwischen beiden für die Befragten offenbar ein sensibler Balanceakt ist. Die Formel, welche die Datenanalyse ergab, lautet schlicht: Je stärker die Gratifikationen und je schwächer die Irritationen, umso eher bleibt jemand in der Kirche oder schließt sich ihr an. Dies gilt auch bei ansteigenden Irritationen. Ich selbst diene gern als Beispiel. Als Insider bin ich über manche innerkirchlichen Missstände und Unbeweglichkeiten hinsichtlich der Zeitgemäßheit der Kirche mehr irritiert als viele, die ausgetreten sind. Aber ich trete nicht aus, weil mir lebensgeschichtlich starke Gratifikationen zugewachsen sind. Ich finde mich in der biblischen Erzählung wieder, nach der Jesus seinen engsten Jüngerkreis in einer viel mehr irritierenden Situation fragte: „Wollt auch ihr gehen?" und Petrus (übrigens gar nicht sehr wertschätzend) erwiderte: „Du bist alternativlos!" – Im O-Ton: „Wohin sollen wir gehen, du hast Worte ewigen Lebens!" (Joh 6,64)

Wie sehr fehlende Gratifikationen austrittsfördernd wirken, zeigt die Studie unverblümt. 50 % der Ausgetretenen sagen die Botschaft Jesu und die Bibel nichts. Nur 30 % glauben, dass es einen Gott gibt. Von den Ausgetretenen, die an Gott glauben, glauben 8 % „theistisch" an einen persönlich liebenden Gott, 38 % sehen Gott in deistischer Weise als Welterklärer; 17 % haben sich den Agnostikern und 34 % den Atheisten zugeordnet.

Dieser Befund belegt, dass manche als Gläubige die Kirche verlassen (43 % der Ausgetretenen betrachten sich nach wie vor als gläubige Menschen), andere hingegen als Glaubensentfremdete. Ein Teil hält sich auch nach wie vor für Christen (39 %). 44 % nehmen sich als religiös wahr, aber die

Kirche helfe ihnen dabei nicht. Offensichtlich gibt es gläubige und nichtgläubige Austretende. Die einen protestieren gegen die kirchliche Performance, die anderen erhöhen ihre persönliche Stimmigkeit, indem sie ihren Abschied vom Glauben mit einem Abschied von der Kirche abstimmen. Verbuntung auch hier!

56 % der Katholiken betonen mit Blick auf die Lehre: *„Ich trete erst dann aus der Kirche aus, wenn ich mit ihrer Lehre nicht mehr übereinstimme."* Noch deutlicher ist die Zustimmung zum Satz: *„Wenn mir die Kirche nichts mehr sagt, trete ich aus."* (66 %)

### Was könnte zu einem Wiedereintritt führen?

Die Ausgetretenen wurden auch gefragt, was sie zu einem Wiedereintritt bewegen könnte. Auch in den Antworten auf diese Frage werden „Gratifikationen" sichtbar, wenngleich die Prozentwerte auf niedrigem Niveau bleiben.

Für die Mehrheit kommt ein Wiedereintritt (derzeit) nicht in Frage. Wiedereintritt könnte dann erwogen werden, so eine Minderheit, wenn die Kirche ihr Kerngeschäft in moderner Art betreiben würde und ihre Glaubwürdigkeit wiedergewinnt. Zum Kerngeschäft gehören aber für Ausgetretene Spiritualität und Solidarität. Das könnte die Kirchen nachdenklich machen: *„Wenn ich in der Kirche meine spirituelle Sehnsucht gut aufgehoben fühle"* (21 %); *„Wenn die Kirche von einem liebenden und nicht von einem strafenden Gott redet"* (16 %); *„Wenn die Kirche unbeugsame Ungerechtigkeit kritisiert"* (20 %), *„Wenn sich die Caritas/Diakonie der Kirche für Notleidende einsetzt"* (18 %); *„Wenn die Kirche für den Frieden, die Gerechtigkeit und die Bewahrung der Schöpfung kämpft"* (18 %).

Erwähnt werden mit Blick auf eigene Kinder auch die Übergangsrituale Taufe (19 %), Erstkommunion (16 %) sowie die Erfahrung, dass *„ein Pfarrer einen Angehörigen/eine Angehörige von mir würdig beerdigt hat"* (15 %).

Nun mögen diese Zahlen niedrig erscheinen. Aber die Ausgetretenen bilden 2020 immerhin 15 % der Gesamtbevölkerung. Bei 73 % liegt dieser schon mehr als fünf Jahre zurück, bei 15 % erst bis zu drei Jahren.

## Warum Mitglied?

Für die Kirchenmitgliedschaft eines modernen Menschen sind also Gratifikationen spielentscheidend. Das bestätigt auch die Analyse der bei Kirchenmitgliedern vorhandenen Mitgliedschaftsmotive. Diesen wurde in allen sechs Studien seit 1970 nachgegangen.

Drei Arten von Motiven haben sich herauskristallisiert.

- Zum einen *soziale* Motive: Sorge um soziale Nachteile im Beruf, Kinder in der Schule, Rücksicht auf Freunde und Verwandte.
- Dann *traditionsbedachte* Motive: Ehrfurcht vor Eltern, die einen taufen ließen, von Kind an hineingewachsen, vielleicht gibt es ein Leben nach dem Tod, der Wunsch nach einem kirchlichen Begräbnis, muss einfach zu einer Kirche gehören.
- Aber auch ausdrücklich *religiöse* Motive: Lebenssinn, orientierende Maßstäbe, Ansprechpartner, Hilfe im Leben, beeindruckende Menschen, Glaubensgemeinschaft, Ruhe-Nachdenken-Meditieren, Jesus Christus und das Neue Testament, die Lehre der Kirche ist richtig, Caritas und Diakonie machen sich für die Armen stark.

Es überrascht nicht, dass heute die Angst vor sozialen Nachteilen klein ist. Mehr als die Hälfte der Befragten hat gute religiöse Motive. 70 % berufen sich auf die Tradition, in welche sie durch ihre Eltern hineingetauft wurden und die ein warmes Licht auf die Fragen des Lebensendes wirft.

Die Aufschlüsselung nach Mitgliedern und Ausgetretenen sowie jenen, die einen Austritt überlegt haben, ist höchst aufschlussreich. Mitglieder leben stark von einem Ineinander von traditionellen und religiösen Motiven, diese sind ähnlich stark wie bei jenen, die einen Austritt überlegen, sich aber entschlossen haben, dennoch zu bleiben. Die aber nach dem Überlegen ausgetreten sind, haben hingegen nur schwache traditionelle und kaum religiöse Motive.[71] Die Einbindung in die ererbte elterliche Tradition ist schwach geworden und religiöse Motive, also „Gratifikationen", sind kaum vorhanden. Damit wird neuerlich die optimistische Annahme gedämpft, dass die Austretenden ihren Glauben aus der kirchlichen Gemeinschaft hinaustragen, vielleicht sogar in der Gesellschaft verbreiten. Es kann in Einzelfällen natürlich passieren, dass ein Kirchenaustritt ein verkappter missionarischer Vorgang ist. David Steindl-Rast[72] spielt mit dem Gedanken, dass es bei manchem Kirchenaustritt wie bei Nilüberschwemmungen zugeht und das umliegende Land fruchtbar gemacht wird. Nun gibt es einzelne Personen, mit denen der Glaube aus der Kirche auswandert. Aber deren Anzahl, so die Datenlage, ist gering.

Zwei Detailanalysen zu den Mitgliedschaftsmotiven machen nachdenklich: Das Gewicht der traditionellen Motive ist in allen Alterskategorien mit 70 % ähnlich hoch, die Wirkung befürchteter sozialer Nachteile ähnlich niedrig. Die

---

71 | Eine Tabelle dazu findet sich in Zulehner: Wandlung, 92.
72 | Steindl-Rast, David: Credo. Ein Glaube, der alle verbindet, Freiburg 2010.

Älteren jedoch weisen doppelt so viele religiöse Motive auf wie die Jüngeren. Es scheint den christlichen Kirchen bei einem beträchtlichen Teil der jungen Menschen nur schwer zu gelingen, diesen die Jesusbewegung zu erschließen und sie zu gewinnen, sich ihr in Gemeinschaften des Evangeliums anzuschließen.

## Der unterschätzte Sonntagskirchgang

Man könne auch ohne Sonntagsmesse ein guter Christ sein. In dieser theoretischen Position waren sich im Jahre 2020 mehr oder minder alle einig: die Katholiken (86 %), die Protestanten (90 %), die Ausgetretenen (88 %) sowie jene, die nie einer Kirche angehört haben (85 %). Kirchgang und Mitfeier des Herrenmahls/der Eucharistie sind für die meisten Mitglieder einer christlichen Kirche heute subjektiv ohne Bedeutung.

### Kein eucharistischer Hunger

Wenn nun Papst Franziskus in seiner Pressekonferenz auf dem Rückflug vom Weltjugendtag in Panama vermerkte, es gebe in manchen Regionen der Weltkirche einen „eucharistischen Hunger", der nicht gestillt werden könne, weil es wegen der fehlenden Priester keine Sonntagsmessen gibt, dann scheint dieser, wie er erzählte, „far, far away, on the Pacific islands" zu sein, aber nicht bei uns.

Der Papst mahnte im Gespräch mit den Journalisten die lokalen Hirten, diesen „eucharistischen Hunger" zu stillen und ihm Vorschläge zu machen, wie die dazu erforderlichen Priester geweiht werden können – notfalls auch auf ungewöhnlichen Wegen wie durch die Weihe von gemeindeerfahrenen Personen, die verheiratet und in einem profanen Beruf tätig sind.[73]

Zwei Bischöfe in Österreich haben daraus prompt den Schluss gezogen, es brauche bei uns ein solches Nachdenken über Priester anderer Art gar nicht, weil es eben im Land keinen „eucharistischen Hunger" gebe. Die Daten der vorliegenden Religionsstudie scheinen ihnen Recht zu geben. Aber die Folgerung, die sie aus diesem Faktum pastoraltheologisch ziehen, kommt einer makabren Kapitulation gleich. Man bekommt das Gefühl, einzelne Bischöfe sind geradezu dankbar, dass es diesen eucharistischen Hunger bei uns gar nicht gibt und sie daher nicht über neue Zugangswege zum herkömmlichen Priesteramt und auch nicht über das Entwickeln von Priestern anderer Art nachdenken müssen. Es mutet gespenstisch an: Das Fehlen des eucharistischen Hungers sichert den Weiterbestand der ehelosen Lebensform der katholischen Priester!

Was aber ist eine Kirche ohne eucharistischen Hunger? Eine Gemeinde ohne Sonntagsmesse? Was passiert mit Menschen, die sich aus dem Innersten des christlichen und kirchlichen Lebens[74] entfernen? Welche Rolle spielt die Feier der Sonntagsmesse im religiösen Leben eines Kirchenmitglieds?

---

73 | Zulehner, Paul M.: Naht das Ende des Priestermangels? Ein Lösungsmodell, Ostfildern 2019.
74 | Darin sind sich alle kirchenamtlichen Texte der jüngeren Zeit einig, angefangen vom Zweiten Vatikanischen Konzil (Christus dominus, 30; Presbyterum ordinis, 5; Sacrosanctum Concilium, 10; Ad gentes, 9) über Johannes Paul II. (Ecclesia de eucharistia, 2003) und Benedikt XVI. und seine grandiose Predigt beim Weltjugendtag in Köln 2005. Auch Papst Franziskus lässt an dieser Zentralität der Feier der Eucharistie keinen Zweifel.

Die Daten liefern eine Riesenüberraschung. Sie widersprechen frontal der Selbsteinschätzung einer erdrückenden Mehrheit der Befragten, dass man auch ohne Sonntagsmesse ein guter Christ sein könne.

## Relativieren

Nun ist hier noch einmal kurz innezuhalten und ein gewichtiger theologischer Einspruch zu bedenken. Das Matthäusevangelium erzählt von der finalen göttlichen Schlussevaluierung des Lebens der Völker und darin der einzelnen Menschen (Mt 25,31–46). Es ist die Szene vom kommenden Weltgericht, ein Thema, das die Christenheit immer herausgefordert hat. Matthäus aber erwähnt unter den Kriterien für die „Rettung" keine religiösen Rituale, auch keinen Sonntagskirchgang. Nur die handfeste solidarische Liebe mit den Armen, Dürstenden, Hungernden, Kranken und Gefangenen und Flüchtlingen zählt.

Nun könnte die Erzählung vom Weltgericht auf den ersten Blick jenen Unterstützung gewähren, die sagen: Ich liebe doch. Und das schaffe ich auch ohne Sonntagsmesse. Ein solches Argumentieren wird auch dadurch unterstützt, dass es in der Tat viele solidarisch liebende Menschen gibt, die keinen Zugang zu einer Existenz Gottes finden, zu keiner Religionsgemeinschaft gehören oder kaum an deren Leben teilnehmen. Dies relativiert den Sonntagskirchgang.

Relativieren kann aber gänzlich Verschiedenes bedeuten. Entweder: etwas verliert an Bedeutung; oder aber: es steht in einer förderlichen Beziehung. Nimmt man Relativieren in der ersten Bedeutung als Herunterwertung, dann scheinen jene Unterstützung zu finden, die davon überzeugt sind, man könne auch ohne Sonntagsmesse ein guter Christ sein.

Dem ist auch grundsätzlich nicht zu widersprechen, denn das Christsein verdichtet sich in der handfesten Liebe.

Es könnte aber auch die andere Bedeutung von Relativieren einen Sinn machen. Die sonntägliche Mitfeier der Eucharistie unterstützt und fördert die Fähigkeit zu lieben. Im Idealfall zumindest sollte das so sein. Theologisch gibt es dafür starke Argumente. Wer mitfeiert, wird, was er isst, „Leib Christi" (Augustinus). Dessen Haupteigenschaft kommt in den Worten „hingegeben" und „vergossen" für das Leben der Welt zum Ausdruck. Und eine größere Liebe hat niemand, so Jesus mit Blick auf sich selbst, als wer sein Leben hingibt für seine Freunde (Joh 15,13). Die Versammelten werden zu einer Kirche, die dient. Und dient sie nicht, „dient sie zu nichts" (Jacques Gaillot).

Das ist also eucharistische Spiritualität pur: Im Eintauchen in Gott werden die Mitfeiernden ermutigt und befähigt, nach dem Hinausgehen bei den Armen aufzutauchen. Das ist der Sinn der Wandlung in der eucharistischen Feier. Auf der einen Seite vertieft sie die „connectedness", die Verbundenheit mit und Rückbindung des gläubigen Menschen an Gott, näherhin mit dem Auferstandenen, in dem Gott das vollendende Schöpfungsfinale eröffnet hat. Auf der anderen Seite werden die Augen und Ohren der Mitfeiernden für den oft stummen Schrei der Armen geöffnet. Wer daher die Liebe als das Ziel der Menschwerdung auf dem Weg der Nachfolge ansieht, kann in der Feier der Eucharistie Vergewisserung und Ermutigung erleben, auf dem rechten Weg zu sein und in der Liebe zu wachsen. Das alles trifft unter der Voraussetzung zu, dass die Sonntagsgottesdienste „gottvoll" sind (und keine Bildungsveranstaltungen) und die Mitfeiernden sich der „Gottesgefahr" aussetzen, sich von Gott enängstigen und in Gottes Vertrauen stiftendem Kraftfeld in der Fähigkeit handfester solidarischer Liebe inspirieren und provozieren lassen. Das sonntägliche Zusammenkommen mit der Feier des Herrenmahls wäre dann eine wirkliche Quelle und ein Höhepunkt christlichen Lebens in der Liebe, wie das Zweite Vatikanische Konzil schwärmt.

Noch eine Anmerkung: Die soeben skizzierten Auswirkungen einer Sonntagsmesse sind nicht von jeder einzelnen Feier zu erwarten. Es braucht dazu ein sensibles Zusammenspiel zwischen der Kraft der Feier und der „dispositio", also der Plastizität der Mitfeiernden, sich vom herabgerufenen Geist Gottes wandeln zu lassen. Manche Eucharistiefeiern erscheinen wenig „gottvoll und erlebnisstark", wie der Passauer Pastoralplan aus dem Jahre 2000 weise formuliert hatte. Zugleich ereignet sich die Formung einer Person in längeren Prozessen. Auf diesen spirituellen Wegen gibt es Fortschritt und Rückschritt. Entscheidend ist eine Grundbereitschaft, sich wandeln zu lassen. Diese kann sich darin ausdrücken, regelmäßig teilzunehmen, in der Hoffnung, dass die erhoffte Transformation in einen solidarisch-liebenden Menschen und damit einen wahren Christen wenigstens dann und wann gefördert wird.

Inspiriert durch eine solche pastoraltheologische Vision von der Feier der Sonntagsmesse werden im Folgenden einschlägige Daten aus der Langzeitstudie analysiert. In dieser finden sich solide Informationen über die Kirchgangspraxis von Mitgliedern verschiedener christlicher Kirchen sowie über den Moscheegang von Muslimen. Diese lassen sich mit weiteren Daten in Verbindung setzen. Damit können wichtige Fragen beantwortet werden, so da sind: Welches Wechselspiel zeigt sich zwischen dem sonntäglichen Zusammenkommen (mit der Feier des Herrenmahls), dem Glaubenshaushalt einer Person und ihrer Religiosität? Regt das gemeinsame Feiern dazu an, im Sinn des Evangeliums das eigene Leben gläubig auf jenen liebenden Gott zu setzen, der in Jesus einer von uns geworden ist, den Gott aus dem Tod erweckt und zum Christus eingesetzt hat (Apg 2,36)? Befreit die Feier des Herrenmahls von jener Angst, die uns hindert, solidarisch handfest liebende Menschen zu sein?

## Der Austausch mit der Sonntagsgemeinde

Gegen alle faktischen und pastoral wegen des Priestermangels erfolgenden Herunterwertungen der eucharistischen Versammlung einer Gemeinschaft des Evangeliums am Sonntag belegen die Daten, dass in unserer pluralistischen Kultur ohne den regelmäßigen Austausch mit dieser sowohl die subjektive Religiosität als auch die christliche Prägung des Glaubens verdunsten. Nicht belanglos ist, dass mit der Häufigkeit des Kirchgangs auch das Commitment in kirchlichen Gruppen und Projekten zusammenhängt. Auch die Prägekraft des Glaubens für die Gestaltung des persönlichen Lebens und des gesellschaftlichen Zusammenlebens schwächt sich ab. Das sind einige Belege für diese explosive Aussage:

Auch wenn die Einflussrichtung nicht einfach zu erklären ist, gibt es jedenfalls einen sehr engen Zusammenhang zwischen der subjektiven Religiosität, die sich selbst jemand zuschreibt, und der Häufigkeit des Sonntagskirchgangs. 95 % von jenen, die jeden Sonntag die Messe mitfeiern, sind (sehr) religiös. Dieser Wert bleibt auch mit 92 % bei den monatlichen Kirchgängern hoch. Dann sinkt der Wert hin zu denen, die mehrmals im Jahr (an hohen Festtagen) in die Kirche gehen, auf 57 %. Unter den (Fast-)Niekirchgängern finden sich 19 %.

Ein ähnliches Bild zeichnet sich in der Korrelation zwischen Kirchgang und Gottesbild ab. Drei Viertel derer, die sonntäglich Eucharistie mitfeiern (73 %), orientieren sich am christlichen Gottesbild. Sie sind „Theisten". Gott ist für sie Liebe, hat die Welt aus Liebe erschaffen und ist mit seinem Geist in der Geschichte wirkmächtig gegenwärtig.

Schon anders sieht das Gottesbild derer aus, die monatlich zur Kirche gehen: 50 % haben sich der theistischen, 41 % der deistischen, 7 % der agnostisch-atheistischen Position zugeordnet. Bei jenen, die an besonderen Festen zur Kirche gehen, verschiebt sich der Anteil noch mehr von theistisch (23 %) in Richtung deistisch (60 %). Dementsprechend steigt der Anteil der Agnostiker (10 %) und der Atheisten (4 %).

Schließlich jene Gruppe, die so gut wie nie zur Kirche geht. In dieser sind 47 % agnostisch oder atheistisch, 41 % deistisch und 7 % theistisch.

In den Gottesdienstgemeinden der Kirchen wird somit das christliche Gottesbild vermittelt und auch gegen deistische Ausdünnung gestützt. Das christliche Gottesbild benötigt in pluralistischen Zeiten eine „Plausibilitätsstruktur", also eine stützende christliche Gemeinschaft/Gemeinde. Das gilt auch für die Hoffnung auf eine Auferstehung im christlichen Sinn, also des ganzen Menschen, mit Leib und Seele. 64 % der Wochentagskirchgänger stimmen auch der Aussage zu, dass die Menschen mit Leib und Seele auferstehen werden. Bei den regelmäßigen Sonntagskirchgängern ist der Anteil der Auferstehungshoffenden nur noch marginal höher (43 %) als jener, die an eine ganzheitliche Auferstehung nicht glauben (40 %). Der Anteil der Auferstehungsgläubigen sinkt sodann bei den „Saisonellen" (sie kommen an hohen Festen zur Kirche) auf 21 %, um bei den Nichtkirchgängern auf 13 % zu fallen. In dieser Gruppe lehnen 70 % den christlichen Auferstehungsglauben ab. 92 % derer, die sich auch während der Woche zu einem Gottesdienst versammeln, leben in einer „weiten Wirklichkeit", in die sie im Tod hineingeboren werden. Dieser Anteil bleibt auch bei den Sonntagskirchgängern mit 86 % sehr hoch, um dann bei jenen, die angaben, mindestens einmal im Monat Gottesdienst mitzufeiern, auf 59 % zu sinken. Bei den Personen, die mehrmals im Jahr (an hohen Festtagen) in eine Kirche kommen, fällt der Anteil auf 10 %. Unter jenen, die (fast) nie gehen, ist keine Person mehr anzutreffen.

Ganz ähnlich ist das Ergebnis, wenn die Aussage: *„Es gibt einen Gott, der sich in Jesus Christus zu erkennen geben hat"* mit der Kirchgangshäufigkeit korreliert wird. Der Zustimmungswert fällt von 92 %[75] bei den regelmäßigen Sonntagskirchgängern über 83 % bei jenen, die wenigstens monatlich kommen, über 60 % bei denen die an Festtagen mitfeiern, auf 23 % bei den Nichtkirchgängern.

Ob also jemand in unserer Kultur sein persönliches „Glaubenshaus" gemäß dem Evangelium Jesu Christi einrichtet, hängt eindeutig mit der Intensität des Austauschs mit einer christlichen Gemeinschaft zusammen. Dabei spielt die sonntägliche Zusammenkunft und für Katholiken die Eucharistiefeier am ersten Tag der Woche als das uralte „Erkennungszeichen" der Christen eine herausragende Rolle.

## Commitment

Starke Auswirkungen hat die Kirchgangsfrequenz auf das Commitment von Kirchenmitgliedern in kirchlichen Gemeinschaften und Projekten. Nichtkirchgänger sind am

---

75 | Skalenwert 1+2 auf einer vierteiligen Skala. Die fallenden Werte für 1 = sehr richtig sind: sonntags 70 %, monatlich 50 %, festtags 24 %, (fast) nie 8 %.

ehesten noch in diakonalen Projekten anzutreffen (6 %). Kirchenmitglieder mit hoher Gottesdienstbeteiligung trifft man hingegen häufig als aktiv Mitwirkende in Aktionen der Kirchengemeinde (mehr als drei Viertel, Sonntagskirchgänger 79 %), in Gebetsgruppen (60 %), geistlichen Gemeinschaften (50 %) sowie in diakonalen Projekten (44 %).

Bei jenen, die monatlich in den Gottesdienst gehen, halbiert sich die Beteiligung, die bei Sonntagskirchgängern anzutreffen ist. Dasselbe geschieht in Richtung der Personen, die an hohen Festtagen eine Messe mitfeiern.

Kurzum: Wer sich häufig im Sonntagskirchgang „commited", tut dies eher auch bei anderen kirchlichen Aktivitäten. Wer dem sonntäglichen Gottesdienst fernbleibt, engagiert sich kaum kirchlich. Die regelmäßigen Sonntagskirchgänger sichern das gemeindliche Leben und Wirken. Für die Kirchen ist das eine nicht beruhigende Nachricht. Denn es lässt sich daraus erschließen: Wenn die Kirchgänger immer älter und weniger werden, wie im nächsten Abschnitt dargelegt werden wird, werden der von Ehrenamtlichen getragenen Vitalität der Gemeinden große Probleme erwachsen.

## Auswirkungen des sonntäglichen Austausches

Welche weitreichende Bedeutung der Kirchgang zeitigt, zeigt sich auch in dichten Zusammenhängen zwischen der Regelmäßigkeit des Sonntagskirchgangs und Auswirkungen auf Haltung zu gesellschaftlichen Aspekten des Lebens.

54 % der Wochentagskirchgänger sind grundsätzlich dagegen, dass es möglich sein sollte, *„das Leben von Menschen in der letzten Lebensphase aktiv zu beenden (z. B. durch eine Spritze/Sterbehilfe anzuwenden)"*, bei den Sonntagskirchgängern sinkt dieser Anteil auf 25 %, fällt über die monatli-

chen Kirchgänger auf 13 %, um bei den (Fast-)Niekirchgängern 8 % zu erreichen.

Auch die politischen Präferenzen differieren nach Kirchgangshäufigkeit beträchtlich. Die Hälfte der Menschen, die am Sonntag in einer Kirchenbank anzutreffen sind, tendieren zur ÖVP. Bei den monatlichen Kirchgängern sind es 34 %. 24 % jener, die nur an Festen eine Kirche besuchen, würden ÖVP wählen. Unter den Niekirchgängern sind es 13 %. Hier spiegelt sich die freilich verdunstende Nähe der Christen zu jener Partei wider, die von christlichsozial bewegten Personen gegründet worden war.

Noch ein Beispiel aus dem eher privaten Lebensbereich, nämlich die Akzeptanz neuerer Eheformen. Diese ist umso geringer, je öfter jemand die Messe mitfeiert. Das traditionelle Ehemodell (Mann und Frau, die Kinder zeugen wollen) findet bei den Niekirchgängern nur zu 22 % Akzeptanz, bei jenen, die auch unter der Woche mitfeiern, zu 55 % (sonntags 42 %, monatlich 44 %, festtags 38 %). Dementsprechend sind die Ansichten über die heute vielfach gewünschte Öffnung des kirchlichen Trauungsrituale „für jede Art von Liebesbeziehungen": wochentags 39 %, sonntags 41 %, monatlich 48 %, festtags 63 %, (fast) nie 68 %.

Sind Kirchgänger solidarischer, bereiter zu teilen? Die reichhaltigen Daten hatten ermöglicht, drei Typen[76] zu errechnen: Personen, die bereit sind zu teilen, andere die darü-

---

76 | Folgende Items wurden für die Typenbildung verwendet: „*Teilen lernt man am besten in der Familie.*" – „*Zusammengehörigkeitsgefühl und Gleichberechtigung unter allen Menschen sind entscheidend für unsere Zukunft.*" – „*Wichtig ist, dass der Mensch glücklich wird. Wie, das ist seine Sache.*" – „*Das Wichtigste, was Kinder lernen müssen, ist das Teilen.*" – „*Ohne Familie kann man nicht lernen, Konflikte zu lösen.*" – „*Jede/r muss seine/ihre Probleme selbst lösen.*" – „*Ich unterstütze Menschen in Not durch Geld- oder Sachspenden.*" – „*Einkommensunterschiede sollen verringert werden.*" – „*Wenn wir alle ein bisschen verzichten würden, gäbe es*

ber hinaus ein Verteilen unterstützen, und solche, die beides ablehnen, die also „unsolidarisch" sind. Der Anteil der „Unsolidarischen" ist bei den Sonntagskirchgängern und den Niekirchgängern deutlich verschieden. 22 % derer, die sonntags zur Kirche gehen, lehnen sowohl das Teilen wie das Verteilen ab. Unter den Niekirchgängern sind es mit 42 % fast doppelt so viele. Die Kernbotschaft des Evangeliums, dass die Liebe zu Gott und den Nächsten unteilbar ist, trägt offensichtlich Früchte, wenngleich es auch unter den Kirchgängern ein starkes Fünftel von Personen gibt, die das Evangelium offensichtlich nicht aus ihren entsolidarisierenden Ängsten befreien kann. Aber doch beträchtlich viele Sonntagskirchgänger verlassen die Feier als bereitwillige „Fußwascher*innen" und tragen dazu spirituell eine „Schürze".

Die größere Bereitschaft zum Teilen bei regelmäßigen Kirchgängern kommt auch in der durchschnittlichen Kinderzahl zum Vorschein. Ohne Teilen von stets knappen Lebenschancen ist es schwer, Verantwortung für Kinder zu übernehmen. Personen, die sonntags in der Kirche sind, haben im Schnitt 2,1 Kinder. Der Wert sinkt dann kontinuierlich über 1,7 (monatlich), 1,5 (festtags) zu 0,9 bei den Niekirchgängern.

Es besteht also kein Zweifel: Der häufige und regelmäßige Austausch mit einer sonntäglichen Gottesdienstgemeinde besitzt eine nachhaltige Prägekraft auf Haltungen, die für das gesellschaftliche Leben nicht belanglos sind und die zum Teil Haltungen gegen den Trend darstellen. Sie mögen vormodern erscheinen, tragen aber etwas vom Charme der „Antiquiertheit" (Günter Anders) an sich. Nicht jede Moderne ist für Menschlichkeit immer ein Gewinn.

*bald keine Armut mehr." – „Man sollte denen, die mehr haben, etwas wegnehmen dürfen, um es an Bedürftige zu verteilen."*

# Kirchen sind politisch parteilich

Die Kirche ist keine politische Partei. Aber sie ist politisch parteilich. Das gilt auch für andere Weltreligionen. Ihre Aufgabe ist nicht, von der Welt abzulenken, sondern diese unter einem offenen Himmel zu gestalten. Auf die Christ*innen unter den Leserinnen und Lesern bezogen lautet daher der Titel dieses Essays „Damit der Himmel auf die Erde kommt" – oder in den Worten von Bischof Klaus Hemmerle: „Wir sind nicht dazu auf Erden, um einst in den Himmel zu kommen, sondern dass der Himmel schon jetzt zu uns kommt." „In Spuren wenigstens", gilt es demütig hinzuzufügen. Jesus sprach vom Kommen des Reiches Gottes. Und in ihm sei es schon da, vermerkte er.

Spuren des Himmels, Spuren des Reiches Gottes oder des Himmelreiches. Paulus beschreibt im Brief an die Gemeinde in Rom den von Gottes liebender Macht geprägten Lebensraum so: Das Reich Gottes „ist nicht Essen und Trinken, sondern Gerechtigkeit, Friede und Freude im Heiligen Geist" (Röm 14,17).

Damit es wenigstens Spuren des „Himmels auf Erden" gibt, ist ein engagierter Einsatz für eine bessere Welt erforderlich: für das Gemeinwohl, und das nicht nur national, sondern international, weltweit. Denn wenn es nur einen Gott gibt, dann gibt es auch nur die Eine Welt und die eine Menschheit. Dann kann es nur um das Weltgemeinwohl gehen. Diese Weltgestaltung bedeutet aber im besten Sinn dieses Wortes „Politik".

Allein diese Überlegungen demonstrieren, dass eine unpolitische Kirche ein Widerspruch zu ihrer Gründungstradition wäre.

# Parteipolitik und Kirchen

Die konkrete politische Arbeit ist in demokratischen Kulturen politischen Parteien und deren verantwortlichen Politikerinnen und Politikern aufgetragen, von denen sehr viele sich mit viel Engagement und Herzblut bis an den Rand ihrer Kräfte dieser Aufgabe verschrieben haben. Eine engagierte Zivilgesellschaft sowie sensible Medien sind gute Anhaltspunkte für die demokratische Kultur eines Landes.

## Legitime Parteilichkeit

Parteipolitik ist ihrem Namen nach von Haus aus parteilich. Sie ist von unterschiedlichen Interessen getragen. Die europäische Parteiengeschichte ist eine brauchbare Lesehilfe für diese legitime Parteilichkeit. Es gibt Parteien, die sich der Mehrung der Freiheit(en) verschrieben haben: liberale Parteien. Andere kämpfen für mehr Gerechtigkeit: sozialistische Parteien. Parteien, die eine Balance zwischen Freiheit und Gerechtigkeit halten wollen: christlich-soziale Parteien. Parteien sind aus der Sorge um die Umwelt entstanden: grüne Parteien. Andere leben vom Protest und der Unzufriedenheit und arbeiten mit Emotionen und Ressentiments: populistische Parteien. Es ist eine Ironie der neueren Geschichte, dass demokratische Parteien, die sich auf die Ideologie der „Neuen Rechten" eines Alain Benoist berufen können, die Demokratie mit demokratischen Mitteln beseitigen wollen.

Einzelne Parteiführer\*innen schaffen es, über den Tellerrand des von ihnen primär vertretenen Interesses hinaus das Gesamtgemeinwohl des Landes, Europas und der Welt in den Blick zu nehmen. Auf diese Weise werden aus lokal denkenden nationalen Parteipolitikern, welche die Anliegen jener favorisieren (müssen), die sie gewählt haben, global denkende transnationale Staatspolitiker, manche mit europäischem und wenige mit weltweitem Horizont. Weise Politiker wissen, dass das nationale Gemeinwohl in einer vernetzten Welt nur noch im Rahmen eines globalen Gemeinwohls (im Doppelsinn dieses Wortes) zu „erhalten" ist.

## Der unverzichtbare Wille zur Macht

Wer politisch handelt, kann gar nicht anders, als „an die Macht" zu wollen. Im Idealfall ist damit Gestaltungsmacht gemeint mit dem Ziel, die Gesellschaft in ihren verschiedenen Bereichen und Belangen formend weiterzuentwickeln. Nicht das Machtstreben ist schlecht, wohl aber der Missbrauch der Macht. Beim Missbrauch kippte die in sich gute Macht der legitimierten Machthaber in Gewalt, Gier und Korruption.

Auf diesem Hintergrund können mit Hilfe der reichhaltigen Daten aus den sechs Erhebungen der Langzeitstudie „Religion im Leben der Österreicher*innen 1970–2020" einige Fragenkomplexe behandelt werden:
- Welche politischen Präferenzen haben die Befragten? Vor allem aber: Spielen dabei ihre Religiosität, ihre Gläubigkeit, ihr Gottesbild sowie der Austausch mit einer Religionsgemeinschaft eine prägende Rolle?
- Wie sehen die Menschen mit ihren unterschiedlichen politischen Präferenzen das politische Engagement der Kirchen/Religionsgemeinschaften? Wofür sollten sich diese verstärkt einsetzen?
- Die Kirchen/Religionsgemeinschaften sind Player auf der gesellschaftlichen Bühne. Die Religionsfreiheit der Per-

son und der religiösen Gemeinschaften sichert einen geschützten Raum für deren öffentliches Tun. Im Rahmen ihrer in diesem Sinn politischen Aktivitäten trifft sie bei bestimmten Themen auf den Staat und die politischen Institutionen. Damit dieses Zusammentreffen friedlich erfolgt, ist das Verhältnis zwischen Staat und Kirchen/Religionsgemeinschaften gesetzlich geregelt. Manche Länder praktizieren das mit dem Konzept der strikten Trennung von Staat und Kirche. Andere suchen die Kooperation. Von hier aus lässt sich fragen: Wie beurteilen die Menschen im Land das historisch gewachsene Kirche-Staat-Verhältnis und die Kooperation zwischen beiden?

- Konkret wird die Kooperation in „gemischten Bereichen". Unter diesen ragen die Bereiche der Bildung, der sozialen Einrichtungen, des Ehe- und Strafrechts heraus. Eherecht und Schulen waren lange Zeit in der Hand der Kirchen. Wie sehen aber heute die Befragten die Rolle der Kirchen etwa in den Schulen; noch konkreter: Wie stehen sie zum Religionsunterricht, welcher derzeit mit Blick auf eine Ergänzung durch einen Ethikunterricht diskutiert wird?
- Einer der heute umstrittenen Politikbereiche ist die Migration und in diesem Zusammenhang das Anwachsen der islamischen Community in vielen europäischen Ländern. Welche Positionen beziehen die Befragten in diesem politisch brisanten Bereich? Wie beurteilen sie den Islam und seine wachsende Präsenz in Europa? Dieser Frage widmen wir wegen ihres Gewichts ein eigenes Kapitel mit dem Titel Islam(isierung).

Zu solchen Fragen folgen nun fundierte Analysen. Sie werden pastoraltheologisch reflektiert und nach Auswirkungen für alle Beteiligten in Politik und Kirchen abgeklopft.

# Politische Präferenz hat weltanschaulichen Hintergrund

Europas Parteienlandschaft ist in einer bewegten Geschichte entstanden. Mit dem Industriekapitalismus formierte sich der politische Liberalismus. Dieser war geistig von der Aufklärung überzeugt und agierte aggressiv antiklerikal. Das trug dem Liberalismus eine tragische Aversion durch die katholische Kirche ein. „Nie und nimmer", so ließ Papst Pius IX. 1864 in einer Sammlung von Irrtümern *(Syllabus errorum)* verlauten, werde er sich mit dem Liberalismus (in seiner damaligen Gestalt) anfreunden. Der Liberalismus hat seitdem viele Standortwechsel hinter sich. Er rückte politisch ins Nationale, sammelte nach dem Zweiten Weltkrieg viele „Ehemalige". Anders als andere liberale Parteien in Europa positioniert sich die Freiheitliche Partei Österreichs sozial und national, jedenfalls – so die Einschätzung der Befragten – am Rand des rechten politischen Spektrums. Mit dem Liberalen Forum spalteten sich jene ab, denen dieser rechtsnationale Kurs widerstrebte. Die junge Partei NEOS ist gleichfalls an dieser nationalen Einfärbung der freiheitlichen Partei in Österreich nicht interessiert. Sie hält alte liberale Visionen (wie Bildung) hoch und verbindet diese mit einem neoliberalen Wirtschaftskonzept.

In einem ähnlichen Spannungsverhältnis zu Religion und Kirche, aber aus ganz anderen Gründen, entstand die sozialistische Bewegung. Sie war ideologisch von Karl Marx geprägt. Dieser verwarf Religion, weil sie das Kampfbewusstsein der Unterdrückten opiat einneble. Die Kirchen fand er als Stütze jener feudal-ständischen Gesellschaft vor, die er revolutionieren wollte. Heute führen kommunistische Parteien ein stilles Dasein. Dank herausragender Persönlichkeiten (wie in der Stadt Graz) oder auch Finanzmittel aus früheren Jahrzehnten halten sie sich auf niedrigem Niveau.

Als dritter Player kam schon vor der ersten Sozialenzyklika von Leo XIII. (Rerum novarum, Rom 1891) die christlichsoziale Bewegung auf. Sie war von Amtsinhabern der Kirche mitbegründet worden. Überaus nahe an den Proletariern und ihren tragischen Schicksalen entwickelte sich eine Partei, welche die Balance zwischen Freiheit und Gerechtigkeit zu halten versuchte. Damit folgte sie einer Aussage des Dominikaners Jean Baptist Lacordaire, der in der Mitte des 19. Jahrhunderts in der Kirche Notre Dame in Paris klarsichtig rief: „Man muss der Freiheit immer Gerechtigkeit abringen!" Die neue Freiheit der englischen Fabrikherren würde für die ausgebeuteten Proletarier von sich aus keine gerechten Verhältnisse schaffen. Die christlichsozialen Parteien gelangten an die Macht, als es ihnen gelang, bäuerliche, aber auch unternehmerische Interessen mit jenen der Industriearbeiter*innen zu verbinden. In Österreich geschah dies am Beginn der Ersten Republik. Die Nähe zur katholischen Kirche war eng. Sakristeien waren zugleich Parteilokale. Ein Prälat, der den Beinamen „ohne Milde" erhielt, weil er auf aufständische Arbeiter schießen ließ, war Bundeskanzler. Die alte ÖVP, die sich nach 1945 als Nachfolgepartei der Christlichsozialen diesen Namen gab, bestand nach wie vor aus dem Bauernbund, dem Österreichischen Arbeiter- und Angestelltenbund (ÖAAB) sowie dem Wirtschaftsbund. Diese bündische Struktur ist heute in den Hintergrund getreten. Der Wirtschaftsbund hat faktisch das Heft in der Hand. Auch der Farbwechsel von schwarz zu türkis verweist auf einen tiefgreifenden Wandel in der wiedererstarkten Bewegung, bei der manche ungeduldig nachfragen, wo das Christlichsoziale der Gründerzeit geblieben sei. Wir können auf die diesbezügliche Analyse der Daten gespannt sein.

Mit der gesellschaftlichen Auseinandersetzung um die Errichtung von Atomkraftwerken und um gewaltige Staudammprojekte entstand (auch in Österreich) die Grünbewegung, aus der sich die Partei der Grünen entwickelte. Die wachsende angstvolle Sorge vieler Menschen um einen bedrohlichen Klimawandel hat in der letzten Zeit der europäischen Grünbewegung gute Wahlergebnisse mit Regierungsbeteiligungen gebracht.

Die Sympathisanten mit diesen Parteien weisen unterschiedliche Sozialmerkmale auf. Die Altparteien SPÖ und ÖVP sind überaltert. Junge Frauen tendieren eher zu den Grünen, junge Männer eher zu den blauen Freiheitlichen. Werden die Wählenden der unterschiedlichen Parteien auf einer Rechts-links-Skala platziert, erhält man vertraute Ergebnisse. Von rechts nach links lautet die Abfolge: FPÖ – ÖVP – [alle: Durchschnitt] – NEOS – SPÖ – GRÜNE – KPÖ.

Aber, und das ist die uns hier bewegende Frage: Welche Rolle spielen die Religiosität, die „Weltanschauung" (das Glaubenshaus) und das kirchliche Commitment hinsichtlich der parteipolitischen Präferenz? Wählen „Theisten" anders als Atheisten, „Sterbliche" anders als „Unsterbliche", Kirchgänger anders als Nichtkirchgänger?

## Kirchennähe und parteipolitische Präferenz

Aus der Breite der vielfältigen sozioreligiösen Indikatoren wird der Kirchgang herausgegriffen. Dieser hat sich als Erklärungsschlüssel entpuppt: sowohl für die Religiosität, die Evangeliumsförmigkeit des Glaubenshauses, für weiterreichende Commitments in einer Kirche sowie für lebenspraktische Auswirkungen. Wir korrelieren also Kirchgang mit parteipolitischer Vorliebe.

Das Ergebnis wird jenen, welche die Bedeutung der Religiosität und der Kirchlichkeit privatisieren und meinen, sie seien für politische Angelegenheiten belanglos, überraschend sein. Denn die politischen Präferenzen differieren nach Kirchgangshäufigkeit beträchtlich. Die Hälfte der Menschen, die sich am Sonntag zu einer gottesdienstlichen Feier versammeln, präferieren die ÖVP. In den Sonntagsmessen haben ÖVP-Wähler und -Sympathisanten eine absolute Mehrheit. Bei den monatlichen Kirchgängern sind es 34%. 24% jener, die nur an Festen eine Kirche besuchen, würden ÖVP wählen. Unter den (Fast-)Niekirchgängern sind es marginale 13%. Dieses Ergebnis spiegelt in nahezu nostalgischer Weise die historische Nähe der Christen zu jener Partei wider, welche christlichsozial bewegte Personen gegründet haben.

Historisch erwartbar wäre bei jenen, welche die SPÖ präferieren, eine umgekehrte Zahlenfolge. Das ist aber nicht der Fall. Die Werte liegen in allen Subkategorien der Kirchgangshäufigkeit zwischen 14% und 20%. Die Aussöhnung der Kirche mit der Arbeiterschaft, die in Österreich in der Zeit von Kardinal Franz König und Bundeskanzler Bruno Kreisky betrieben worden war, hat also gefruchtet.

Anders bei der FPÖ und den Grünen. Der Anteil der Sympathisant*innen für die Freiheitliche Partei steigt von 2% unter den Sonntagskirchgängern über 3% und 11% auf 14% bei den Niekirchgängern. Ähnlich die Zahlenreihe bei den Grünen, mit Ausnahme der Wochentagskirchgänger (13%): 4% (sonntags), 7% (monatlich), 9% (festtags), 13% (fast nie).

Reiht man die Parteipräferenz nach durchschnittlicher Kirchgangsfrequenz, erhält man diese Abfolge: ÖVP – SPÖ – Grüne – FPÖ – NEOS – KPÖ. Auf einer politischen Zehnerskala ordnen sich häufige Kirchgänger (wochentags 5,5, sonntags 5,4) eher „rechts" ein, Niekirchgänger sind im Schnitt eher „links" (5,11). Mit KPÖ-Sympathisant*innen kann eine Kirchengemeinde im Gottesdienst nicht rechnen.

## Lobby für Kirchen

Kirchen suchen, gerade weil sie zwar politisch, aber nicht politische Parteien sind, eine verlässliche parteipolitische Lobby. Um eine solche zu finden, kommen für die Kirchen mehrere Modelle in Betracht. Entweder verlässt sich die Kirchenleitung auf die politische Erziehung ihrer Mitglieder in kircheneigenen Bildungseinrichtungen. Sie kann aber die politische Lobbyarbeit auch durch Laienorganisationen machen lassen. Möglich ist es auch, sich dann und wann durch bischöfliche Hirtenbriefe oder ein ökumenisches Sozialwort aller christlichen Kirchen in den politischen Diskurs einzumischen. Auch die konkrete Arbeit von Diakonie, Caritas, kirchlichen Schulen, Altenheimen, Krankenhäusern (oftmals in der Hand von Orden) sind ein wortloses (sozial)politisches Statement.

Weiterhin kann die Kirche versuchen, Kirchenmitglieder zu bewegen, direkt in die Parteipolitik zu gehen, um auf diese Weise Zugang zur politischen Gestaltungsmacht zu finden. Diese „christlichen Politiker*innen" können dann in ihre Maßnahmen und Entscheidungen das Evangelium als Grundorientierung für Menschlichkeit, Menschenwürde, Gerechtigkeit und Freiheit einweben.

Es ist schließlich möglich, sich Lobbyarbeit von einer bestimmten Partei oder von mehreren zu erwirken. Historisch hatte dies für die katholische Kirche die ÖVP übernommen und konnte dabei für sich selbst viel gewinnen. Die negativen pastoralen Auswirkungen in der Zwischenkriegszeit, welche die Industriearbeiterschaft deshalb von der Kirche entfremdete, weil diese mit dem „Klassenfeind" zusammenarbeitete, führten unter Kardinal Franz König aus Wien zu einer anderen Vorgangsweise. Die Kirche solle, so des Kardinals Doktrin der politischen Einmischung, unabhängig – gestützt auf die eigene Soziallehre und die Forschungsarbeit sozialethischer Lehrstühle und ihrer Sozialakademien – ihre eigene Position artikulieren. Die politischen Parteien könnten dann ihrerseits von sich aus Nähe und Distanz bestimmen. Jedenfalls wurde nach dem Krieg die historische Allianz zwischen Kirche und Christlichsozialen formal gelockert. Es wäre aber ein Missverständnis, diese neue politische Positionierung als „Äquidistanz" zu bezeichnen. Denn faktisch war die (katholische) Kirche etwa in sozialen Fragen der SPÖ, aber in kulturpolitischen Belangen wie beim Lebensschutz oder der Familienpolitik der ÖVP näher. Diese Neujustierung der gesellschaftspolitischen Beteiligung der katholischen Kirche und damit verbunden die Neubestimmung ihres Verhältnisses zu den politischen Parteien ist das eine. Etwas anderes ist jedoch die Frage, ob die Kirchenmitglieder diesen Weg faktisch mitgehen. Es steht den Kirchenleitungen frei, ihre Politik zu pluralisieren und mit mehreren politischen Parteien gut zusammenzuarbeiten. Der einzelne Mensch aber trifft konkrete Entscheidung, wählt *seine* politische Partei. Erwartet er damit auch, dass seine Partei die Interessen seiner Kirche im politischen Alltag vertritt? Stimmt also die gesellschaftspolitische Lobbysuche der Kirchenleitung mit den Vorstellungen der Kirchenmitglieder überein? Dazu wurde in der Studie die Frage gestellt: *„Wenn Sie an die politischen Parteien in Österreich denken. Welche Partei vertritt in ihrer Politik am ehesten die Anliegen Ihrer Kirche/Religionsgemeinschaft?"*

Die Antworten dazu sind in den letzten zehn Jahren relativ unverändert geblieben, mit einer Ausnahme: Die ÖVP hat viel von ihrem Ruf eingebüßt, Anwältin der Anliegen der Kirchen zu sein. Der Wert hat sich halbiert und fiel von 61 % auf 33 %. Damit gilt die ÖVP immer noch am ehesten als Lobby für die Kirchen, aber eben in stark abgeschwächter Weise. Ob dies mehr der ÖVP geschadet hat, weil sie treue Wählerinnen und Wähler verloren hat, oder mehr den Kirchen, weil diese keine wie in früheren Zeiten verlässliche politische Lobby zu haben scheinen, soll hier nicht weiterverfolgt werden. Wichtig erscheint aber der Hinweis darauf, dass von dieser durchschnittlichen Meinung aller Befragten die Einschätzung der Sonntagskirchgänger deutlich abweicht: Diese scheinen sich mehrheitlich nach wie vor auf die ÖVP zu verlassen (alle 33 %; sonntags 60 %; (fast) nie 23 %).

## Mehr politischer Einsatz der Kirchen

Im Folgenden wird die Fragerichtung umgekehrt. Jetzt geht es nicht darum, welche Partei für die Kirche Lobbyarbeit machen soll. Vielmehr soll herausgeschält werden, in welchen politischen Feldern sich nach Ansicht der Befragten die Kirchen verstärkt engagieren sollen. Dies soll auch sogleich nach der parteipolitischen Präferenz der Menschen aufgeschlüsselt werden. Das Ergebnis ist in mancherlei Hinsicht überraschend.

Einleitend kann darauf hingewiesen werden, dass 47 % ganz allgemein der Ansicht sind, *„die Kirchen sollen zu wichtigen politischen Fragen und Problemen in der Öffentlichkeit Stellung nehmen".* Am meisten wünschen dies SPÖ-Sympathisant*innen (56 %), gleich gefolgt von den ÖVP-Nahen (53 %) und den Grünen (51 %). NEOS-Anhänger*innen liegen knapp unter dem Durchschnitt (42 %), FPÖ-Gefolgsleute weit darunter (28 %).

Dieselbe Frage wurde nicht nur mit Blick auf die Kirchen, sondern allgemein auf Religionsgemeinschaften (wie etwa der islamischen Glaubensgemeinschaft) gestellt. Hier liegen die Werte etwas niedriger (Durchschnitt 36 %). Die Eckwerte sind nunmehr: ÖVP-nahe Personen 52 %, FPÖ-nahe 12 %. Hier deutet sich die islamskeptische Grundhaltung von FPÖ-nahen Personen und ihrer Partei an.

Die meisten Erwartungen haben die Grün-Sympathisant*innen an „die" Kirche. Anhänger der Grünen erreichen doppelt so viele Summenpunkte wie jene der FPÖ. Die ÖVP-Nahen liegen im unterdurchschnittlichen Mittelfeld. Es ist anzunehmen, dass hinter diesen Unterschieden Erfahrungen mit politischem Engagement aus dem Raum der Kirche stehen, die entweder als Bestärkung oder als Behinderung der Anliegen „ihrer" Partei empfunden werden. So ist anzunehmen, dass Grünwählende das ökologische Engagement der Kirche als Unterstützung erleben, FPÖ-Sympathisanten hingegen die Migrations- und Asylvorstellung kirchlicher Einrichtungen als massiv störend empfinden und daher eher ablehnen. Lediglich im Ringen um den Weltfrieden und im Kampf gegen die Armut gibt es zwischen den unterschiedlichen Parteipräferenzen kaum Unterschiede.[77]

---

77 | Siehe Tabelle 29 „Für welche der folgenden Bereiche sollen sich die Kir-

## Ohne die Kirchen …

Das Bild erhält eine etwas andere Färbung, wenn die Frage gestellt wird: *„Wenn es keine Kirchen mehr gäbe, würde bald niemand mehr …"* Zur Beantwortung war eine Reihe von Aufgaben vorgelegt worden. Erhoben wurde eine Art „Alleinstellungsmerkmal" der Kirchen. Die Antworten decken eine stabile Grundwertschätzung der gesellschaftspolitischen Aktivitäten der Kirchen auf. Die durchschnittlichen Antworten für alle Befragten liegen zwischen 14 % und 46 %. Der Summenwert für alle beträgt 265 Prozentpunkte.

Wenn der Kirche eine ihr eigene Tätigkeit zugeordnet wird, dann, dass sie sich „Gedanken über Gott machen" soll. Ein Drittel sieht eine hohe Zuständigkeit der Kirche beim Trösten von Traurigen, beim Ringen um einen tragfähigen Lebenssinn sowie dem Einsatz für Arme. Ein Viertel etwa und weniger sehen die Kirche als unentbehrlichen Player für Alte, Jugendliche und Kranke an. Dass die Kirche zu sexuellen Fragen Stellung bezieht, halten die meisten für erübrigbar.

Je nach Parteipräferenz ist die Antwort neuerlich unterschiedlich ausgefallen. Den höchsten Summenwert haben ÖVP-Anhänger (357), den niedrigsten jene der NEOS (184). FPÖ- und SPÖ Sympathisant*innen liegen leicht über dem Durchschnitt, Grüne und KPÖ-nahe darunter.[78]

Eine der vorgelegten Aussagen klingt wie eines Zusammenfassung: *„Ohne die christlichen Kirchen wäre unser Land sozial ärmer."* Dieser wertschätzenden Aussage stimmen fast zwei Drittel (63 %) der ÖVP-Anhänger zu und 51 % der SPÖ-

---

chen Ihrer Meinung nach verstärkt einsetzen – nach parteipolitischer Präferenz" im Anhang.

78 | Siehe Tabelle 30 „Wenn es keine Kirchen mehr gäbe, würde bald niemand mehr … – nach parteipolitischer Präferenz" im Anhang.

nahen Befragten. KPÖ- (39%), Grün- (40%), NEOS- (41%) und FPÖ-Anhänger (42%) liegen mehr oder minder stark unter dem Durchschnitt (48%). Bei den ÖVP-Anhängern scheint die christlichsoziale DNA wirksam zu sein, bei den SPÖ-nahen Personen die soziale Grundhaltung „ihrer" Partei.

## Kirchen und Staat

Kirchen und Staat/Parteien begegnen sich also unweigerlich auf dem gesellschaftspolitischen Parkett. Dort können sie einander unterstützen, aber auch behindern. Die Kirchen werden, gehalten durch das Evangelium, in manchen Fragen politisch Visionen vortragen und prophetisch Einspruch erheben, vor allem dann, wenn es um das Lebensschicksal von Armen, Kranken, Sterbenden und Menschen mit Behinderung geht. Auch Migration und Asyl sind Bereiche, in denen die Kirchen unnachgiebig die Menschenrechte einklagen werden, ohne den Politikern konkrete Anweisungen geben zu können, wie im Rahmen des Möglichen eine menschenfreundliche, weil solidarische Politik gemacht werden kann, die nicht nur auf den Schultern eines einzigen Landes ruht, sondern zugleich Herausforderung kontinentaler Politik ist. Solche kirchlichen Interventionen haben in der jüngeren Vergangenheit zu Irritationen zwischen den Kirchen und ihren sozialen Einrichtungen einerseits und politisch Verantwortlichen andererseits geführt. Dadurch wurde auch das Verhältnis zwischen Kirchen und der ÖVP getrübt. In dieser Zeit haben sich manche engagierte Christ*innen bei den Grünen besser aufgehoben gefühlt als in ihrer alten Mutterpartei. Dies soll aber nicht darüber hinwegtäuschen, dass die Politik in vielen Bereichen tätig ist und die Irritation in einem Bereich nicht zur dauerhaften Zerrüttung von Parteiloyalitäten führen muss. Das Auswahlprinzip gilt also nicht nur in Glaubensbelangen, sondern auch im politischen Bereich. So wie man sich mit einer konkreten Kirche nie total identifizieren kann, ist dies auch bei politischen Parteien nicht möglich und auch nicht wünschenswert.

Unbeschadet solcher konfliktträchtiger Auseinandersetzungen zwischen dem kirchlichen und dem staatlichen Bereich ist das Kirche-Staat-Verhältnis grundsätzlich von Vertrauen und Kooperation geprägt. Das sehen auch die Befragten so. Diese waren um eine Vervollständigung folgender Aussage gebeten worden: *„Kirche und Staat arbeiten in Österreich in vielen Fragen eng zusammen (z. B. Religionsunterricht, Caritas/Diakonie). Damit bin ich ..."* Die Antwortmöglichkeiten waren: 1 = sehr einverstanden, 5 = überhaupt nicht einverstanden.

Die geringste Ablehnung findet sich bei den ÖVP Sympathisant*innen (8 %), die höchste bei jenen der KPÖ (39 %) und der FPÖ (25 %). Im Schnitt sind 45 % mit der Kooperation zwischen Kirche und Staat (sehr) einverstanden. Das sind die Zahlen für die einzelnen Gruppen: ÖVP 59 %, SPÖ 54 %, NEOS 40 %, Grüne 37 %, KPÖ 34 % und FPÖ 35 %.

Auf dem Hintergrund solcher Daten ist einsichtig, dass Volksbegehren für eine andere Form des Kirche-Staat-Verhältnisses (derzeit) kaum Aussicht auf Erfolg haben. Diese kirchen- und kulturpolitisch wichtige Aussage kann mit dem Beispiel der Wertschätzung des schulischen Religionsunterrichts und dessen Weiterentwicklung in Richtung eines Ethikunterrichts gut belegt werden.

## Wertschätzung des Religionsunterrichts

Der Religionsunterricht besitzt in der Bevölkerung hohe Akzeptanz. Diese hat sich allerdings in den letzten Jahren abgeschwächt. Zählten 1970 91 % der Befragten *„Religionsunterricht erteilen"* zu den (sehr) wichtigen kirchlichen Aufgaben, sind es 2020 mit 62 % um ein Drittel weniger. Aber immerhin steht eine beachtliche „Zweidrittelmehrheit" dahinter. Unter den Mitgliedern der christlichen Kirchen liegen die Werte zwischen zwei Drittel und drei Viertel. Ausgetretene lehnen mit der verlassenen Religionsgemeinschaft auch deren Religionsunterricht mehrheitlich ab; 24 % halten ihn jedoch nach wie vor für wichtig. Für 12 % der Ausgetretenen (N = 293) wäre es ein Wiedereintrittsgrund, *„dass mein Kind einen Religionsunterricht erhält"*.

Im Verlauf der Umfrage war die Frage nach dem Religionsunterricht etwas variiert neuerlich gestellt worden: *„Ich halte es für wichtig, dass die Kinder in Österreich Religionsunterricht erhalten, um christlichen Glauben kennenzulernen."* Wieder stimmten im Schnitt rund zwei Drittel (63 %) zu. Den Spitzenwert erreichen nunmehr die ÖVP-Anhänger mit 83 %, der niedrigste findet sich bei Anhängern der KPÖ.[79]

---

79| Siehe Tabelle 32 „Wertschätzung des Religionsunterrichts nach Parteipräferenz der Befragten" im Anhang.

## Islam(isierung)

In der Studie Religion im Leben der Österreicher*innen rechneten sich im Jahre 2020 8 % der Gesamtbevölkerung Österreichs dem Islam zu. Dessen Anteil ist in den letzten Jahren gestiegen. Schon länger waren muslimische Gastarbeiter aus der Türkei, viele aus Anatolien, im Land. Dann kamen im Balkankrieg der Neunzigerjahre muslimische bosnische Flüchtlinge. In den letzten Jahren wiederum sind Muslime aus dem Nahen Osten und aus Afghanistan angekommen und sind über ein Asylverfahren österreichische Staatsbürger*innen mit allen Rechten und Pflichten geworden. Inzwischen bilden die Muslime, die keineswegs alle der offiziellen islamischen Glaubensgemeinschaft formell angehören, die zweitgrößte anerkannte weltanschauliche Gruppe im Land (8 %), gefolgt von den zumeist aus Serbien zugewanderten Orthodoxen (8 %). Die Protestanten liegen an vierter Stelle (3,4 %). Rechnet man die „Nichtmitglieder/Ausgetretenen" als eigene weltanschauliche „Gruppe", kommt diese an zweiter Stelle (15 %) nach den Katholiken (58 %) zu liegen. Damit verschieben sich die Plätze für die Muslime, Orthodoxen und Protestanten, die dann an der fünften Stelle rangieren.

## Islamophobie

Seit dem starken Zustrom von Muslimen im Zuge der Flucht- und Migrationsbewegung ab dem Herbst 2015 hat sich das Image dieser Weltreligion in Europa rasch verschlechtert. Politisch und medial rückte der Kampf gegen einen politischen Islam in den Vordergrund und beschädigte das Image der Weltreligion des Islam als solchem. Gemeint wird hier mit „politischem Islam" nicht, wie in den regimekritischen Bewegungen in arabischen Ländern, die Trennung von Religion und Politik. Vielmehr wird „dem" Islam unterstellt, die demokratischen Errungenschaften in Europa (mit Gewalt) zu untergraben – und dies, obgleich 43 % aller Österreicher, aber 87 % der Muslime aus der zweiten Generation der Überzeugung sind, man könne *„gleichzeitig ein Muslim und ein guter Demokrat sein"*.

Aber die von rechtspopulistischen Parteien unterstützten Stammtischnarrative lauten anders. Salafistische Kreise, die den Qur´an ohne Exegese lesen, würden eine Machtübernahme planen, um Europa zu einem Gottesstaat umzubauen und die Scharia einzuführen. Bei dieser politischen Agitation wird auf die zweifellos unmenschlichen Gräueltaten des „Islamischen Staates" hingewiesen. Die auch von muslimischen Theologen als inakzeptabel verworfene Verquickung zwischen Allah und Gewalt, wie sie ein aggressiver kleiner Teil der Muslime praktiziert, wird generalisiert: Der Islam selbst sei in sich keine friedliche, sondern eine gewalttätige Religion. Und obgleich schon Menschen islamischen Glaubens im Zuge eines immer restriktiver ausgelegten Asylrechts Bürger des eigenen Landes geworden sind, wird dennoch in einer Art Nadelstichpolitik Angst vor einer Islamisierung Europas geschürt. Das hat Auswirkungen auf die Bewusstseinslage der Bevölkerung: 37 % aller Befragten fordern die christlichen Kirchen auf, *„gegenüber dem Islam einen härteren Kurs einzuschlagen"* – eine Position, die von Muslimen der zweiten Generation so gut wie niemand teilt (Frauen 4 %, Männer 0 %). Manche beschwören das „christliche Abendland". Immerhin sind 49 % aller Befragten der Ansicht, *„Ein selbstbe-*

*wusstes Christentum ist für Europa künftig sehr wichtig"*. Diese kämpferische Aussage wird nur von 15 % der Muslimas und 11 % der Muslime der zweiten Generation geteilt.

Manche Länder der Europäischen Union verwehren inzwischen muslimischen Kriegsflüchtlingen überhaupt die Aufnahme. Wo diese aber asylrechtlich geschehen ist, wird etwa durch ein Verbot des Kopftuchs in den Grundschulen der Bevölkerung demonstriert, wie durch ein gezieltes Islamwatching jegliche Form befürchteter Islamisierung durch die nachwachsende Generation schon im Keim erstickt wird.

Bereits 2010, also noch vor der „Großen Wanderung", die im Jahr 2015 einsetzte, wurden in der Studie „Religion im Leben der Österreicher*innen" einige Fragen zu diesem gesellschaftspolitisch sensiblen Bereich gestellt. Die Geschlechterstudie von 2012 beforschte sodann den islamischen Bevölkerungsteil in Österreich weiter. Im Studienmodul von 2020 wurde die Anzahl der Befragten islamischen Glaubens aufgestockt, um die gestellten Fragen auch nach wichtigen Sozialmerkmalen aufschlüsseln zu können. Vielleicht kann durch die vorliegenden Daten zum Islam in Österreich in die durch eine „Politik mit der Angst" emotionalisierte Thematik ein wenig rationale Abkühlung gebracht werden.

Analysen zu folgenden Aspekten können im Folgenden erwartet werden:
- Wie beurteilen die Menschen im Land den Islam als Religion? Vor allem interessiert der Aspekt der Friedfertigkeit, und dies auf dem Hintergrund von „Gewalttexten" im heiligen Buch des Qur'ans, der gewalttätigen Rhetorik von einzelnen Imamen in Moscheen im Land sowie der inakzeptablen Praxis der Gewalt durch „Gotteskrieger" eines „Kalifats" und dessen weltweit agierenden Terroristen.

- Wenn Menschen islamischen Glaubens zu österreichischen Staatsbürgern geworden sind: Welche Vorstellungen leiten das Zusammenleben zwischen diesen und der altansässigen Mehrheitsbevölkerung? Gilt als Leitbild die Assimilation oder die Integration der muslimischen Österreicher*innen in die Aufnahmegesellschaft? Wird nicht von manchen eine Ghettoisierung befürwortet, wodurch eine Art Scharia-Parallelgesellschaft entsteht? Gibt es bei manchen einen (möglicherweise berechtigten) Widerstand gegen Werte der Aufnahmegesellschaft, die mit den eigenen, aus dem Heimatland mitgebrachten Werten kollidieren? Kurzum: Sind die muslimischen Österreicher*innen eine Bedrohung oder eine Bereicherung unserer Kultur?
- Schließlich kommt die muslimische Gläubigkeit in den Blick der Forschung. Was glauben und wie leben gläubige Muslime ihren Glauben? Sind sie so glaubensstark und noch dazu kinderreich, sodass sie ein glaubensschwaches Christentum in Europa alsbald verdrängen werden? Und nicht zuletzt: Wie wirkt sich die Gläubigkeit der Muslime und ihr Austausch mit einer Moscheegemeinschaft auf ihre persönliche Lebensführung (z. B. Geschlechterrollen, Kinderwunsch, Solidarität) sowie auf ihre gesellschaftspolitischen Präferenzen aus?

## Islam: eine friedliebende Religion?

Auch in den heiligen Büchern der Christen ist oft von Gewalttaten die Rede. Das aus Ägypten von Jahwe herausgeführte Volk vertreibt und vernichtet im Gelobten Land die dort lebenden Bevölkerungen. Selbst Gott trägt in manchen

Szenen gewaltförmige Züge; er zieht mit den Heeren Israels in den Krieg. Eine gute Exegese erkennt, dass sich hier Männerfantasien und nationale Interessen mit dem Gottesbild vermengen. Jesus reinigte dieses Gottesbild seiner jüdischen Tradition und wird in seiner Leidensgeschichte, die in den gewaltsamen Tod am Kreuz mündet, selbst zum Symbol der Gewaltlosigkeit. In seiner großen Predigt am Berg preist er die Friedfertigen selig.

Dennoch haben sich die christlichen Kirchen in der Konstantinischen Ära mit den Machthabern verbündet. Im Dreißigjährigen Krieg, einem der blutigsten in Europa, haben die Söldnerheere der konfessionellen Kriegsparteien gemordet, geschändet, vergewaltigt, gehängt, ausgerottet. Dadurch ist das Christentum in Europa in seine Fundamentalkrise geraten. Von den Kirchen konnte der ersehnte „Landfrieden" nicht erhofft werden. Nur ohne Christentum, ja letztlich nur ohne Gott könne Frieden auf Erden werden, so die aufgeklärte Konsequenz aus den leidvollen Jahrzehnten. Auch die aufgeklärten Utopien sind, vor allem wenn sie ins Totalitäre kippten, gescheitert. Die christlichen Kirchen haben sich inzwischen wieder der Gewaltlosigkeit ihres Gründers besonnen und sind zu verlässlichen Anwältinnen des Friedens in der Welt geworden, der sich nicht Waffen, sondern wachsender Gerechtigkeit in der einen Menschheit verdanke.

Diesen Weg hat der Islam um 500 Jahre zeitversetzt vor sich (sieht man von einer beachtlichen Aufklärung unter führenden Persönlichkeiten eines fortschrittlichen Islam in früheren Zeiten ab[80]) und hat dafür weit weniger Zeit als das

---

80 | Kurzman, Charles: Modernist Islam 1840–1940, Oxford 2002. – Hourani, Albert: Arabic Thought in the Liberal Age 1798–1939. Cambridge 1983. – Körne, Felix: Alter Text – neuer Kontext. Koranhermeneutik in der Tür-

Christentum. Eine kühne exegetische Arbeit vermag herauszuarbeiten, dass die kriegerischen Suren auch im Qur'an gewaltgeneigter Männerfantasie und nicht Allahs Wesen entspringen, welcher in so gut wie jeder Sure als der Allerbarmer gepriesen wird. Exegeten des Qur'ans können auch darauf hinweisen, dass die Suren, die in der Zeit der Verfolgung des Propheten in Mekka geschrieben worden waren, allesamt gewaltfrei sind. In der Zeit Medinas hingegen, als der Prophet gegen die keinesfalls zimperlichen Kriegsheere der Christen kämpfte, wurden kriegerische Suren formuliert. Eine fachwissenschaftliche Exegese des Qur'ans kommt also nicht umhin aufzuklären, was Allahs „Wille" ist und was menschliche/männliche Interessen sind. Diese Arbeit ist heute in der islamischen Theologie voll im Gang.[81] Sie kann nicht durch Zuruf von außen bewältigt werden. Vielmehr ist es eine interne Aufgabe der islamischen Weltgemeinschaft, diese exegetisch unumgängliche Herausforderung zu meistern. Wer sie schon hinter sich hat, wird zur Erkenntnis gelangen, dass sich die „Gotteskrieger" des Kalifats eben nicht auf Allah berufen können. Sie begreifen, wie das in der christlichen Theologie längst klar gesehen ist, dass die Verbindung von Allah und Gewalt nichts anderes bewirkt, als dass Allah nicht in Kredit, sondern in Misskredit gebracht wird. Und mit Allah zusammen erleidet die große Weltreligion des Islam als Ganze einen gewaltigen Imageverlust. Ohne eine Selbstreinigung der Weltreligion des Islam von eingebetteten Elementen männlicher Gewalt wird dieser in Europa ebenso wenig Zukunft haben wie das Christentum

kei heute, Freiburg 2006. – Benzine, Rachid: Islam und Moderne. Die neuen Denker, Berlin 2012.

81 | Khorchide, Mouhanad: Islam ist Barmherzigkeit. Grundzüge einer modernen Religion, Freiburg 2012.

es gehabt hätte, hätte es nicht inzwischen entschieden aller Gewalt abgeschworen.

Wie die Menschen diesen Aspekt des Islam und seines Verhältnisses zur Gewalt beurteilen, zeigt sich im Spiegel der Daten. Zwei Drittel aller Befragten (68 %) sind der Ansicht: *„Der Islam ist im Grunde genommen eine friedliebende Religion, wird aber von Extremisten für deren Ziele missbraucht."* Mit einer Hälfte aller Befragten (49 %) ist die uneingeschränkte Einstufung des Islam als friedliebend deutlich weniger verbreitet: *„Der Islam ist Weltreligion wie das Christentum und das Judentum, bei der das friedliche Zusammenleben aller Menschen im Vordergrund steht."* Noch weniger (ein starkes Drittel, 36 %) vertreten hingegen die Ansicht: *„Der Islam ist eine gewalttätige Religion, die die Entwicklung von radikalen Gruppierungen und Terroristen begünstigt."* Dass der Islam vorwiegend in vormodernen Gesellschaften heimisch ist, zeigt sich in der Einschätzung von nahezu zwei Drittel der Befragten (62 %): *„Die Moralvorstellungen des Islam sind überkommen und altmodisch. Vor allem passen sie nicht ins Europa des 21. Jahrhunderts."*

Die Zustimmung zur Aussage, der Islam sei in sich eine friedliebende Religion, ist zwischen 2010 und 2020 zurückgegangen. Die wachsende Angst vor islamistischem Terror und dessen mediale wie politische Nutzung für den Absatz von Boulevardmedien und für Wählerstimmenakquisition hat vermutlich dazu beigetragen.

Schlüsselt man die Daten nach weltanschaulicher Zuordnung auf, erhält man ein Ergebnis, das nachdenklich macht. Die Selbstwahrnehmung der islamischen Bevölkerung und der übrigen weltanschaulichen Gruppen (katholisch, evangelisch, orthodox, ausgetreten, keine Zugehörigkeit) klaffen krass auseinander. Für so gut wie alle Muslime steht das friedliche Zusammenleben im Vordergrund ihrer Religion. Mehr als die übrige Bevölkerung bedauern sie den Missbrauch ihrer Friedensreligion durch gewalttätige Extremisten (94 %). Lediglich 7 % halten den Islam für grundgewalttätig (unter den Katholiken sind es 49 %). Ein Viertel der Muslime hält die eigene Religion für moralisch vormodern.

Wenn Integration mit einem ernsthaften weltanschaulichen Dialog einhergeht, müssen diese völlig unterschiedlichen Bewertungen thematisiert werden. Es reicht nicht aus zu behaupten, dass sich die Muslime in ein gutes Licht stellen wollen und deshalb ihre gewaltförmigen Subgruppen als bedeutungslos einschätzen. Vielleicht ist die Bewertung in einem islamophoben Klima aufgebläht negativ, im Interesse des Selbstschutzes wiederum könnte die islamische Gemeinschaft die fatalen Auswirkungen ihres kleinen gewalttätigen Anteils unterschätzen. Es wäre wichtig, bei den Bewertungen die eigenen Interessen zu reflektieren. Denn Macht und Interesse verschatten immer das Erkennen.

Wie sehr Interessen im Spiel sind, zeigt eine zweite Analyse dieser Daten zur Bewertung des Islam auf der Skala friedlich-gewalttätig. Dies betrifft die drastisch unterschiedlichen Einschätzungen je nach parteipolitischer Präferenz der Befragten. Neuerlich zeigt sich, dass nicht der Islam in seiner Realität, sondern dass in der jeweiligen Blase gemäß parteipolitischer Interessen dieselbe, gewiss komplexe Realität völlig unterschiedlich bewertet wird: Wer sich dem Lager der FPÖ zuordnet, hat vom Islam ein Bild, das sich diametral zu jenem der GRÜNEN oder der KPÖ ausnimmt. Nur 27 % der FPÖ-Anhänger halten den Islam für eine grundfriedliche Weltreligion. Unter den Anhängerinnen der GRÜNEN sind es 79 %. Umgekehrt halten nur 20 % der

GRÜNEN-Anhängerinnen den Islam für gewalttätig und terroraffin. Unter den FPÖ-Sympathisanten sind es 68 %.[82]
Der Abstand zwischen den FPÖ-Sympathisant*innen und den muslimischen Österreicher*innen ist also beträchtlich. Es ist daher keine Überraschung, dass muslimische Österreicherinnen kaum zur FPÖ tendieren. Eher schon finden sie sich unter den SPÖ- oder den GRÜNEN-Sympathisant*innen.[83]

## Leitbilder fürs Zusammenleben

Diese Einschätzung des Islam wirkt sich vermutlich auch auf die Integrationspolitik mit Blick auf muslimische Österreicher*innen aus. Diese wird derzeit von Türkis und Grün verantwortet. Wenn diese beiden Parteien jeweils auf ihre Sympathisant*innen Rücksicht nehmen wollen, ist eine konsensuale Integrationspolitik ein politisches Kunststück. Zwar haben die ÖVP-Sympathisanten deutlich moderatere Einstellungen als die FPÖ-Anhänger: Die Türkis-ÖVP könnte sich also von der restriktiven Migrationspolitik aus der türkis-blauen Koalition durchaus ablösen. Doch verdankte sie ihren letzten fulminanten Wahlsieg dem Zustrom von 300.000 FPÖ-Wählenden. Es ist ein parteitaktisch naheliegendes Ziel, diese durch eine entsprechende Migrations- und Integrationspolitik bei der politischen Stange zu halten. Die Distanz ÖVP/(FPÖ) und GRÜNE bleibt damit unvermindert groß und ist gemessen an den Positionen der ÖVP-

---

82 | Siehe Tabelle 33 „Islambewertung nach parteipolitischer Präferenz" im Anhang.
83 | Siehe Tabelle 31 „Parteipolitische Präferenzen und Religionszugehörigkeit" im Anhang.

Sympathisant*innen zu groß. Bislang wurden ideologische Konflikte in der Regierung dadurch umgangen, dass man pragmatisch ein Nebeneinander von Zuständigkeiten paktiert hat. Aber kann das auf die Dauer funktionieren? Auch die GRÜNEN in der Regierung müssen daran interessiert sein, ihre Sympathisantinnen nicht zu vertreiben. Das zeigt sich beispielsweise daran, dass es den GRÜNEN nicht gelingt, den Regierungspartner zur längst fälligen Aufnahme unbegleiteter Kinder und Jugendlichen aus den überfüllten und vom Coronavirus bedrohten Flüchtlingslagern in Griechenland aufzunehmen. Lieber lässt sich Österreich durch Luxemburg und Deutschland beschämen.

Was aber wird in unserer derzeitigen Diskussion unter „Integration" verstanden? Ein empathisches Verständnis nimmt an, dass die Dazukommenden die bestehende Kultur bereichern und einer alternden Bevölkerung dringend benötigte junge Arbeitskräfte, insbesondere Facharbeiter, zuführen. Ein Beispiel mag dieses „Bereicherungsmodell" illustrieren. Ein Blick in die Geschichte der Wiener Küche zeigt, wie das funktionieren kann. Denn Dank der Integration des Reichtums anderer Esskulturen gibt es auf dem Wiener Speiseplan tschechische Powidltascherl, ungarisches Szegediner-Gulasch und bosnische Cevapcici.

Die k.u.k. Monarchie hatte schon einmal demonstriert, wie eine solche friedfertige, weil andere Kulturen wertschätzende Integrationspolitik gemacht werden kann. Als 1908 das mehrheitlich muslimische Bosnien-Herzegowina annektiert wurde, haben die katholischen Habsburger umgehend eine Fakultät für Islamische Theologie in Sarajevo errichtet. Für die Ausbildung der Richter wurde eine Scharia-Akademie geschaffen; die Verantwortlichen wussten, dass die Scharia ein hochentwickeltes Rechtssystem ist. Für das überwiegend aus Bosniern rekrutierte Gardebataillon wurden eigene Regeln für ihr Verhalten bei der Fronleichnamsprozession erlassen. Muslime waren für das katholische Österreich keine Bedrohung, sondern eine wechselseitige Bereicherung. Die Muslime wurden nicht in die katholische Kultur hineingezwungen. Natürlich wurden Loyalität und Mitwirken am Gemeinwohl erwartet. Aber Gleichschaltung wurde nicht angestrebt.

Der Schlüssel für eine solche nicht nur für die Ansässigen, sondern auch für die Zugewanderten akzeptable Integrationspolitik ist die gegenseitige Wertschätzung des kulturellen Reichtums. Vielfalt gilt dann nicht als Bedrohung. 71 % der muslimischen Männer und 80 % der muslimischen Frauen in der ersten Generation sind auch dieser Ansicht: *„Eine Gesellschaft mit einer Vielfalt an Sprachen, Religionen und Kulturen hat einen Vorteil"*. In der altansässigen österreichischen Bevölkerung sieht das freilich nur ein Drittel so.

Der derzeitigen Politik liegt mit Rücksicht auf die analogen und virtuellen Stammtische nicht dieses Anreicherungsmodell von Integration zugrunde. Vielmehr wird Integration als platte Assimilation missverstanden. Wir alteingesessenen Österreicher bestimmen, was zu unserer Leitkultur gehört. Die muslimischen Österreicher müssen dann unsere Werte übernehmen, zum Beispiel unser Frauenbild oder das, was manche Politiker dafür halten: Denn die Geschlechterforschung hat längst ans Licht gebracht, dass es in unserer österreichischen Kultur kein einheitliches Frauen- und Männerbild gibt. Wir haben moderne und traditionelle, pragmatische und verunsicherte Männer und Frauen im Land. Welches dieser Geschlechterrollenbilder soll nun aber in der Schulzeit den muslimisch-österreichischen Mädchen „anerzogen" werden? Wird das dadurch erreicht, dass den Mädchen mit einem Verfassungsgesetz verboten wird, mit einem Kopftuch zur Schule zu kommen? Zudem: Warum werden solche Fragen nicht auch mit Blick auf die Buben gestellt? Und wenn man sich in der Geschlechterfrage darauf zurückzieht, dass es wenigstens eine Gleichheit an Würde zwischen den Geschlechtern geben soll und keinerlei Diskriminierungen der Frauen akzeptiert werde: Wie lernen das die muslimischen Männer, denen ein vormodernes Männer- und Frauenbild unterstellt wird? Weiter unten wird diese Frage nach den Geschlechterrollen noch einmal aufgegriffen werden. Die Daten werden zeigen, dass diese unter den muslimischen Österreicherinnen längst in Bewegung sind und welche Faktoren diese Dynamik des Wandels der Geschlechterrollen bei Muslimen begünstigen.

Hier aber zunächst gewichtige Daten zu jener Frage aus der Religionsstudie 2010, wie sich die Menschen im Land das Zusammenleben mit Menschen, die aus anderen Kulturen und mit einer anderen Religion ins Land gekommen sind, vorstellen. Das war die Fragestellung: *„Welche der folgenden Denkweisen zur Integration von Zuwanderern stimmen Sie persönlich am meisten zu?"*

Vier Möglichkeiten waren den Befragten vorgelegt worden.
- *„Zuwanderer nach Österreich sollten ihre ursprüngliche Kultur hinter sich lassen und lernen, so zu werden wie die Österreicher."* [Assimilation]
- *„Zuwanderer nach Österreich sollten ihre ursprüngliche Kultur bewahren können, solange sie nicht in Widerspruch zu dem steht, was in der österreichischen Gesellschaft üblich ist."* [Integration]
- *„Zuwanderer nach Österreich sollten ihre ursprüngliche Kultur bewahren und auch in Österreich ohne Abstriche*

*leben können, auch dann, wenn sie im Widerspruch zu dem steht, was in der österreichischen Gesellschaft üblich ist."* [Widerstand]
- *"Zuwanderer nach Österreich sollten möglichst unter sich bleiben und getrennt von der österreichischen Gesellschaft leben."* [Ghetto]

72 % aller Befragten votierten für Integration, 16 % für Assimilation, 8 % für Widerstand und 3 % für Ghettobildung. Von diesen Durchschnittswerten weichen die österreichischen Muslime deutlich ab. 44 % von ihnen haben sich bei der Integration zugeordnet. Splittet man die Zahlen nach erster und zweiter Generation, dann sind in der ersten 51 % für die Integration, in der zweiten 25 %.

Diese Abweichung hat damit zu tun, dass viele österreichische Muslime die Kultur ihrer Vorfahren und des Herkunftslandes nicht verraten und verlieren wollen, sie aber zunehmend Angst haben, dass dies das Ziel der herrschenden „Werte-Politik" sei. 41 % aller muslimischen Österreicher wollen aber keine Integration, die ihrer Einschätzung nach zur Assimilation tendiert. Sie wollen vielmehr ihre mitgebrachte Kultur so gut es geht bewahren, auch wenn dazu Widerstand nötig ist. In der ersten Generation verstehen sich 32 % so, in der zweiten sind es 65 %. Ein Leben in einem Ghetto wünscht sich in der zweiten Generation allerdings niemand. Und nur 10 % der zweiten Generation plädieren für eine vollständige Assimilation.

Die beachtlich hohen Werte bei der Variante „Widerstand" machen nachdenklich. Offenbar steckt hinter diesen nicht nur die hohe Wertschätzung dessen, was die Befragten kulturell von ihren Familien ererbt haben. In Verbindung mit der vorhandenen Bereitschaft zur Integration signalisieren diese hohen Werte, dass die Sorge um einen Kultur- und damit Identitätsverlust groß ist. Österreichische Muslime zumal der zweiten Generation haben eine große Besorgnis, dass ihr mitgebrachter kultureller Reichtum nicht als Bereicherung, sondern als Bedrohung gesehen wird und eine assimilatorisch geprägte Integrationspolitik dominiert, die sie von ihren kulturellen Wurzeln abschneiden würde. Diese Besorgnis vor allem der schon im Land geborenen zweiten Generation gilt es mehr als bisher integrationspolitisch sehr ernst zu nehmen. Geschieht dies nicht, kann eine solche assimilatorische Integrationspolitik sehr wohl desintegrativ wirken, im Extremfall sogar radikalisieren. Eine solche Islam-Innenpolitik ist in Gefahr, zur Islamophobie-fördernden Symbolpolitik zu verkommen. Diese medial wie politisch künstlich selbstvermehrte Islamophobie dient dann als nützliches Instrument in der Wahltaktik.

Eine nicht assimilatorische Integrationspolitik hat zur Voraussetzung, dass die mitgebrachten kulturellen Werte der Muslime nicht abschätzig als vormodern und undemokratisch beurteilt werden. Schon gar nicht hilft es, wenn eine assimilatorische Integration mit Zwang versucht, etwa die Kinder wie in totalitären Ländern den Eltern gleichsam zu enteignen und in den Schulen des Landes aus dem Herkunftsland mitgebrachte Werte zu „entlernen". Die niedrigen Zahlen muslimischer Österreicher bei der Antwortmöglichkeit „Integration" und die gestiegenen Ziffern beim „Widerstand" sind Hinweise darauf, dass viele Muslime genau das befürchten. Integration gelingt nur in einem Klima der Wertschätzung und des freiheitlichen Dialogs. Nicht zuletzt die zwischenmenschlichen Begegnungen unter Gleichaltrigen wirken auf höchst gewaltfreie Weise hochintegrativ. Die Daten zeigen eindrucksvoll, dass muslimische Österreicher, ohne ihre kulturellen Werte zu verraten, diese in unserem Land modernisieren.

Die Vorstellungen von einem guten Leben unter den muslimischen Österreicherinnen und Österreichern sind in Bewegung. Das kann anhand der wichtigsten Ergebnisse der repräsentativen Studie aus dem Jahre 2012 gezeigt werden. Diese betreffen die familiale Lebenswelt sowie die Entwicklung der Geschlechterrollen. In der Studie[84] war zwischen der ansässigen Bevölkerung sowie den muslimischen Österreichern der ersten und zweiten Generation unterschieden worden:

- Es zeigt sich bei den Österreichern islamischen Glaubens eine enorm hohe Wertschätzung der familialen Lebenswelt.
- Der Kinderwunsch unter den Muslimas der zweiten Generation entspricht dem österreichischen Durchschnitt.
- Und wie auch bei den in Österreich ansässigen Personen erfolgt die Entwicklung der Geschlechterrollen bei Frauen und Männern in ziemlich unterschiedlichen Geschwindigkeiten. Muslimas entwickeln ihre Geschlechterrollenbilder weit rascher als Muslime: Muslimische Frauen fühlen sich im Schnitt (Mittelwert 4,96 auf einer Modernitätsskala von 0 = unmodern bis 10 = modern) hinsichtlich der Geschlechterrollen moderner als die Muslime (3,61). Die zweite Generation hat ebenso viele moderne Muslimas wie die restliche österreichische Bevölkerung. Wer also in unseren emotionalisierten Diskussionen wegen des gewünschten Frauenbilds der muslimischen österreichischen Mädchen besorgt ist, kann beruhigt sein. Besser wäre es, die Besorgnis auf alle

---

84 | Die empirischen Belege dafür finden sich in: Zulehner, Paul M./Kurz, Sebastian: Muslimas und Muslime im Migrationsstress, Göttingen 2015.

Männer in Österreich auszudehnen, unabhängig von ihrer Religionszugehörigkeit. Derzeit entwickeln sich auch alteingesessene österreichische Männer neuerlich zu traditionellen Rollen hin.[85]

Die europäischen Gesellschaften stehen, was den politischen und interreligiösen Dialog mit dem aufgrund der Aufnahme von Schutzbedürftigen erstarkenden Islam betrifft, gewiss vor enormen Herausforderungen. Wie im Christentum gibt es Gruppen, welche Positionen vertreten, die für eine moderne Demokratie fragwürdig sind. Auch hinsichtlich der Gewaltneigung gibt es leider in allen großen Weltreligionen fundamentalistisch-gewaltaffine Gruppen, die zudem ihre Gewalttätigkeiten religiös legitimieren.

Kontraproduktiv zu diesem erforderlichen Dialog, der respektvolles Lernen auf allen Seiten verlangt, sind jedoch Kränkungen. Eine solche stellt das Verbot von keineswegs gewaltförmigen kulturellen und religiösen Symbolen dar, die nicht der Integration dienen, sondern lediglich die ganze islamische Community kränkt. Von einer Kopftuchkränkung kann gesprochen werden. Sie ist zumeist ein Baustein rechtspopulistischer Politik mit der Angst, die mit der wachsenden – weil vielfach geschürten – Islamophobie zu tun hat.

Der französische Politologe Dominique Moïsi[86] nennt die „Demütigung" der arabischen Welt als den Hauptgrund für den Terror, der als „dritter Weltkrieg auf Raten" (Papst Franziskus) derzeit die Weltgemeinschaft in Atem hält. Es han-

---

85 | Siehe Abbildung 8 „Geschlechterrollen– muslimische (nach Generationen) und altansässige Österreicher*innen" im Anhang.
86 | Moïsi, Dominique: Kampf der Emotionen. Wie Kulturen der Angst, Demütigung und Hoffnung die Weltpolitik bestimmen, München 2009.

delt sich dabei um eine kollektive Kränkung. Nach dem in der Frage der Kränkung führenden Psychotherapeuten Reinhard Haller besteht das Wesen einer Kränkung in der „anhaltenden Erschütterung des Selbst und seiner Werte"[87]. Manche Experten befürchten, dass die österreichische Migrationspolitik derzeit bei den Österreicher*innen islamischen Glaubens genau eine solche subtile kollektive Kränkung verursacht. Das verheißt keine religionspolitisch friedliche Zukunft.

## Säkulare und gläubige Muslimas und Muslime

Eine der islamophoben Annahmen besteht darin, dass ein glaubensstarker Islam das glaubensschwache Christentum in Europa verdrängen werde. Nun steht außer Zweifel, dass die Aufnahme von Asylsuchenden vor allem aus dem Balkan, dem Nahen Osten und Afghanistan den Anteil an Menschen in Österreich vermehrt hat, die fest an einen Gott (Allah) glauben. Das religiöse Grundwasser in der österreichischen Kultur ist leicht angestiegen und hat das Absinken im christlichen Bevölkerungssegment abgefangen. Zugewanderte erhöhen den religiösen Grundwasserspiegel und bringen zudem die Religion auf das politische Parkett. Eine Art Ent-Privatisierung der in der Aufklärung privatisierten Religiosität findet statt. Damit geht eine Repolitisierung der Religion einher. Selbst das laizistische Frankreich kommt um eine Debatte über die Verortung des Islam in der Gesellschaft nicht herum.

---

87 | Haller, Reinhard: Die Macht der Kränkung, Salzburg ⁹2019.

Aber wie ist es um die Gläubigkeit der österreichischen Muslimas und Muslime wirklich bestellt? Was glauben Muslime und wie leben sie ihren Glauben in einer modernen Kultur? Religionssoziologisch sind zwei Möglichkeiten gegeben:
- In modernen Kulturen gerät der mitgebrachte islamische Glaube unter einen enormen Modernisierungsstress. Es ergeht dann Muslimen nicht viel anders als den Mitgliedern einer christlichen Kirche in einer nachchristlich-pluralistischen Kultur. Dieser Modernisierungsstress wirkt sich umso nachhaltiger aus, je „vormoderner" das Herkunftsland der aufgenommenen Schutzsuchenden ist: also stärker für Menschen aus Afghanistan als aus dem teileuropäisierten Balkan.
- Es kann aber auch eine andere Wirkung eintreten. Der mitgebrachte Glaube schafft eine Art Heimat in der Fremde. Das zeigt sich etwa bei migrierten Polen, Vietnamesen oder auch Serben. Sie bilden in Österreich eigene fremdsprachige Gemeinden und sammeln sich dort. Manche Serben reisen in ihre Heimat und unternehmen dort Wallfahrten, um sich ihres Herkunftsglaubens zu vergewissern.[88] Immerhin erleben acht von zehn der befragten österreichischen Muslime ihre Religion als *„Heimat, die man überall mitnehmen kann"*.

Immer wieder ist in Diskussionen die Besorgnis zu hören, dass ein glaubensstarker Islam auf dem europäischen Konti-

---

[88] Naletova, Inna: Orthodoxe Religiosität in Osteuropa – eine Analyse in sechs Ländern, in: Zulehner, Paul M./Tomka, Miklós/Naletova, Inna: Religionen und Kirchen in Ost(Mittel)Europa. Entwicklungen nach der Wende, Ostfildern 2008.

nent das glaubensschwache Christentum verdrängen werde. Unsere Repräsentativstudie unter den österreichischen Muslimen zeigt, dass diese Annahme zu undifferenziert ist. Zwar erweist sich das Christentum in Europa als verwundet und steckt in einem tiefreichenden Transformationsprozess. Aber dass der Islam derart (und zudem bedrohlich) glaubensstark ist, entspricht nicht unseren Daten.

Ausgeleuchtet wurde in der Studie die religiöse Dimension der islamischen Bevölkerung in Österreich: der Gang in die Moschee, die Feier der Heiligen Nächte, der Besitz des Qur'ans und heiliger Gegenstände, die Beachtung der fünf Säulen des Islam, nämlich das öffentliche Glaubensbekenntnis, das tägliche rituelle Gebet, das Geben von Almosen, das Fasten während des Ramadan und die Wallfahrt nach Mekka. Die Analysen zeigen, dass es im Land gläubige (53 %) und säkulare (47 %) Muslime gibt. Die eine Gruppe hat in religiöser Hinsicht hohe Werte, die andere hingegen weit unterdurchschnittliche. So sieht beispielsweise der freitägliche Moscheegang dieser beiden Grundtypen aus: 77 % der Gläubigen gehen wenigstens einmal im Monat. Unter den Säkularen sind es 3 %: 39 % der Säkularen können als „Ramadanmuslime" gelten, 23 % gehen selten und 35 % nie. Dass also „die Muslime" allesamt glaubensstark sind, davon kann nicht die Rede sein.

Auch die islamische Religion steht in unserer Kultur unter enormem Modernisierungsstress. Das zeigt sich daran, dass unter den Moslems in der ersten Generation 54 % als „gläubig" gelten können, in der zweiten sind es lediglich 29 %. Auch mit sinkendem Alter geht der Anteil der „gläubigen" Personen zurück. Der typisch „säkulare" Typ ist der junge unverheiratete muslimische Mann mit höherer Bildung, der in einer Großstadt lebt. Das sind religionssoziologisch vertraute Ergebnisse. Sie sehen unter den Mitgliedern der christlichen Kirchen nicht anders aus.[89]

Statt also gegen den Islam unter dem Deckmantel des durchaus legitimen Kampfes gegen dessen gewaltförmigen Missbrauch ins Feld zu ziehen und die zu 93 % friedliebende islamische Kommunität im Land unter polizeiliche Beobachtung zu stellen, ist es weitaus zielführender, den Islam inmitten des unvermeidlichen Modernisierungsstresses zu unterstützen. Die Einrichtung von Lehrstühlen für islamische Theologie an den Universitäten ist ein überaus wertvoller Schritt in diese Richtung. Einen solchen Lehrstuhl verdankt die Universität Wien dem damaligen Außenminister Sebastian Kurz und seinem staatspolitischen Weitblick.

---

89 | Siehe Abbildung 9 „Verteilung der gläubigen Moslems" im Anhang.

# Unterwegs in die Zukunft

## Wenn wir so weitermachen wie bisher ...

„Wenn wir so weitermachen wie bisher, werden wir nicht mehr lange weitermachen." Dieser Satz des deutschen Politikers Erhard Eppler kann auch auf die christlichen Kirchen angewendet werden. Ihnen stehen Zeiten eines tiefgreifenden Wandels ihrer Kirchengestalt bevor. Die Ära, in der das Christentum in die europäische Kultur eingeschmolzen war, ist vorbei. Zwar ist die Hälfte aller Befragten der Ansicht, *„Ein selbstbewusstes Christentum ist für Europa künftig sehr wichtig."* Aber katholischer oder evangelischer Christ oder Christin zu sein ist heute nicht mehr eine Sache der kulturellen Tradition, sondern einer sozial eingebundenen freien Wahl. Diese Wahlfreiheit verbuntet nicht nur die weltanschauliche Landschaft, sondern verändert unweigerlich die Kirchengestalt. Diese befindet sich derzeit wahrnehmbar in einem tiefgreifenden Umbau. Diesen gilt es zu gestalten, statt nur das Auslaufen der veralteten Kirchengestalt zu verwalten.[90]

Es wäre aber ein epochaler Irrtum zu meinen, die Zukunft der christlichen Kirchen in Europa könne durch Strukturreformen sichergestellt werden, so wichtig diese auch sein mögen.[91] Aber die Entscheidung fällt nicht auf dem Terrain der Strukturen, sondern auf dem Gebiet der

---

90 | Bucher, Rainer: Die unerbetene Chance nutzen, in https://www.feinschwarz.net/die-unerbetene-chance-nutzen/ – Zulehner, Paul M.: Kirche umbauen – nicht totsparen, Ostfildern 2004.

91 | Ich habe selbst dazu hinreichend oft meine pastoraltheologischen Überlegungen publiziert: Zulehner, Paul M.: Kirche umbauen – nicht totsparen, Ostfildern 2004. – Ders.: Neue Schläuche für jungen Wein. Un-

Botschaft. Die Kernfrage ist, wie das Evangelium mit seinen zentralen Botschaften so verkündet werden kann, dass es in das persönliche Leben und in das gesellschaftliche Leben in der Welt von heute gestaltend einfließen kann. Dazu ist es aber erforderlich, einfühlsam wahrzunehmen, was die Menschen bewegt. Wie Papst Franziskus seit seiner Regierungserklärung *Evangelii gaudium* (2013) einmahnt, braucht es dazu eine Inkulturation der Überlieferung, hinein in das Lebensgefühl der Menschen, in die Art und Weise, wie sie ihre Lebenswelt bauen, ihre „Wirklichkeit konstruieren", wie sie ihr Glaubenshaus einrichten und in welchem Ausmaß sie dazu das den christlichen Kirchen anvertraute Evangelium im Austausch mit diesen abrufen.

Zur Beantwortung dieser entscheidenden Herausforderung für die Zukunft des Evangeliums im Land können mit Sympathie und Empathie gewichtige Ergebnisse der Studie aufgegriffen werden. Die Frage ist ja, wie das Evangelium in unserer verbunteten Kultur dergestalt verkündigt werden kann, dass sich die Menschen ihrer Würde sicher sind, dadurch von Trauer und Angst auf die Seite von Freude und Vertrauen gelockt zu werden. Dabei könnten sie in aller Freiheit erproben, ihre Wirklichkeit zu weiten und ihr Leben auf die österliche Hoffnung zu gründen, dass am Ende die Liebe stärker ist als der Tod.

Um sich dieser Vision von Evangelisierung anzunähern, gilt es an jenen Herausforderungen anzuknüpfen, die sich beim Schaffen des Lebenskunstwerks den heutigen Menschen stellen und die ein Zusammenleben mit menschlichem Angesicht begünstigen.

terwegs in eine neue Ära der Kirche, Ostfildern 2017. – Ders: Naht das Ende des Priestermangels? Ein Lösungsmodell, Ostfildern 2019.

# Wirklich katholisch werden

## Tod

Wenn ein Mensch nicht seelisch schwer verwundet ist, sehnt er sich nach Liebe, näherhin danach, zu lieben und geliebt zu werden. Ist es nicht der Wunsch vieler, dass unser Lieben nicht im Tod endet, sondern die Liebe den Tod beendet (hat)?

Mit dieser uralten österlichen Erzählung vom Sieg der Liebe über den Tod können die Christen in der Kultur Menschen ermutigen, ihre Welt nicht eng und begrenzt zu definieren, also bei ihrer „Wirklichkeitskonstruktion" nicht darauf zu setzen, dass mit dem Tod definitiv alles aus ist. Das Evangelium kann die Wirklichkeit der Menschen weiten, entgrenzen. Es singt vom Sieg der Liebe: und feiert damit zugleich den Sieg Gottes über den Tod. Gemeinden des Evangeliums sind wie Wirklichkeitsausweiter, Wirklichkeitsentgrenzer, führen den Menschen aus der Enge (lateinisch angustia), die mit der Angst verwandt ist und der letztlich niemand von den „Sterblichen" entrinnt, mag er noch so sehr in stoischem Heroismus und unruhigem Hedonismus dem definitiven Ende entgegenleben. Die von der österlichen Hoffnung geprägten Gemeinschaften des Evangeliums erweisen sich als institutionalisierter Aufstand gegen den Tod. Das lässt sie in ihrem Lobpreis singen: „Er führte mich hinaus ins Weite, / er befreite mich, denn er hatte an mir Gefallen" (Psalm 22,20; auch 18,20).

Das Evangelium zeitigt dabei eine überraschende Wirkung. Es ordnet das Leben von Weltnomaden ein in eine bergende heilige Welt Gottes und bringt es so „in Ordnung". Um es Mantra-artig zu wiederholen, dass sich dabei eine Umkehrung, „Bekehrung", ereignet: Nicht wir kommen in den Himmel, sondern der Himmel kommt jetzt schon zu uns auf die Erde, in Spuren wenigstens. Seine Merkmale sind Gerechtigkeit, Frieden und Freude im Heiligen Geist.

Die Erzähler der biblischen Hoffnungsgeschichten können selbst Atheisten und Atheisierende ermutigen. Die Studie zeigt, dass nicht nur das Gott-her-glauben, sondern auch das Gott-weg-glauben gestuft ist. Vielfach lehnen Atheisten zudem einen Gott ab, den es Gott sei Dank gar nicht gibt. Sie zahlen den Preis dafür, dass Gottesanhänger „Gott" bei ihnen durch „Gottesvergiftung"[92] nicht in Kredit, sondern Misskredit gebracht haben.[93]

Eine Kirche, die dem Evangelium treu ist, zentriert ihre Erzählungen auf ihre Grundbotschaft (ihr Kerygma) vom österlichen Sieg über den allgegenwärtigen Tod am Ende und den kleinen Toden inmitten des Lebens. Immer steht sie jetzt schon für „kleine Auferstehungen", welche die Hoffnung auf die große Auferstehung im „großen Tod, der in uns allen ist" (Rainer Maria Rilke[94]) in Erinnerung halten.

Derzeit aber scheinen die Kirchen den Tod eher zu umschweigen. Kleine Fenster tun sich bei Begräbnisritualen auf. Dabei zeigt die Studie, dass gerade bei (kirchlichen) Beerdigungen alle beisammen sind: die „Sterblichen" wie die „Unsterblichen", jene, die meinen, es sei mit dem Tod definitiv alles aus und damit ihr Fragen beenden[95], und jene, die den Tod als Geburt in eine andere Existenz deuten, ja manchmal willkommen heißen, wie Johann Sebastian Bach in seiner berühmten Kantate „Ich sehne mich nach meinem

---

92 | Moser, Tilmann: Gottesvergiftung, Frankfurt am Main [8]1975.
93 | Gaudium et spes, 19–21.
94 | Das Buch von der Armut und vom Tode, in: Das Stundenbuch, 1903.
95 | Halík, Tomáš/Demattio, Angela: Geduld mit Gott. Die Geschichte von Zachäus heute, Freiburg [7]2014.

Tod". Es überrascht, dass selbst ein kleiner Teil der Atheisten ein kirchliches Begräbnisritual wünscht.

## Entängstigen

Inkulturation des Evangeliums hat bei uns auch mit dem zu tun, was die Forschung „Kulturen der Angst"[96] nennt. Angst meint hier nicht Furcht, die sich auf konkrete Gefährdungen im Daseinskampf bezieht. Vielmehr geht es um die Variationen jener Urangst, die sich bei jedem Menschen „unter dem Baum der Erkenntnis" (Gen 2,9) einstellen kann: die Angst, dass alles – auch das numinos-furchterregende Göttliche – zu viel ist oder, vor allem nachgeburtlich, dass es zu wenig ist.[97] Diese zwei Dimensionen der Urangst haben in der Flüchtlingszeit weitere Gesichter bekommen. Die Angst, es kommen unkontrolliert zu viele Schutzsuchende ins Land. Und die Angst, dass unser Sozialstaat für uns nicht mehr reicht, wenn Schutzsuchende in diesen einwandern.

Kirchen leben am Quell des Vertrauens, den sie Gott nennen. Gottvertrauen könnte also inmitten der Kulturen der Angst eine heilende Gegenkraft zur entsolidarisierenden Angst sein, welche die Würde vieler Schutzsuchender antastbar macht. Kirchen könnten dazu beitragen, dass die Menschen in der Angst bestehen können. Das schmälert nicht den Beitrag zur Entängstigung[98], der in der Bildung, in den Medien und einer Politik geleistet wird, die nicht aus

---

96 | Moïsi, Dominique: Kampf der Emotionen. Wie Kulturen der Angst, Demütigung und Hoffnung die Weltpolitik bestimmen, München 2009.
97 | Renz, Monika: Angst verstehen. Tiefer als alle Angst liegt Urvertrauen, Freiburg 2019.
98 | Zulehner, Paul M.: Entängstigt euch. Die Flüchtlinge und das christliche Abendland, Ostfildern 2016.

wahltaktischen Gründen eine Politik mit der Angst[99], sondern eine Politik des Vertrauens riskiert und für diese in der Bevölkerung staatsmännisch um Unterstützung wirbt. Kirchen wären dann so etwas wie „Oasen diffundierenden (Gott-)Vertrauens in Kulturen der Angst".

## Gott

Eines der markanten Ergebnisse der Studie 2020 besteht darin, dass die Todes- und die Gottesfrage eng miteinander verwoben sind. Wie daher die Todesfrage angesichts der Liebe künftig im Bemühen um die Inkulturation des Evangeliums eine zentrale Rolle einnehmen wird (und damit das österliche Kerygma wieder in die Mitte rückt), wird auch die Gottsuche eine grundlegende Bedeutung haben. Was ohne die christlichen Kirchen auf jeden Fall verloren ginge, so sagen die Befragten, wäre an erster Stelle, dass sich „*bald niemand mehr Gedanken über Gott machen*" würde. Das halten die Leute für das Kerngeschäft der Kirchen und Religionsgemeinschaften.

Dabei kann daran angeknüpft werden, dass drei Viertel der Menschen an *ein „höheres Wesen/einen Gott"* glauben. Das ist für ein modernes Land, das nach allen religionssoziologischen Prognosen der Siebzigerjahre des letzten Jahrhunderts säkularisiert zu sein hätte, erstaunlich viel. Mein Mentor und Freund Peter L. Berger hatte gute Gründe, dass er angesichts solcher Daten vor seinem Tod die von ihm in den Siebzigern vertretene Säkularisierungsannahme widerrief. Ein Zwischenschritt auf dem Weg zu diesem Widerruf war die Entdeckung der „vielgestaltigen Modernitäten"

---

99 | Wodak, Ruth: Politik mit der Angst. Zur Wirkung rechtspopulistischer Diskurse, Wien 2016.

(Shmuel Eisenstadt[100]): Nicht jede Moderne sei von Haus aus gottlos. Das meint auch Peter L. Berger mit seinem Bildwort von den „vielen Altären der Moderne".[101]

Dass drei Viertel an einen Gott, ein höheres Wesen glauben, ist ein wichtiges Grundergebnis der Studie. Dieses bedarf aber noch weiterer Differenzierung. Es wurde deshalb danach gefragt, welches Gottesbild die Menschen haben. Dabei zeigt sich eine bunte Bandbreite. Die Skala reicht von einem theistischen über ein deistisches Gottesbild und sodann über die Ahnungslosen hin zu den Gottlosen. In einem ehedem katholischen Land des „christentümlichen Europas" hat das christliche Gottesbild keine Majorität. Dominant ist vielmehr das durchaus auch europäische Gottesbild der „Deisten". Dieses wird von den „guten Gottesgründen" der Erschaffung der Welt und des Gewissens gespeist. Der Gottesrede der Kirche stellt sich somit die Aufgabe, den Menschen den Gott Jesu zu erschließen, und dies als einen Gott, dessen „Mutterschoß", also dessen Innerstes Erbarmen ist (vgl. Lk 15,11–32).[102]

Kirchen sollten allerdings angesichts dieser Verschiebung von einem theistischen zu einem deistischen Gottesbild den Deismus nicht vorschnell in Bausch und Bogen verwerfen. Denn obgleich das Gottesbild der Mehrheit nicht voll dem christlichen Lehrgebäude entspricht, Gott von der Mehrheit der Kirchenmitglieder nicht als leidenschaftlich Liebender und daher in sich Beziehungsreicher („Dreifaltiger") ge-

---

100 | Eisenstadt, Shmuel N.: Comparative civilizations and multiple modernities, Boston 2003.
101 | Berger, Peter L.: The many Altars of modernity. Towards a paradigm for religion in a pluralistic age, Berlin-Boston 2014.
102 | Franziskus: Misericordiae vultus, Rom 2015. – Johannes Paul II.: Dives in Misericordia, Rom 1980. – Zulehner, Paul M.: „Gott ist größer als unser Herz" (1 Joh 3,20). Eine Pastoral des Erbarmens, Ostfildern 2006.

glaubt wird, auch die Menschwerdung Gottes (des Logos) in Jesus von Nazaret und dessen Auferstehung mit Leib und Seele auf verbreitetes Nichtverstehen stößt: Man kann theologisch dennoch diesem deistischen Gottesbild viel abgewinnen.

Die „guten Gottesgründe" sind ja nach wie vor Aspekte auch des christlichen Gottesbildes. Gottesgründe ist vermutlich ein besseres Wort als Gottesbeweise, die als ein untaugliches Kampfwort im Disput mit dem aufstrebenden Atheismus herhalten mussten. Gott wird nicht nur bei deistischen Freidenkern, sondern auch im christlichen Kosmos als Schöpfer von Himmel und Erde gepriesen. Zudem sah der Europaapostel Paulus, der als erster seinen Fuß auf unseren Kontinent gestellt hatte, im Gewissen jenen Ort, an dem Gott sich in jedem Menschen mit seiner Weisung zu gelungenem Leben unvermittelt erkennbar macht. Das deistische Gottesbild kommt freilich rationalistisch entfärbt daher. Auch schafft es riesigen Abstand zwischen Gott und den Menschen dadurch, dass dieser am Beginn der Weltgeschichte gleichsam festgesetzt wird. Zugleich aber nimmt es eine größtmögliche Nähe zu einem Gott an, der dem Menschen in seinem Gewissen innerlicher ist „als Hemd und Halsader" (Qur'an, Sure 50,16). Der große Theologendichter Kurt Marti griff in einem seiner berührenden Gedichte dieses Zitat aus dem Qur'an auf:

> *großer gott klein*
> *großer gott:*
> *uns näher*
> *als haut*
> *oder halsschlagader*
> *kleiner als herzmuskel*

*zwerchfell oft:*
*zu nahe*
*zu klein – wozu*
*dich suchen?*
*wir: deine verstecke*

*kurt marti*[103]

Dass Gott mit der Erschaffung der Welt verbunden wird, ist gerade in einer Zeit, in der angesichts drohender Klimakatastrophen eine weltweite, von jungen Menschen getragene ökologische Bewegung entstanden ist, nicht unerheblich. Natürlich kann man auch dann, wenn man sich als „Sterblicher" definiert, aus wohlverstandenem Selbstinteresse und Liebe zu den eigenen Kindern für den Schutz der Umwelt, oder besser gesagt der Mitwelt, eintreten. Immerhin kennen alle großen Menschheitserzählungen ihre je eigenen Schöpfungsgeschichten. Es sind Deutungen für die vorgefundene Welt, in der wir unser Leben in Leid und Freud vollbringen. Und selbst große Evolutionstheoretiker wie Stephen Hawking wollten die Evolution nicht einem blinden Zufall überlassen. Das macht aus einem bekennenden Atheisten keinen Menschen, der an einen Schöpfergott glaubt. Aber er teilt mit einigen christlichen Schöpfungstheologen den Verdacht, dass der grandiosen Entwicklung des Universums (oder vielleicht mehrerer Universen) ein „intelligent design" zugrunde liegt. Ist Gott für den Atheisten gleichsam die innere Dynamik der gesamten Weltgeschichte? Dieses Innerste aller Wirklichkeit mag dem Atheisten nicht als Gott erkennbar sein, obgleich diese Formkraft offenbar bewun-

---

103 | Aus: Kurt Marti, Die Liebe geht zu Fuß © 2018 Nagel & Kimche in der MG Medien-Verlags GmbH, Haar.

dernswerte Spuren hinterlassen hat und immer noch dabei ist, die Schöpfung durch immer größere Durchmusterung (Carsten Bresch) zu einer stets größeren Vollendung zu führen, hin zu einem Punkt Omega, den die christlichen Erzählungen den „universalen Christus"[104] nennen.

Ich schätze also den Gedanken, es müsse einen Gott geben, denn *„irgendwer muss ja die Welt erschaffen"* haben. Ich respektiere diese Aussage sehr, auch wenn sich diese „Etwasisten" nicht mit dem Gedanken anfreunden können, dass Gott die Liebe ist und uns zu allen Zeiten liebend im Dasein hält und in eine zeitlose Vollendung führt, die in der Auferstehung Jesu an ihren endzeitlichen Anfang gelangt ist. Zudem lehren neuestens Neurowissenschaftler wie Joachim Bauer[105], dass alles Leben Resonanz und Bezogenheit ist – also gerade das, was das christliche Gottesbild im Innersten ausmacht: ein „divine dance"[106] von unvorstellbarer innerer Beziehungskraft und nach außen dringender Schöpferkraft.

## Einheit des Seins begründet universelle Solidarität

Das verbreitete Gottesbild in unserer Bevölkerung besitzt, auch wenn ihm die christliche Prägung fehlt, eine weithin unerkannte politische Sprengkraft. Es macht deutlich, dass alles, was ist, sich einem gemeinsamen Ursprung verdankt. Das in der Denktradition Europas tief verankerte Ahnen um

---

104 | Rohr, Richard: The universal Christ. How a forgotten reality can change everything we see, hope for and believe, London 2019.
105 | Bauer, Joachim: Wie wir werden, wer wir sind. Die Entstehung des menschlichen Selbst durch Resonanz, München 2019.
106 | Rohr, Richard/Morell, Mike: The Divine Dance: The Trinity and Your Transformation. New Kensington 2016.

eine tiefe Einheit alles Seins geht damit einher. Die Lehre von einer einzigen „chain of being" (Kette des Seins) reicht von Aristoteles über Bonaventura hin bis zu Ken Wilber.

Dieses Ahnen hat enorme Folgen. Als Geschöpfe sind alle „Ebenbilder" Gottes, wie der biblische Schöpfungsmythos erzählt. Die ethische Konsequenz dieser tiefen Einheit des Seins ist universelle Solidarität, die grundsätzlich besehen keine Obergrenzen kennt. Denn wenn es nur einen einzigen Gott gibt, dann ist auch jeder Mensch einer von uns in der einen Menschheit und der einen Welt. Zugegeben, dieses ethische Prinzip ist im konkreten politischen Handeln nie voll realisierbar. Es braucht politischen Sachverstand, was einer Bevölkerung an Solidarität zugemutet werden kann. Aber das Ideal gibt die Richtung für das Handeln an. Zudem entspringt aus ihm die Verpflichtung, die kleinen Schritte in Abständen daraufhin zu überprüfen, ob nicht weitere kleine Schritte möglich und den Menschen zumutbar sind. Aufgabe einer verantwortungsvollen Politik ist es zudem nicht nur, zumutbare Schritte vorzuschlagen, sondern auch die Bevölkerung für mehr Solidarität zu gewinnen, statt durch eine Politik mit der Angst die Solidaritätsressourcen einer Kultur dauerhaft zu beschädigen. Angst entsolidarisiert immer. Eine staatsmännische Politik betreibt daher eine „Politik des Vertrauens" und keine „Politik mit der Angst". Es ist ein verkehrter Weg, den Menschen politisch in Aussicht zu stellen, sie könnten in der Angst bestehen, indem ihnen das Versprechen von mehr Sicherheit gegeben wird: etwa durch das alleinige Sichern von Grenzen. Vielmehr können jene Menschen in der Angst bestehen, die mehr Vertrauen als Angst haben. Das Versprechen von Sicherheit hilft lediglich, sich der eigenen Angst bewusst zu werden, was allein schon Angst mehren kann. Zum Bestehen in der Angst aber trägt nachweislich Vertrauen bei. Denn „tiefer als alle Angst liegt Vertrauen" (Monika Renz[107]).

Dieses Wissen um die tiefe Einheit alles Seins geht mit der Hoffnung der christlichen Botschaft einher, dass Gott nicht nur einzelne Menschen zur Vollendung führt, sondern die ganze Schöpfung. Die Botschaft des Evangeliums ist daher grundkatholisch, allumfassend und hofft für alle.

Dem steht in der westeuropäischen Kultur ein Individualismus entgegen, dem dieses Wissen um die Einheit allen Seins weithin abhandengekommen ist. Anders die ostkirchliche Tradition: In deren österlichen Feiern wird am Ostermorgen die Hadesfahrt des Auferstandenen besungen. Christus steigt hinab in die Welt des Todes und führt aus dieser mit dem Rettungsgriff Adam und Eva zurück ins Leben. Adam und Eva sind aber die Archetypen der ganzen Menschheit durch alle Zeiten hindurch. Die Botschaft ist klar: Die Welt und mit ihr die Menschheit sind als Ganzes gerettet, der Tod aller ist besiegt und die Liebe hat bei allen das letzte Wort. Am Ende wird, so Paulus voll zuversichtlicher Gewissheit, „Gott alles in allem" sein (1 Kor 15,28).

Jahrhunderte hindurch sind westliche Missionare durch die Welt gereist, um möglichst viele Heidenkinder zu taufen, damit sie als Einzelne in den Himmel kommen. Hebammen wurden aus „Heilspanik" angehalten, Ungeborene noch im Mutterschoß mit einer Taufspritze mit dem rettenden Taufwasser in Berührung zu bringen, damit sie nicht für immer verloren gehen. Ein tiefer Heilspessimismus hatte die christliche Theologie der Kirchen in Westeuropa durchzogen, die katholische ebenso wie die Kirchen der Reformation. Es galt mit allen pastoralen Mitteln, unermüdlich Seelen zu retten.

---

107 | Renz, Monika: Angst verstehen. Tiefer als alle Angst liegt Vertrauen, Feiburg 2019.

Hadesfahrt. Chora-Kirche Istanbul, 14. Jahrhundert[108]

Der einzelne Mensch sollte, wie Martin Luther, seinen gnädigen Gott finden. Und doch besingen die christlichen Kirchen in ihren Gesängen österlich die Rettung der ganzen Welt. Das Zweite Vatikanische Konzil hat sich wiederum auf den universellen Heilsoptimismus besonnen. Es ist nunmehr unwidersprochen möglich zu „fragen, ob wir hoffen dürfen, dass Gott am Ende alle rettet" (Karl Rahner). Oder wie die griechischen Kirchenväter betonten: Solange der Sieg Gottes über Sünde, Tod und Teufel nicht endgültig ist, ist die Erlösung nicht vollendet.

Solche Sicht der biblischen Erzählung vertieft das Missionsstatement der christlichen Kirchen und bringt ein Update für unsere postkonstantinische Ära. Kirchen sind jetzt nicht mehr die exklusiv rettende Arche Noah für einige we-

---

108 | http://istanbul-tourist-information.com/erlebnisse-in-istanbul/museen-in-istanbul/chora-kirche-kariye-cami

nige aus der Sintflut der Geschichte. Vielmehr sind sie „Licht und Salz" (Mt 5,13f.) für das inklusive Heil der Welt, das in der Auferstehung Jesu, des Christus, für alle offenkundig geworden und in ihr endzeitliches (1 Kor 11,10) Finale eingetreten ist. Christen leben, erzählen und feiern, was Gott mit allen Menschen im Sinn hat und was in Jesu Tod und Auferstehung definitiv und unwiderruflich ans Licht gekommen ist.

Die christlichen Kirchen erzählen davon aber nicht nur in ihrer grundösterlichen Botschaft. Sie tragen dazu bei, dass dieser heilende Prozess der Vollendung schon jetzt in der Welt vorankommt. Genau dazu hat Jesus seine Bewegung ausgelöst, welche jenes Ereignis ist, das die Institution Kirche begründet und beflügelt. Ihm ging es nicht darum, auserlesene Menschen aus der verderblichen Welt in den Himmel zu evakuieren. Er setzte sich dafür ein, dass der Himmel jetzt schon zu uns kommt. In Spuren wenigstens. Jesus selbst sprach vom Kommen des „Himmelreichs" oder des „Reiches Gottes". Johannes Paul II., der europageschichtlich in der Befreiung Osteuropas vom Joch kommunistischer Unterdrückung einen großen Beitrag geleistet hat, setzte sich ganz auf der Linie der Worte Jesu für eine „Zivilisation der Liebe" ein, welche die „Zivilisation des Todes" überwinden solle. Genau für diese Reich-Gottes-förmige, damit menschlichere, gerechtere und friedvollere Welt als heilendes „Salz der Erde" zu dienen, gehört zum Grundauftrag christlicher Kirchen in der einen Welt von heute. Eine solche Botschaft ist nicht mehr konfessionell, sondern universell, also im verloren gegangenen Sinn „katholisch", alle und alles umfassend.

## Agnostiker und Zweifler

Eine ähnlich wohlwollende Wertschätzung wie die von manchen vorschnell verachteten „Deisten" unter uns verdienen auch jene, die sich den Agnostikern zugeordnet haben. Sie kommen der Kultur der Gottesrede in der jüdischen Tradition ganz nahe. Diese verbietet, sich von Jahwe ein Kultbild zu machen (Ex 20,4; Dtn 4,16.23; 5,8).

Ein solches Bilderverbot wäre oftmals auch in der Verkündigung der christlichen Kirchen hilfreich. Denn die Gottesbilder mancher Prediger und Katecheten sind sperrig und bisweilen auch besserwisserisch. Manche Gottesrede ist derart anthropomorph und zudem für Frauen unerträglich, dass deren Ablehnung naheliegt. Agnostiker sagen den breitbeinigen Gottesrednern, dass Gott so nicht sein kann, wie sie über ihn betulich und seicht daherreden: Ein zorniger alter Gott, der Geschöpfe, die er unendlich liebt, für ewig in eine Hölle versetzt; ein Buchhaltergott, der das Gute wie das Böse notiert, um es bei der finalen Evaluierung zu belohnen und zu bestrafen. War es nicht dieses gesetzlich ideologisierte Gottesbild, gegen das Jesus heftig intervenierte? Hat nicht gerade dieses „Gottesgeschwätz", wie es eine Siebzehnjährige in einem Brief an die Synode in Rottenburg-Stuttgart 1985 bedauerte, die Macht der klerikalen Gottesagenten auf Erden gemehrt und die Gläubigen in ein Leben unter Höllenangst versetzt? Das ist kein Plädoyer für einen Wiener Heurigengott, wohl aber gegen eine Gottes-Verdrohlichung, die mehr der Macht der Priester denn dem Erbarmen des Gottes Jesu entspricht.

Ähnlich wie den Agnostikern, die uns mahnen, nicht zu viel über Gott zu wissen, wohl aber wie Jesus Geschichten von diesem zu erzählen, die seine unbeirrbare Treue

(Dtn 32,4) und sein Erbarmen entbergen, sollte auch den Zweiflern mehr Wertschätzung entgegengebracht werden. Zweifler verunsichern jene, die sich Gott nicht gläubig überlassen können, sondern durch Gott ihr Bedürfnis nach Sicherheit abdecken wollen. Glauben ist aber stets ein Zwilling des Zweifels. Daher stimmte Peter L. Berger als theologisch trainierter Presbyteraner mit dem niederländischen Philosophen Anton C. Zijderveld ein „Lob des Zweifels" an.[109] Der Zweifel könne Glaubende vor der fundamentalistischen Versuchung bewahren. Der redliche Zweifler, der nicht zu fragen aufhört, vermag Trost in einer Aussage des ersten Johannesbriefes zu finden, wo es heißt: „Gott ist größer als unser Herz" (1 Joh 3,20). Oder Paulus an die Gemeinde in Korinth: „Nein, wir verkünden, wie es in der Schrift steht, was kein Auge gesehen und kein Ohr gehört har, was in keines Menschen Herz gedrungen ist, was Gott denen bereitet hat, die ihn lieben" (1 Kor 2,9). Die Theologie könnte sich an die eigene Lehrtradition einer theologia negativa entsinnen, die schon in die Zeit der griechischen Philosophie zurückreicht und sich bei den Kirchenvätern finden lässt: Wenn immer eine positive Aussage über Gott in unseren menschlichen Sprachbildern gemacht wird, müsse hinzugefügt werden, dass „er" just so nicht ist. Das Vierte Konzil im Lateran (1215) legte fest, es könne zwischen Schöpfer und Geschöpf keine Ähnlichkeit festgestellt werden, ohne dass eine noch größere Unähnlichkeit zwischen ihnen anzugeben wäre.[110]

---

109 | Berger, Peter L./Zijderveld, Anton C.: In praise of doubt. How to have convictions without becoming a fanatic, New York 2010.
110 | Denzinger, Heinrich: Kompendium der Glaubensbekenntnisse und kirchlichen Lehrentscheidungen, $^{43}$2010, 337, Nr. 806.

## Gratifikationen stärken: am Beispiel der Rituale

Schon in der Studie 2010 war ans Licht gekommen, dass die „wählerisch" gewordenen Menschen in Freiheit abwägen können, was sie glauben, wie sie ihr persönlichen „Glaubenshaus" einrichten, in welchem Ausmaß sie dabei die Schätze einer Weltreligion oder einer christlichen Kirche in Anspruch nehmen und in welch intensiven Austausch sie dazu mit einer religiösen Gemeinschaft eintreten. Dieses Wählenkönnen, ja Wählen-müssen, hat zu einer beträchtlichen religiösen Mobilität geführt. Immer mehr Menschen überlegen, ob sie die Kirche, in die sie hineingeboren wurden und an die sie elterlich-familiale Traditionen binden, verlassen sollen. Einige tun dies auch. Andere entscheiden sich zu bleiben und sich zu engagieren. Und nicht wenige befinden sich in einer Art Wartehaltung, einem „Austrittsstandby".

Bei dieser (familial und kulturell geprägten) Wahl spielen Gratifikationen wie Irritationen eine maßgebliche Rolle. Die Kirchen, die ihrem Auftrag gemäß am Erhalt von Mitgliedschaften oder am Gewinnen neuer Nachfolger\*innen in der Jesusbewegung interessiert sind, sind gut beraten, die Gratifikationen des Evangeliums glaubwürdig zu leben und Irritationen abzubauen. Beide Aufgaben fordern derzeit die christlichen Kirchen gewaltig heraus.

Gratifikationen sind die Antwort auf die Frage: „Tut mir das Evangelium, das mir meine Kirche ‚vorschlägt'[111], in meinem Leben gut?"[112] Weniger glücklich hingegen wäre die

---

111 | Proposer la foi – Dem Glauben einen Weg bereiten: Madeleine Delbrêl, hg. v. Katja Böhme und Thomas Herkert, Freiburg 2006. – Feiter, Reinhard/Müller, Hadwig Ana Maria/Rauscher, Wilhelm: Frei geben. Pastoraltheologische Impulse aus Frankreich, Ostfildern 2013.
112 | Eine meiner ersten pastoraltheologischen Publikationen trug dementsprechend den Titel Zulehner, Paul M.: Helft den Menschen leben. Für

Frage: „Was kann ich davon für mein Leben brauchen?" Das wäre ein zu utilitaristisches Missverständnis von Gratifikationen.

Als ich im ORF-Kaffee in einer Podiumsrunde saß, fragten mich gut vorbereitete Maturant\*innen/Abiturient\*innen: „Brauchen Sie Gott?" Ich überlegte kurz und sagte dann: „Ich brauche Gott nicht, denn Gott ist zu nichts zu gebrauchen." Und in einem nächsten Schritt riskierte ich eine provokante Umkehrung: „Ich halte es jedoch für mich persönlich für sehr wahrscheinlich, dass Gott mich braucht, damit die Jesusbewegung nicht erlahmt und auch durch meinen Einsatz Spuren des Himmels auf die Erde kommen."

Was aber tut heute den Menschen gut? Diese Frage muss „zielgruppengenau" und „kulturgerecht" gestellt werden. Denn angesichts der bunten Vielfalt von Kirchenverhältnissen und Glaubenskosmen sind die Anliegen der Menschen ziemlich verschieden. Deshalb werden unumgängliche Eingangsfragen bei jedem einfühlsamen pastoralen Gespräch lauten: „Was tut dir für dein Leben und sein Gelingen gut? Was willst du, dass wir miteinander tun? Was bringt dich auf deinem Lebensweg einen kleinen Schritt weiter, was bewahrt dich vor einem Rückschlag? Können wir dich gewinnen, dass du dich in einem unserer Projekte für andere stark machst? Und könnte es nicht gar sein, dass Gott dich braucht, dass die Welt menschlicher wird, was sein Herzensanliegen ist?" Die Menschen suchen, wenn überhaupt, dann Rat und Beratung, sind dankbar für Trost und Ermutigung, freuen sich über die Erinnerung an ihre unverlierbare Würde; und nicht wenige erleben Solidarität in spirituellen und materiellen Notlagen. Niemand sollte das Gefühl be-

ein neues Klima in der Pastoral, Freiburg 1978.

kommen, in ausweglosen Situationen übersehen zu werden. Manche suchen Beheimatung, mehr in Gott als in seiner Kirche. Und gar nicht so wenige wollen sich in bedachter Weise für andere Menschen engagieren.

Viele machen solche Wünsche an die Kirche an deren Ritualen fest. Diese spielen im Leben der Menschen eine wichtige Rolle, und das weit über die formelle Kirchenmitgliedschaft hinaus. Die Rituale zu den Lebenswenden sind für viele oftmals der wichtigste Anlass zum Austausch mit einer Gemeinschaft des Evangeliums. Sie weisen über die Jahrzehnte hinweg eine erstaunlich hohe stabile Nachfrage auf, und das in der Reihung Tod, Geburt und Heirat.

Zu den Ritualen einige fachliche Überlegungen, die verdeutlichen, welchen Stellenwert diese im Leben aller Menschen haben.

*Ritentheorie*
Rituale spielen im menschlichen Leben eine bedeutende Rolle. Sie ereignen sich an der Schnittstelle zwischen dem Bewussten und dem Unbewussten sowie zwischen den Einzelnen und der Gemeinschaft. Nicht alle Rituale sind in hochindividualisierten Gesellschaften von einer Gemeinschaft getragen und werden von einer solchen zur Verfügung gehalten. Jeder einzelne Mensch kann für sich Rituale „erfinden", mit denen er sein Leben meistert und rundet.

Private Rituale sind aber nicht deren wichtigste Form. Vielmehr sind Rituale vorrangig ein gemeinschaftliches Kulturgut. Sie sind das Liebkind von Religionsgemeinschaften. In den Religionen der Welt sind sie der Versuch, menschliche Lebenssituationen mit einem „heiligen Kosmos" in Verbindung zu setzen. Das von chaotischer Unordnung bedrohte Leben wird durch die Einordnung in eine heilige Ordnung in einem tiefen Sinn in Ordnung gebracht. Es sind vor allem jene Übergänge in der Lebensgeschichte eines einzelnen Menschen, einer familialen Gemeinschaft oder eines Volkes, in denen tiefsitzende Ängste und große Hoffnung zugleich vorhanden sind. Indem ein Kind, ein geliebter Angehöriger, aber auch Liebende unter den bergenden Baldachin des Himmels[113] kommen, kann ihre Angst kleiner und ihr Vertrauen größer werden. Die Rituale singen die Menschen gleichsam auf die Seite der Hoffnung und des Trostes, der Zuversicht und der Freude. Rituale trösten Trauernde und bereiten den Liebenden Feste der Herzen und einen Tanz der Beine. Rituale schaffen nicht Sicherheit, sondern begründen Vertrauen: für religiöse Menschen Gottvertrauen.

Der katholische Atheist Alfred Lorenzer – er nannte sich selbst so – hat in seiner Ritentheorie[114] darauf hingewiesen, dass in dem vom Christentum geformten Europa die bedeutsamen Riten der Lebensübergänge, aber auch der Übergänge im Jahresverlauf oder zwischen Krieg und Frieden den christlichen Kirchen anvertraut sind. Als Atheist mahnte er die Kirchen daher eindringlich, treuhänderisch mit diesem anvertrauten Kulturgut der Menschheit umzugehen. Heftig kritisierte er, dass die Kirchen heute die Riten „pädagogisieren", also als weltanschauliches Erziehungsmittel oder als „missionarische Chance" einsetzen. Es sei jedoch unzulässig, dass die Kirchen katechetische Zugangshürden errichten, weltanschauliche Belehrung zur Bedingung machen, manchen den Zugang zu den Riten verwehren, weil

---

113 | Berger, Peter L.: The Sacred Canopy. Elements of a sociological theory of religion, New York 1967.
114 | Lorenzer, Alfred: Das Konzil der Buchhalter: Die Zerstörung der Sinnlichkeit. Eine Religionskritik, Frankfurt am Main 1981.

diese eben nicht der Kirche, sondern den Menschen gehören. Mit der Pädagogisierung, die ihre Spuren tief hinein in die Feier der Rituale hinterlässt, zerstörten die Kirchen die ursprüngliche Kraft der Rituale.[115] Rituale tragen ihre Wirkmächtigkeit in sich. Sie spielen mit Zeichen und Handlungen, erzählen dazu ausdeutende Geschichten: Aber Rituale müssen nicht erklärt werden und dienen schon gar nicht zur katechetischen Belehrung.

Die Versuchung zur Pädagogisierung der Rituale ist in den christlichen Kirchen heute durchaus vorhanden und sakramententheologisch auch verständlich. Aus der Sorge darum, dass die Menschen die Sakramente als Zeichen des Glaubens feiern, werden den Initiationssakramenten von Taufe, Eucharistie und Firmung, aber auch der Trauung katechetische Vorgänge vorangestellt. Diese sollen verhindern, dass die Sakramente zu magischen Ritualen verkommen. Aber sind Rituale, die sich aus dem hellen Licht des verstandenen Glaubens entfernen, wirklich deshalb immer gleich magische Reste im Christentum? Kann sich nicht in der den Ritualen innewohnenden Mächtigkeit Heilung der Menschen, ja noch mehr: auch die Macht der Gnade Gottes ereignen? Dies ist eine ritentheologisch keinesfalls belanglose Frage.

Die vorliegenden Daten ermöglichen es, das weite Feld der Rituale auszuleuchten. Sie helfen zudem, theologisch tiefer zu graben:
- Zunächst wird in einem ersten Schritt ein gediegener *Überblick über die Verbreitung des Wunsches der Menschen nach Ritualen* gegeben. Dabei sollen jene Wünsche nach Ritualen vorgestellt werden, welche die Befragten

---

115 | Brück, Michael von/Brück, Regina von: Leben in der Kraft der Rituale. Religion und Spiritualität in Indien, München 2011.

von den christlichen Kirchen und Religionsgemeinschaften erwarten. Gezeigt werden kann auch, wie sich dieser Wunsch im letzten halben Jahrhundert zwischen 1970 und 2020 entwickelt hat.
- In einem zweiten Schritt werde ich der Frage nachgehen, welche Personen Rituale wünschen und welche nicht. Hier geht es vor allem darum aufzudecken, *in welchem weltanschaulichen Rahmen* der Wunsch nach Ritualen vor allem zu den Lebenswenden verankert ist. Eine markante These wird sein: „Auch Atheisten wünschen Rituale."
- In einem dritten Schritt werden pastoraltheologische Überlegungen zu einer zeitgerechten und zugleich *theologisch verantwortbaren Ritenkultur* angestellt werden. Ein Plädoyer für eine sensible Ritendiakonie durch die Kirchen kann erwartet werden.

*Der Wunsch nach Ritualen und seine Entwicklung*

Die Daten lassen erahnen, warum die Rituale just zu den großen Lebenswenden für die Menschen derart wichtig sind. Es sind Zeiten, in denen die Routine des Alltags unterbrochen wird und aus den Abgründen des Lebens tiefe Hoffnungen wie Ängste aufsteigen. Diese Unterbrechungen können große Freude oder tiefen Schmerz auslösen. Es sind berührende Erfahrungen, die „außeralltäglich" sind. Für Mystiker sind große Liebe und tiefes Leid die wichtigsten Orte der Gotteserfahrung.

Wir haben nach solchen berührenden Erfahrungen gefragt. Die Befragten nennen an vorderster Stelle die Geburt eines Kindes (49 %) und den Tod eines Menschen (48 %), mit Abstand gefolgt vom Anfang (27 %) bzw. dem Ende einer Liebe (13 %) sowie der Hochzeit (18 %). Die übrigen vorgelegten möglichen Erfahrungen wurden deutlich seltener ausgewählt.

Geburt und Tod sowie der Anfang einer Liebe und deren hochzeitliche Feier berühren also viele Menschen. Es sind jene Ereignisse, die als bedeutsame Lebensübergänge zusammengefasst werden können, wobei Geburt und Tod herausragen. In der Analyse der reichhaltigen Daten zeigt sich, dass auch nichtreligiöse Menschen von solchen berührenden Erfahrungen berichten: Der Tod eines Menschen berührt Nichtreligiöse noch mehr als die Geburt eines Kindes.[116]

Berührende Lebensübergänge waren zu allen Zeiten „ritenproduktiv". Die Religionsforschung hat sich mit diesen Riten intensiv auseinandergesetzt. Bahnbrechend dazu war die Arbeit des deutsch-französischen Ethnologen Arnold van Gennep (1873–1957) zu den Übergangsriten[117].

In unserer Langzeiterhebung war über das halbe Jahrhundert weg die Frage gestellt worden: *„Welche der folgenden kirchlichen Aufgaben sind Ihrer Ansicht nach sehr wichtig, bzw. überhaupt nicht wichtig?"* Die gegebenen Antworten spiegeln die große Wichtigkeit der Rituale zu den Lebensübergängen wider. Begräbnis, Taufe und Trauung sind für die Menschen auch heute von herausragender Bedeutung. Diese waren zwar im letzten Jahrhundert leicht rückläufig. Dennoch liegen die Erwartungswerte auch im Jahre 2020

---

116 | Siehe Tabelle 34 „Welche Erfahrung im Leben hat Sie am meisten berührt?" im Anhang.
117 | Van Gennep, Arnold: Les rites de passage. Étude systématique des rites de la porte et du seuil, de l'hospitalité, de l'adoption, de la grossesse et de l'accouchement, de la naissance, de l'enfance, de la puberté, de l'initiation, de l'ordination, du couronnement, des fiançailles et du mariage, de funérailles, des saisons, etc., Paris 1909.

hoch: für das Begräbnis bei 79 %, für die Taufe von Kindern sowie für Hochzeiten bei jeweils 68 %.[118]

Zusätzlich zu diesen Daten über die Ritenwünsche an die Kirche liegen differenzierende Aussagen zu einzelnen Lebensübergängen vor. Sie bringen Farbe in die Landschaft der Rituale zu den Lebensübergängen Geburt, Tod und Heirat.[119]

*Zur Taufe:* 71 % der Befragten *"bleiben Mitglied einer Kirche, weil ihre Eltern sie taufen ließen".* 62 % haben die Frage *"Sind Ihre Kinder (ist Ihr Kind) getauft bzw. sollen sie (soll es) noch getauft werden?"* mit Ja beantwortet. Von denen, die keine Kinder haben, würden 21 % diese eventuell kommenden Kinder nicht taufen lassen, 56 % schon. 22 % wissen es derzeit nicht.

*Zur Trauung: "Unabhängig davon, ob Sie verheiratet sind: Wenn Sie heute heiraten würden, würden Sie sich dann kirchlich trauen lassen oder nicht?"* Auf diese direkte Frage antworteten 64 % mit Ja, ich würde mich kirchlich trauen lassen. 20 % würden dies nicht tun, 14 % können es nicht sagen und 2 % haben keine Angabe gemacht. 51 % wünschen eine Ausweitung des Zugangs zum kirchlichen Trauungsritual für alle Liebesbeziehungen und nicht nur für ein kinderwil-

---

118 | Siehe Tabelle 37 „Welche der folgenden kirchlichen Aufgaben sind Ihrer Ansicht nach sehr wichtig, bzw. überhaupt nicht wichtig?" im Anhang. – Neben den Riten zu den Lebensübergängen sind für zwei Drittel der Befragten Gottesdienste und Religionsunterricht wichtig. Die Hälfte wünscht sich von der Kirche Weihen und Segnungen sowie Predigten. Der Bau von schönen Kirche sowie Beichtgespräche rangieren an letzter Stelle der vorgelegten Liste. Das Bußsakrament erscheint zum Beichtgespräch umgeformt. Aus einer Art ermutigender moralischer Kontrolle wurde eine Unterstützung von Menschen, die für ihre christliche Lebensgestaltung spirituelles Coaching suchen.
119 | Zulehner, Paul M.: Heirat-Geburt-Tod. Eine Pastoral zu den Lebenswenden, Freiburg 1976. – Hartmann, Richard: Um der Menschen willen: Pastoraltheologie als Wissenschaft, in: PThl 35 (2015–2) 41–45.

liges heterosexuelles Paar. 41 % sind jedoch der Auffassung, es brauche keinerlei Beistand der Kirche bei einer Trauung. Zudem lehnen 32 % eine Beteiligung des Staates ab. Sie privatisieren ihre Liebesbeziehung gänzlich. Keine gesellschaftliche Einrichtung sollte mit ihrer privaten Liebe befasst werden. Dabei ist freilich in vielen Fällen lediglich die Liebe des Paares gemeint und diese kinderfrei konzipiert.

*Zum Begräbnis:* Für 44 % ist es ein hinreichendes Argument, Mitglied der Kirche zu bleiben, weil sie sonst kein kirchliches Begräbnis erhalten. 28 % sehen darin keinen Mitgliedschaftsgrund.

### Auch Atheisten wünschen Rituale

Hilfreich ist für die kirchlichen Verwalter der Rituale auch zu wissen, wie der Glaubenskosmos jener Menschen aussieht, die sie wünschen. Es sind hauptsächlich die „Theisten", welche von den Kirchen Lebenswenderituale erbitten. Die Erwartungswerte für Taufe (84 %), Trauung (83 %) und Begräbnis (89 %) sprechen für sich.[120]

Dieses Ergebnis ist weit weniger überraschend als jenes für die „Vollatheisten" und auch für die deistischen und atheisierenden Zwischenstufen. Schon bei den „Deisten", die an keinen liebend-fürsorglichen Gott glauben, sondern an eine höhere Weltmacht, gehen die Erwartungen leicht zurück. Ähnlich wie diese haben die Atheisierenden geantwortet. Dann zeigt sich ein Zahlensprung von den Atheisierenden zu den Atheisten. Die Erwartung an eine Taufe oder eine Trauung halbiert sich und fällt auf ein Drittel. Der Wunsch nach einem kirchlichen Begräbnis bleibt aber mit

---

[120] | Siehe Tabelle 35 „Der Wunsch nach Übergangsritualen nach Weltanschauungstypen" im Anhang.

61 % relativ hoch. Hin zu den „Vollatheisten" sinkt der Begräbniswunsch knapp unter 50 %.

Es ist ein religionsforscherisch unerwartetes Ergebnis, dass jeder zweite „Vollatheist" (48 %) ein kirchliches Begräbnis wünscht. Dieses erweist sich als eine beachtlich stabile Brücke zwischen den christlichen Kirchen und jenen Menschen, die mit großer Gewissheit an keinen Gott glauben. Es ist die Frage nach der Bewältigung des Todes und nicht die Gottesfrage, die nach Riten rund um den Tod verlangen lässt. „Atheisten wünschen Rituale": das erstaunt. Für diese „Vollatheisten" können die gewünschten Rituale keine „Fahrzeuge" in eine göttliche Welt hinein sein – an eine solche glauben sie ja nicht. Vielmehr scheinen die von den Kirchen gestalteten Rituale zur Bewältigung des Todes beizutragen. Trauertheorien gehen davon aus, dass beim Tod eines geliebten Menschen beim angehörigen Hinterbliebenen eine mit dem Toten gemeinsam konstruierte „Welt" zusammenbricht. Die rituelle Feier im Schoß einer Gemeinschaft hält diesen Zusammenbruch zurück. Das macht die Teilnahme am Abschiednehmen möglich.

Auch „Vollatheisten" scheinen die Rituale beim starken Wunsch zu unterstützen, die Toten zu erinnern (87 %), sie zugleich jetzt loszulassen (68 %), den schmerzlichen Verlust durchzuhalten (70 %) und Dankbarkeit der/dem Verstorbenen gegenüber auszudrücken (67 %). Für solche aufkeimenden Aufgaben scheint das kirchliche Begräbnisritual auch für trauernde „Vollatheisten" ein soziales Fangnetz zu sein. Dies ist offensichtlich aus jener Kraft heraus möglich, welche das religiöse Ritual in der feiernden Gemeinschaft schenkt.

Es ist das Ritual, das die Hauptrolle für „Vollatheisten" spielt. Das zeigt sich auch daran, dass diese keinen Redner aus einer anerkannten Religionsgemeinschaft wünschen (6 %; das ist hingegen bei 71 % der „Theisten" der Fall). 10 % wünschen sich einen freiberuflichen Beerdigungsredner, ein Viertel (26 %) jemand aus der eigenen Familie. Insgesamt hat aber das Reden deutlich weniger Gewicht als das Geschehen des kirchlichen Beerdigungsrituals.[121]

Auswirkungen zeitigt die weltanschauliche Position der Befragten auch bei zwei Aussagen über die Trauung. Der kirchlichen Trauung wird von einem starken Viertel der Vollatheisten (28 %) zugetraut, dass man sich durch sie mehr aneinandergebunden fühlt. Unter den „Theisten" nehmen dies 50 % an. Die übrigen weltanschaulichen Facetten liegen dazwischen: atheisierende Personen 28 %, atheistische 35 %, deistische 45 %.

Schwer zu deuten ist, warum 72 % der Ansicht sind, dass der festliche, stimmungsvolle Rahmen an der kirchlichen Trauung das Wichtigste sei. Nur 9 % der „Vollatheisten" können hier zustimmen.[122]

*Zu einer zeitgerechten Ritenkultur*
Diese in vielfältige Richtungen weisenden Ergebnisse lassen einige Elemente gediegener Ritenkultur in den christlichen Kirchen erkennen.

Um gleich beim letzten Ergebnis über den stimmungsvollen Rahmen der kirchlichen Trauung zu beginnen. Die Feier der Hochzeit ist für die Liebenden und deren Angehörige und Freunde ein sehr emotionales Fest. Es steht für sie weniger das Kirchenrecht im Vordergrund, sondern Gefühle der

---

121 | Siehe Tabelle 38 „Im Falle Ihres Ablebens, welchen Wunsch hätten Sie bei Ihrer Beerdigung/Verabschiedung? Wollen Sie da …?" im Anhang.
122 | Siehe Tabelle 36 „Von den Wirkungen des kirchlichen Trauungsrituales – nach Weltanschauungsgruppen" im Anhang.

Freude und Dankbarkeit, welche durch die zumeist noch junge Liebe ausgelöst werden. Es zählen offensichtlich wie in der Politik so auch im Feld der Religion weniger Argumente und Worte, sondern Orte und tiefe Gefühle, Emotionen.

Die christlichen Kirchen verstehen sich gut auf das Feiern von „Festen nichtalltäglicher Art". Wichtig ist dabei das Sinnenhafte, das Sinnliche: der festlich geschmückte ehrwürdige Raum, die sorgfältig ausgesuchte Musik, gehobene Worte, ein Priester, der nicht wie ein Standesbeamter oder ein säkularer Beerdigungsredner daherkommt und redet, sondern allein mit seiner Kleidung und dem Tonfall seiner Sprache die Mitfeiernden in eine Aura von Außeralltäglichkeit einbezieht, ja hineinzieht. Auch Symbole der Verlässlichkeit spielen etwa bei einer Trauung eine Rolle: ein Traum, den junge Liebende zumeist noch ohne Trübung in sich tragen.

Das jüdische Trauungsritual birgt starke Symbole. Zum einen durch den Baldachin, unter dem die Eheschließung stattfindet. Sodann mit dem einen Glas, aus dem der Bräutigam und die Braut den Wein ihrer Liebe trinken, das der Rabbi – leergetrunken – in ein Tuch kleidet und durch die Liebenden am Boden zertreten lässt. Das sind berührende Zeichen, die den Traum der Unvergänglichkeit der Liebe zum Schwingen bringen. Ähnlich verhält es sich mit dem gegenseitigen Anstecken des Ringes oder dem Umwickeln der gereichten Hände mit der Stola des Vorstehers der kirchlichen Trauung.

Ganz anders wird die Hochzeit bei den Dumagats, einem frühzeitlichen Stamm auf den Philippinen begangen. Da spielt das neue Ehepaar keinerlei Rolle. Vielmehr setzen sich die Väter der Brautleute an einen Tisch, vor sich ein Holzbrett. In den Händen der beiden befindet sich ein Dolch. Diesen rammen sie in das Holz des Brettes. Damit ist die Ehe besiegelt. Hier ist die Botschaft eine ganz andere. Ohne absolute Treue könnte der kleine Stamm nicht überleben. Mit den ins Holz gerammten Dolchen sagen die Väter dem Paar und der versammelten Gemeinschaft, dass Untreue mit dem Tod geahndet werde. Von Liebe ist keine Rede, sondern von Sicherung der Nachkommenschaft und damit dem Überleben des Stammes unter nicht einfachen Bedingungen.

In unserer Kultur hat sich längst der Akzent vom Überleben und den Nachkommen auf die gegenseitige Liebe verlagert. Diese ist sosehr in den Mittelpunkt gerückt, dass es viele im Land nicht mehr verstehen, weshalb die Kirchen nicht allen Liebespaaren ihren Segen geben – also das bergende und schützende Ritual für alle bereithalten, die es wünschen. Die Menschen verlangen nach dem Ritual, nicht nach einem Sakrament und schon gar nicht nach kirchenrechtlichen Sicherungen ihrer Liebe. Sie hoffen, dass ihre Liebe aus innerer Kraft hält und nicht, weil dies durch rechtliche Regelungen wie einst durch väterliche Dolche sichergestellt wird.

### Rituale oder Sakramente?

Rituale, wie sie die Menschen von den Kirchen erwünschen, haben mehr eine therapeutische und weniger eine spezifisch religiöse Kraft. Die Liebenden suchen Schutz unter dem heiligen Baldachin der Religion, begehren dadurch aber nicht eine besondere göttliche Gnade, die ihr Lieben umwandelt und in diesem Sinn heiligt. Was die christlichen Kirchen mit einem Sakrament verbinden, scheint in weiter Ferne zu sein. Dass ihre Liebe die Liebe Christi zu seiner Kirche abbildet, ist den meisten fremd und unzugänglich.

Aber könnte es nicht sein, dass für die Feiernden aus unserer Kultur diese beiden Optionen Ritual versus Sakrament einander näher sind, als es auf den ersten Blick scheint? Die Liebe öffnet füreinander, ganz unabhängig von einem Gottesglauben oder nicht. Von einem Wunder der Liebe singen die modernen Songs, und dies in höchsten romantischen Tönen. Aber auch die Kirchen reden von einer verströmenden Liebe: einem Gott, dessen einziges Ziel bei der Erschaffung der Welt und in ihr der Menschen darin bestand, Ebenbilder seiner Liebe, also Liebende zu schaffen. Und dazu führe er, so erzählt eine alte chassidische Geschichte, Ehepaare zusammen. Das sei freilich auch für Gott gar nicht leicht, wie Rabbi Jose ben Chalafta einer Matrone erklärte, die meinte, dass auch sie ein solches Zusammenführen beherrsche. Woran sie aber, so die Erzählung, kläglich scheitert.

In die theologische Sprache übersetzt: Wenn die Menschen ein Ritual erbitten, dann suchen sie in diesem durchaus etwas Ähnliches zu dem, was die Kirche den Menschen von Gott her in einer sakramentalen Feier zusagt. Sakrament ist dabei ein Geschehen, in dem ein Vorgang, von der bergenden Welt Gottes herkommend, in Worten und Symbolen zum sichtbar-sinnenhaften Ausdruck gebracht wird. Rituale wie Sakramente leben vom Schatz der darstellenden und nicht der erklärenden Worte, der Gesten, der Räume, des Gesangs und der Düfte. Was dabei emotional geweckt wird, sind große Gefühle der Freude und Hoffnung, des Vertrauens, der Geborgenheit, aber auch der Ermächtigung und Ermutigung wie des Schutzes.

Ähnliche Kompatibilitäten wie beim Ritual der Trauung scheint es auch bei der Geburt eines Kindes zu geben. Eltern lieben ihr Kind. Sie hegen für dieses große Hoffnungen – dass es gesund gedeiht und gut heranwächst. Oder wenn Eltern ein Handicap aufgelastet bekommen haben, spricht ihnen die kirchliche Gemeinschaft Aufnahme und Unterstützung zu.

Ihr könnt es schaffen, sagen starke Gemeinden, mit Gottes und auch unser aller Hilfe, falls ihr dieser bedürft! Besonders spitzt sich die Lage zu, wenn ein Kind nicht das Licht der Welt erblickt und ein solches Sternenkind nicht getauft, sondern an einer besonderen Stätte eines Friedhofs bestattet wird. In solchen pastoralen Momenten wird erkennbar, dass es den christlichen Kirchen bei ihrem Taufritual nicht nur um das Kind, sondern ebenso um die hoffnungsvollen und doch mit Sorgen beladenen Eltern und Angehörigen geht. Ziel der rituell-sakramentalen Feiern ist die heilsame Zusage, dass Vertrauen möglich ist, die Eltern mit ihrem Kind einen Weg gehen können, auf dem das Kind zu einem liebevollen Menschen heranreift und dank eben dieser sehr weltlichen Liebe bereits anfängt, spurenhaft etwas von jenem Himmel zu erleben, für den es letztlich geschaffen ist.

Auch beim kirchlichen Begräbnis geht es nicht allein um die Toten. Natürlich erzählen die Texte der Liturgie von Frieden und „ewiger Ruhe", von einem Licht, das den Toten in der Nacht des Todes aufgeleuchtet ist. Christliche Begräbnisse haben bei aller Trauer, welche über der versammelten Gemeinde liegt, immer einen Grundton der Dankbarkeit für die Neugeburt hinein in ein Leben, das sich unserer Vorstellungkraft entzieht, von dem aber die alten Erzählungen sagen, dass dann „der Tod hinter uns ist und vor uns nur noch die Liebe" (Dorothee Sölle). Gutes Handeln der christlichen Kirchen lebt daher vom würdigenden Wort für die Toten. Manchmal ist es fast tragischerweise so, dass bei einem Begräbnis das Leben eines Menschen in größerer Gemeinschaft zum ersten und manchmal sogleich zum letzten Mal öffentlich gewürdigt wird. Die Familien sind diesbezüglich höchst sensibel. Und schon manche Beziehung zur Kirche ist zerbrochen, weil der Vertreter der Kirche keine

Worte der Würdigung der Toten fand und auch in einer unangemessenen Kleidung signalisiert, dass er keinen Zugang zu den Trauernden gefunden oder gar aus Überlastung oder innerer Entfremdung nicht gesucht hat.

Wichtig scheint zu sein, dass zwar die Menschen ein Ritual von der Kirche erbitten. Aber ich erlebe immer mehr junge Leute, die bereit sind, dazu beizutragen, dass sie das verlässliche Gefühl haben, es ist jetzt ihre Feier und sie werden kompetent und einfühlsam an einem wichtigen Übergang ihres Lebens begleitet. Dieses tragende Gefühl kann dadurch gefördert werden, dass Mitglieder der Familie, das Brautpaar, die Eltern des Kindes sich bei der Gestaltung der Feiern engagieren, biblische Texte aussuchen, Lieder vorschlagen, die Kirche schmücken und ein liturgisches Heft erstellen. Meine Erfahrung ist, dass die als kirchenfern eingeschätzte nachwachsende Generation hervorragende Feiern zu gestalten in der Lage ist. Dabei werden erwartbar Vorschläge gemacht, die manchmal liturgizistischen Puristen Unbehagen erzeugen. Entscheidend aber ist, dass es die Feier der Betroffenen ist, also der Taufeltern, der trauernden Familie oder des Hochzeitspaares. Und dass diese ihr von Hoffnung und Freude, Trauer und Angst gezeichnetes Leben unter den Baldachin eines bergenden Gottes bringen. Auch deshalb heiraten manche in einer Kirche.

Wer diesem pastoraltheologischen Gedanken zustimmen kann, wird auch bereit sein, nicht allzu ausgiebig der Frage nachzugehen, ob nun die Menschen ein therapeutisches Ritual oder ein Sakrament des Glaubens wünschen bzw. feiern. Theologisch sind beide letztlich nicht feinsäuberlich voneinander zu trennen. Zudem kann die Zeit der Vorbereitung der Feier genützt werden, die Schätze des Evangeliums auszubreiten. Aber es ist kein theologisches Unglück, wenn die rituelle Feier im heiligen Raum der Kirche nicht von eher unverständlichen theologischen Floskeln trieft. Vielmehr gilt es sinnlich darzustellen, worum es geht: Die ambivalente Lage derer, die um ein Ritual bitten, ihre Entscheidung, sich just in dieser Zeit eines Übergangs in ihrem einmaligen Leben an die Kirche zu wenden und zu hoffen, dass ihnen die Feier von Gott her etwas Gutes zusingt – eine einfache Übersetzung des lateinischen „bene dicere". Rituale werden dann zum Segen. Vielleicht können sie bei einem Vollatheisten einen nicht durchschaubaren Tiefgang erreichen, das Gefühl einer tiefen Geborgenheit, welches der Verstand, der Gott leugnet, nicht verstehen sowie nicht erklären kann – und vielleicht nicht muss. Reicht es nicht aus, wenn ein Ritual wie ein Seelenhaus erlebt wird, in dem kosmisch unbehauste Menschen eine kurze Zeit Wohnung nehmen?

Von hier aus besehen ist glasklar, dass Rituale nicht Bildungsveranstaltungen sind. Vorsteher einer kirchlichen Liturgie haben dieser Versuchung zu widerstehen. Ständiges Erklären, was gerade geschieht, zerstört die Wirkkraft des Rituals. Die Liturgie erzählt und berührt, erklärt aber nicht. Wenn zu viel geredet wird, wird das heilige Geschehen ruiniert. Ein gut gefeiertes Ritual (Sakrament) erschließt sich von selbst wie ein gut gespielter Hamlet auf der Bühne. Kein Regisseur geht zwischen den Akten auf die Bühne, um den Shakespeare zu erklären. Gut gefeierte Rituale sind Orte der Vergewisserung, dass Gott es gut mit uns meint.

*Alternativrituale statt Sakramente?*
Liturgische und sakramententheologische Puristen in den Kirchen warnen davor, die Ritenwünsche der Bittsteller allzu schnell zu erfüllen. Der Kirche seien Sakramente des christlichen Glaubens anvertraut. Die Daten belegen, dass manche

Menschen Rituale wünschen, und dies ohne klar erkennbare Christlichkeit. Während also die Kirchen Sakramente des Glaubens feiern wollen, beanspruchen solche Menschen zu den Lebensübergängen heilsame Rituale, die ihrem Gefühl nach nicht den Kirchen gehören, sondern diesen nur anvertraut sind. Manche Seelsorger verweigern dann angesichts des vermuteten Fehlens christlichen Glaubens die Feier von Sakramenten. Oftmals verlangen sie ein vorgelagertes Glaubensseminar für die Eltern oder die Heiratswilligen.

Andere Vertreter der Kirchen bieten angesichts des vermuteten Mangels an christlichem Glauben Alternativrituale an: bei der Taufe, bei der Trauung. Die Beerdigung schafft, weil kein Sakrament, deutlich weniger sakramententheologisches Kopfzerbrechen. Bei der Trauung sind die Kirchen im Zuge der kulturell vollzogenen Ausweitung der Ehe auf gleichgeschlechtlich liebende Paare unter Druck, das kirchliche Eheschließungsritual auch für Liebespaare zu öffnen, die dem kirchlichen Ehebild nicht entsprechen.

Es ist also derzeit viel Bewegung in der Kultur der Rituale und der Rolle der christlichen Kirchen dabei. Zudem erwächst auf dem Feld der Rituale den Kirchen eine engagierte Konkurrenz. Immer mehr professionelle Beerdigungs- und Hochzeitsredner bieten ihre rituell gut durchdachten und stimmig gestalteten Dienste an.

Es gibt freilich auch theologisch Nachdenkliche, welche die Grenze zwischen alternativen Ritualen und den Sakramenten der Kirche nicht so einfach zu ziehen vermögen. Beide Male engagiert sich die Kirche mit ihren Amtsträgern. Die Feiern finden zumeist im Kirchenraum statt. Es wird Gottes Segen erbeten und den Feiernden zugesprochen. In einem Ritual werden das neugeborene Kind oder auch das liebende Paar unter den bergenden Baldachin

Gottes[123] gebracht und von diesem her wird Segen zugesprochen. Vieles von diesen Segnungen eines Rituals ereignet sich auch in den Feiern der Sakramente. Beide wirken in die unbewussten Tiefen der Seele, so die Ritualforscher.

Geschieht also auch in Ritualen, die der Absicht nach nicht als Sakramente gefeiert werden, im Grunde genommen doch das, was die Sakramente der Kirche verheißen? Die Abgrenzung zwischen Ritualen und Sakramenten ist dann aber mehr das Problem der Kirchen denn der Menschen, welche um diese kirchlichen Feiern bitten.

Rituale sind immer „Diakonie". Das rituell-liturgische Tun eröffnet einen „gottvollen und erlebnisstarken" Raum und ermöglicht dadurch, dass in diesem Heilung geschieht. Gläubig gesprochen können suchende Menschen – oft ohne es rational zu „durchschauen" – in der heilenden Kraft der Rituale jenem Gott nahe sein, der sich als Arzt seines Volkes Israel geoffenbart hat. Es kann auch in der Erfahrung der Heilung eine tiefe Begegnung mit dem geschehen, dem die christliche Tradition den Kosenamen „Heiland" verliehen hat. „Ritendiakonie"[124] geschieht. Die Gestaltung der Rituale hat in erster Linie so zu geschehen, dass diese therapeutische Kraft von den Betroffenen erlebt werden kann. Werden Rituale im kirchlichen Kulturraum gefeiert, dann deuten die begleitenden Erzählungen, dass im heilenden Geschehen immer Gott zu Gunsten der Menschen wirkt. Er lässt sie er-

---

123 | Berger, Peter L.: The sacred canopy. Elements of a sociological theory of religion, New York 1967.
124 | Zulehner, Paul M.: Ritendiakonie, in: Kranemann, Benedikt/Sternberg, Thomas/Zahner, Walter: Die diakonale Dimension der Liturgie, Freiburg 2006 (Quaestiones disputatae, 218), 282. – Vgl. Karl-Heinz Bieritz, Einladung zum Mitspielen. Riten-Diakonie und Ritualtheorie: Anregungen und Einwürfe, in: ebd., 284–304.

leben, dass sie nicht nur im Ritual, sondern im gesamten Leben in Gottes bergendem Raum daheim sind.

Sich Gedanken über Gott machen, Angst durch Gottvertrauen aufwiegen, Rituale zu den Lebenswenden feiern, Trost und Rat spenden, sich für Spiritualität und Solidarität einsetzen, eine ökologische Spiritualität entfalten und so viel Glaubwürdigkeit zurückgewinnen, dass überlastete Eltern der Kirche ihre Kinder wieder mit gutem Gewissen anvertrauen können: das sind wichtige Gratifikationen für die Menschen von heute.

Hilfreich ist es aber, zugleich mit der Stärkung anziehender Gratifikationen unnötige Irritationen abzubauen. Dies soll an einem der wichtigsten Beispiele aus dem katholischen Bereich illustriert werden. Es handelt sich um die massive Irritation, welche heute (nicht nur junge) Frauen gegenüber der katholischen Kirche fühlen. Um den Hintergrund dieser Irritation gut auszuleuchten, wird ein Blick in die Geschlechterstudien der letzten Jahrzehnte geworfen und eine Brücke zur vorliegenden Religionsstudie gebaut.

## Männer und Frauen

Nach Jahrzehnten Frauenforschung ist auch Männerforschung in Gang gekommen. Seit 1992 konnte ich mich in Umfragen in diese einbringen. Drei Repräsentativstudien fanden in Österreich, zwei in der Bundesrepublik Deutschland statt. Auch in die neueste Welle der Langzeitstudie über die Religion waren Items eingebunden worden, mit welchen eine Typologie von Männern und Frauen errechnet werden konnte. Und weil es inzwischen Daten zu dieser Typologie seit 1992 gibt, kann auch die Entwicklung der Geschlechterrollentypen über nahezu dreißig Jahre hinweg verfolgt werden.

Diese Studien haben nicht nur für die Geschlechterpolitik in der Gesellschaft Bedeutung. Sie sind auch für Kirchen und Religionsgemeinschaften von hohem Interesse. Wissenssoziologen und -soziologinnen nehmen an, dass Geschlechterrollen an der Schnittstelle von Vorfindbarem und Erfindbarem zustande kommen. Sie haben eine biologische Dimension, aber ebenso eine soziale. Sex und Gender verbinden sich unentflechtbar. Die exakte Grenze zwischen beiden Aspekten ist nicht wirklich zu bestimmen.

Wissenssoziologen weisen darauf hin, dass bei der „Konstruktion" der Gesellschaft und ihrer prägenden Rollenmuster immer Macht und Interessen im Spiel sind. Die überlieferten Rollen entstammen einer männerlastigen patriarchalen Zeit. Frauen seien in dieser abgewertet, diskriminiert, ausgebeutet und gedemütigt worden. Sie waren ein Annex in der Lebensgeschichte von Männern und hatten keinen „room for one's own" (Virginia Wolf). Symbolisch gesprochen: Hatten Männer ihren beruflichen Raum und daheim eine Werkstatt, waren den Frauen Herd und Küche zugewiesen. Friedrich Schiller konnte in der Glocke so unwidersprochen dichten: „Der Mann muss hinaus ins feindliche Leben, muss raffen und schaffen ..." – „Und drinnen waltet die züchtige Hausfrau." Generationen von Schulkindern haben dieses poetische Rollenverteilungsbild des Dichters im Auswendiglernen internalisiert. Es war vor allem in der Zeit vor dem Industriekapitalismus zum letzten Mal einflussreich. Dieser aber hatte dank seines gierigen Bedarfs nach ausbeutbaren Arbeitskräften weder vor Kindern noch vor Frauen Halt gemacht. Frauen begannen, Beruf und Familie zu verbinden. Männer verblieben zumeist „halbierte" Berufsmänner. Über Bildung und

Arbeit wurde das Selbstbewusstsein vieler Frauen gestärkt. Die Rollenbilder kamen in Bewegung.

## Typologie

Mit einer Reihe historisch gut begründeter und in qualitativen Interviews gecheckten 15 Einzelaussagen wurden die in unserer Kultur vorhandenen Geschlechterrollen erhoben und zu einer vierteiligen Typologie verdichtet:

Ein erster Typ sind die traditionellen Männer und Frauen. Sie stimmen den herkömmlichen Rollenelementen zu. Solche sind: *„Die Frau soll für den Haushalt und die Kinder da sein, der Mann ist für den Beruf und die finanzielle Versorgung zuständig."* – *„Der Beruf ist gut, aber was die meisten Frauen wirklich wollen, ist ein Heim und Kinder."* – *„Eine Frau muss ein Kind haben, um ein erfülltes Leben zu haben."* – *„Männer können einer Frau ruhig das Gefühl geben, sie würde bestimmen, zuletzt passiert doch das, was die Männer wollen."* – *„Hausfrau zu sein, ist für eine Frau genauso befriedigend wie eine Berufstätigkeit."* – *„Frauen sind von Natur aus besser dazu geeignet, Kinder aufzuziehen."* – *„Ein Kleinkind wird wahrscheinlich darunter leiden, wenn die Mutter berufstätig ist."* – *„Wenn ein Mann und eine Frau sich begegnen, soll der Mann den ersten Schritt tun."*

Den Gegentyp bilden moderne Männer und Frauen, die folgende Aussagen für richtig finden: *„Berufstätigkeit ist der beste Weg für eine Frau, um unabhängig zu sein."* – *„Der Mann erfährt in seiner Arbeit seinen persönlichen Sinn."* – *„Frauenemanzipation ist eine sehr notwendige und gute Entwicklung."* – *„Beide, Mann und Frau, sollten zum Haushaltseinkommen beitragen."* – *„Eine berufstätige Frau kann ihrem Kind genauso* *viel Wärme und Sicherheit geben wie eine Mutter, die nicht arbeitet."*

Dazwischen gibt es zwei Typen, die bei den traditionellen wie den modernen Items auswählen oder zurückhaltend geantwortet haben. Die einen werden die „Pragmatischen" genannt, weil sie manche Items angenommen haben, die ihnen Vorteile bringen – wie etwa *„dass auch die Frau zum Haushaltseinkommen beitragen"* soll. Der vierte Typ ist in Bewegung, hat sich von den traditionellen Positionen entfernt, ohne bei den modernen gänzlich angekommen zu sein.

Das sind nun die Ergebnisse meiner bisher in Österreich durchgeführten Studien.

- In den Neunzigerjahren des letzten Jahrhunderts gab es einen starken Modernisierungsschub in den Geschlechterrollenbildern. Der Anteil der traditionellen Männer fiel von 25 % auf 14 %. Die Zahl der modernen Männer stieg von 15 % auf 22 %. Den größten Anteil bildeten damals die Suchenden, Unsicheren, Abwartenden (47 %). Unter den Frauen war die Entwicklung kräftiger. Die Zahl der traditionellen Frauen fiel von 23 % auf 11 %, jene der modernen Frauen stieg von 20 % auf 35 %. Frauen gewinnen in dieser Entwicklung, Männer verlieren zumindest auf den ersten Blick. Sie verlieren an Macht, gewinnen aber Liebe.

- Seit dem Anfang des neuen Jahrtausends hat sich die Entwicklung umgedreht. In den letzten Studien (2002, 2012, 2020) stieg der Anteil der traditionellen Männer von 14 % über 22 % auf 30 %. Jener der modernen Männer ging von 22 % auf 10 % zurück, um dann aber wiederum auf 19 % anzuwachsen. Bei den Frauen ist das Entwicklungsbild ähnlich. Die Gruppe der traditionellen Frauen vergrö-

ßerte sich von 11 % (2002) über 12 % (2012) auf 26 %
(2020).
- Die Mittelgruppe (pragmatisch, suchend) stieg in den
Jahren zwischen 1992–2012 von 58 % über 59 % auf 66 %
an, um dann hin zu 2020 auf 50 % zu fallen.

Dieses Ergebnis bringt eine bemerkenswerte Entwicklung ans Licht. Die Spannung zwischen den Geschlechtern hat sich verlagert: von „Frauen versus Männer" zu „traditionell versus modern". Allerdings hat sich auch der Begriff „modern" in den letzten Studien modifiziert. War modern früher identisch mit feministischen „Vorgaben", so zählt heute zumindest bei den jungen Frauen und Männern immer mehr „choice", also die freie Wahl. Dann kann es vorkommen, dass hintereinander unterschiedliche Rollenbilder „gewählt" werden. Kommt ein Kind, machen es Paare wie in Großelternzeiten. Leben sie ohne Kinder, sind moderne Rollen für sie selbstverständlich. Nicht nur die patriarchalen, sondern auch die feministischen Bilder scheinen in Krise geraten zu sein.

Wissenssoziologen und -soziologinnen betonen nicht nur Macht und Interessen bei der gesellschaftlichen Konstruktion der Wirklichkeit, sondern lenken das Augenmerk auch auf „Legitimationssysteme" der Geschlechterrollen. Zu diesen zählt in erster Linie die Sprache, in welche Rollenbilder eingeschmolzen sind und sich weithin rascher Veränderung entziehen. Eine nachhaltige Rechtfertigung der Geschlechterrollen geschieht seit Menschengedenken auch durch die Erzählungen der Religionen. Diese sind ebenso und doch anders resistent gegen Rollenwandel wie die Sprache. Die Rollenbilder (und damit die Verteilung von Macht, Aufgaben, Lebens- und Bildungschancen) werden tabuisiert. Das erfolgt dadurch, dass eben ein Gott Mann und Frau erschaffen und ihnen dabei feste Aufgaben zugeteilt habe. Ein Eingriff in die gottgegebenen Rollen ist deshalb gleichzusetzen mit einem Aufstand gegen Gott. Diese religiöse Legitimation gibt es auch in einer säkularen Variante. Dann tritt an die Stelle Gottes „die Natur", „die Biologie". Nach der Schwächung der kulturellen Gestaltungsmacht der christlichen Kirchen findet deshalb das Ringen um die Entwicklung der Geschlechterrollen nicht mehr zwischen Säkularen und Religiösen statt, sondern zwischen Biologisten und Soziologisten. Die einen setzen auf eine unveränderliche Natur, die anderen argumentieren manchmal „radikalkonstruktivistisch": Jede Person könne, zur Reife der freien Entscheidung gelangt, selbst bestimmen, welchem Geschlecht es/sie/er/er-sie zugeordnet werden möchte. Ein solches Konzept erhält auch dadurch Nahrung, dass eine kleine Zahl von Menschen biologisch nicht eindeutig Männer oder Frauen sind und mit männlichen wie weiblichen Organen ausgestattet sind. Dann streiten Juristen darüber, wer eine Operation zur Vereindeutigung verlangen kann: die Eltern oder erst volljährig gewordene Betroffene. Und Psychologen sind besorgt, weil die Nachwirkungen oft nicht verarbeitet werden können.

Die folgenden Analysen werden zeigen, dass ein Ausklammern von religiöser Legitimation bei der Entwicklung der Geschlechterrollen so einfach doch nicht funktioniert. Denn diese scheint weitaus wirkmächtiger zu sein als profan-rationale Argumente, wie sie in der säkularen Geschlechterpolitik zur Anwendung kommen (müssen). Die Analysen werden zudem zeigen, dass auch „profane" Persönlichkeitsmerkmale und diese wieder in Verbindung mit kulturellen Grundstimmungen bei der Entwicklung der Geschlechterrollenbilder eine nachhaltige Wirkung zeigen.

Das sind jene Faktoren, die – aufgrund der begrenzten vorliegenden Daten – die Zuordnung eines Befragten zu einem der vier Typen beeinflussen. Die multiple Regressionsanalyse trennt dabei die Einflussströme und bereinigt sie von Überlagerungen. Den stärksten Einfluss hat das Persönlichkeitsmerkmal Autoritarismus. Es gilt die Formel: je autoritärer, desto traditioneller. Diese Aussage trifft auf alle Lebensbereiche zu, die politische Orientierung, die religiöse Ausrichtung, die Zuordnung zu traditionellen Geschlechterrollen eben auch. Dafür gibt es aus der Autoritarismusforschung Argumente, die diesen Zusammenhang aufhellen, wenngleich nicht erschöpfend aufklären können. Autoritäre Menschen fühlen sich durch die neue Unübersichtlichkeit der Welt (Jürgen Habermas) überfordert, sie finden die ihnen zugemutete Freiheit riskant (Ulrich Beck). Das disponiert gegen Veränderungen, weil diese immer auch Verunsicherung mit sich bringen.

Dann folgt die Bildung: Je höher diese ist, desto moderner sind die Befragten. An dritter Stelle rangiert der aber schon vermerkte Einfluss des Geschlechts. Frauen zeigen häufiger moderne Geschlechterrollen als Männer. Eine nachgeordnete, aber immer noch zufallsunabhängige Wirkung zeitigen die Zugehörigkeit zu einer sozialen Schicht, der Lebensstand, die Kinderzahl. Neben dem Autoritarismus kommen auch andere Persönlichkeitsmerkmale ins Spiel: die Bereitschaft zum Teilen und Verteilen. Auch die Parteizugehörigkeit wirkt mit: Offenbar gibt es im Umfeld der politischen Parteien unterschiedliche Prägungen in Richtung modern (Grüne, trotz pointierter Frauenpolitik nur leicht im Sympathisant*innenkreis der SPÖ) oder traditionell (FPÖ, ÖVP).[125]

---

125 | Siehe Tabelle 16 „Geschlechterrollen nach parteipolitischer Präferenz" im Anhang.

## Das Sozioreligiöse und die Geschlechterrollenentwicklung

Die religiöse Legitimation von Geschlechterrollen kann sich aus verschiedenen Quellen speisen: aus der Dynamik der subjektiven Religiosität, aus den Bildern, mit denen jemand sein Glaubenshaus eingerichtet hat, und nicht zuletzt durch den Austausch mit einer Religionsgemeinschaft, deren Erzählungen, lehrhaften Anweisungen und ihrer Gestaltungspraxis hinsichtlich des Verhältnisses von Männern und Frauen. Die Analyse der Daten für 2020 ergibt, dass unter all diesen religiösen Faktoren auch hinsichtlich der Geschlechterrollen die Häufigkeit eines regelmäßigen Austausches mit einer Religionsgemeinschaft die stärkste Rolle spielt. Etwas schwächer wirkt die subjektive Religiosität und die Beantwortung der Frage nach der Endlichkeit (Todesbilder). Keinen direkten, zufallsunabhängigen Einfluss hat das Gottesbild, dem sich Befragte zugeordnet haben.

Personen, die in einem engen Austausch mit einer Religionsgemeinschaft stehen, werden durch deren lehrhafte Erzählungen und Strukturen geprägt, und dies umso eher, je autoritätsorientierter sie sind. Autoritär ist aber nur ein Teil der Kirchenmitglieder. Neben diesen Freiheitsvermeidern und Freiheitsflüchtigen gibt es auch Freiheitskünstler, vor allem -künstlerinnen. Sie haben keine Angst vor Veränderungen, auch nicht der Geschlechterrollen, bei deren Vorantreiben sie von ihren religiösen Überlegungen durchaus auch Unterstützung finden.

So wie durch Feministinnen die Entwicklung der Geschlechterrollen in der Gesellschaft vorangebracht wurde, gibt es auch einen theologischen Feminismus, der den Abbau vieler von ihnen als diskriminierend und demütigend empfundenen klerikal-patriarchalen Zustände in den christlichen Kirchen fordert. Es motiviert diese Kämpferinnen und ihre männlichen Mitstreiter bei diesem Ringen um mehr Gerechtigkeit in den Geschlechterverhältnissen, dass sie für ihre Argumente in den alten biblischen Texten nicht nur frauenbenachteiligende, sondern auch frauenfördernde Erzählungen finden:

- Zu den benachteiligenden Erzählungen wird häufig die zweite Schöpfungserzählung der Genesis, genauer deren Auslegung durch eine männlich imprägnierte Theologie gezählt. Diese war über Jahrhunderte hinweg hegemonial.
- Als frauenemanzipatorische Erzählung gilt etwa die in feministischen Beiträgen viel zitierte Stelle im Galaterbrief 3,28, nach dem im auferstandenen Christus alle menschheitsalten Diskriminierungen dank der Einung überwunden sind, die rassistische, die sexistische und die kapitalistische Diskriminierung: „Es gibt nicht mehr Juden und Griechen, nicht Sklaven und Freie, nicht männlich und weiblich; denn ihr alle seid einer in Christus Jesus." Auch an den für eine jüdisch-patriarchale Kultur unüblichen Umgang Jesu mit Frauen wird erinnert. Den Höhepunkt feministischer Argumentation bildet die Beauftragung der Maria von Magdala mit der Erstverkündigung der Kernbotschaft des Evangeliums vom Sieg der Liebe (Gottes) über den Tod. Das hat sie zur Apostolin gemacht, welche die anderen Apostel belehrt. Diese für Frauen egalitäre Situation war noch einige Zeit im frühkirchlichen Leben durchgehalten worden. Erzählt wird von einer Junia, die einer Gemeinde (und deshalb wohl auch dem Herrenmahl) vorstand; von Frauen, die zusammen mit Paulus missionarisch tätig waren, von Diakoninnen, die

Frauen bei der Vorbereitung und beim Untertauchen in der Feier der Taufe zur Seite standen.

Nach und nach verschärft durch einen leib- und sexualfeindlichen Manichäismus, verschwinden die Frauen aus kirchlichen Positionen. Die kirchliche Entscheidungsmacht wird bei den Männern konzentriert, den Frauen werden Demut und Dienen zugemutet. Theologie wurde über Frauen gemacht, nicht von Frauen, die skurillerweise von namhaften Theologen sogar in den Verdacht gerieten, keine Seele zu haben und der ewigen Seligkeit daher nicht teilhaftig werden zu können.

Diese latente Unterordnung der Frauen in einer „Männerkirche" hat die vorhandenen gesellschaftlichen Verhältnisse widergespiegelt. Doch der Typus des römischen „pater familias", der über alles das Sagen hat, hat sich überholt. In der Gesellschaft ist es inzwischen bei den Geschlechterbildern zu einer breiten Bewegung gekommen. Ist eine solche auch in den Kirchen zu beobachten? Oder sind die Kirchen ein Zufluchtsort für jene, welche an den traditionellen Geschlechterbildern festhalten wollen?

Ein Blick in die Daten gibt eine differenzierte Antwort. Einerseits erweisen sich große Teile des Kirchenvolks als antifeministisches Bollwerk gegen eine Veränderung der Geschlechterrollen. Andererseits macht das aufgebrochene veränderte Bewusstsein moderner Frauen und Männer an den Toren der Kirchen nicht halt. Das führt im Gegenzug zu weiteren kämpferischen Abwehrbewegungen gegen Veränderungen der Geschlechterbilder im Raum der Kirche. Und da diese antimodernen Gruppen durchaus Erfolge verbuchen können und daher die Kirche zumal in der Frauenfrage mit arger kultureller Verspätung daherkommt, scheinen junge Frauen nicht mehr bereit zu sein, sich als moderne Frauen in einer Kirche zu engagieren, die ihr zeitgenössisches Selbstverständnis als Frauen lautstark bekämpft oder dauerhaft – vermeintlich amtlich oder gar biblisch legitimiert – ignoriert. Sie wenden sich vom kirchlichen Leben ab, und nicht wenige verlassen die – in ihren Augen – klerikalantifeministische, Frauen diskriminierende Gemeinschaft. Für diese beiden Phänomene, nämlich den Widerstand gegen Modernisierung der Geschlechterrollen sowie den Auszug von zumal jüngeren modernen Männern und noch mehr von modernen Frauen aus der Kirche, gibt es dramatische empirische Anhaltspunkte.

*Katholische Kirche in der Frauenfrage unglaubwürdig*
Es gibt einen engen Zusammenhang zwischen der Häufigkeit und Regelmäßigkeit des Kirchgangs und der Präferenz von traditionellen Geschlechterrollen. In Zahlen sieht dieser so aus: Die Bilder der Geschlechterrollen sind bei den Sonntagskirchgängern mehrheitlich unmodern. 45 % gelten als traditionell, 23 % als pragmatisch, 23 % als unsicher und 9 % als modern. Unter den Niekirchgängern verhält es sich genau umgekehrt. Jetzt zählt der größte Anteil von 35 % zu den Modernen, 30 % sind unsicher, 22 % pragmatisch und 13 % traditionell.

Der Zusammenhang mit dem Gottesbild ist ähnlich. Finden sich unter den Personen, die sich einem theistisch-christlichen Gottesbild zugeordnet haben, 11 % Moderne und 46 % Traditionelle, sind unter den atheistischen Befragten 51 % modern und 8 % traditionell.

Zumal in der katholischen Kirchenleitung zeigt sich weltkirchlich derzeit eine Lobby gegen die Modernisierung der Geschlechterrollen. Eine feministisch gefärbte „gender-ideology" wird bekämpft. Diese sei der Nährboden für ein Frauenbild, das mit dem Recht auf Abtreibung und lesbischer Liebe verbunden werde. Dass es bei „gender" um mehr Gerechtigkeit in der Verteilung der Lebenschancen und der gesellschaftlichen und familialen Gestaltungsmacht zwischen den Geschlechtern geht, wird außer Acht gelassen. Die Argumente gegen die Gender-Ideologie werden selbst in päpstlichen Lehrschreiben ideologisch vorgetragen, ohne auf differenzierende Argumente der Gender-Wissenschaft auch nur ansatzweise einzugehen. Manche Bischofskonferenzen (zumal in Osteuropa) übernehmen diese Redeweise pauschal in Hirtenworte, die im Ton aggressiv und in der Argumentation schwach und pauschal sind. Ohne respektvollen Dialog wird verurteilt, was man nicht wirklich kennt oder auch nicht kennenlernen will, weil es die eigene Position ins Wanken brächte.

Sind die regelmäßigen Kirchgänger von diesem Klima der Abweisung und der ideologischen Verwerfung von Fraueninteressen geprägt? Was hier auf weltkirchlicher Ebene beobachtet wird, wird in manchen Ortskirchen nicht mitgetragen. Es existieren starke lehrhafte Texte etwa der deutschen Bischofskonferenz zur Rolle der Frauen in der Kirche.

Der Hinweis auf solche Beispiele der kirchenamtlichen Unterstützung der Anliegen von Frauen im Ringen um mehr Gerechtigkeit und damit im Umbau der traditionellen Geschlechterrollen kann nicht darüber hinwegtäuschen, dass vor allem die katholische Kirche in der Frauenfrage einen miserablen Ruf hat und als Gegnerin berechtigter Anliegen wahrgenommen wird. Verständlich, dass 45 % der Frauen, aber auch 31 % der Männer die christlichen Kirchen auffordern, *„sich verstärkt gegen die Benachteiligung der Frauen einzusetzen"*. Unter den Muslimen ist diese Forderung noch stärker: 66 % der Frauen und ebenfalls 39 % der Männer verlangen von ihrer Glaubensgemeinschaft einen Kampf gegen die Frauendiskriminierung. Die Religionsgemeinschaft, so klare Mehrheiten, sollen die Frauenrechte fördern und nicht mit antiquierten theologischen Argumenten und einer nicht zeitgemäßen Exegese der Heiligen Bücher hintanhalten. Wer eine Entwicklung der Geschlechterrollen wünscht, will dies nicht nur um der Männer und Frauen willen. Von 74 % der Befragten (Frauen 79 %, Männer 70 %) wird ein gleichberechtigtes Miteinander von Männern und Frauen auch *„für die Lösung der großen gesellschaftlichen Probleme (Gerechtigkeit, Frieden, Ökologie)"* als unverzichtbar ansehen.

Manche fordern noch unverdrossen eine Neubesinnung der (katholischen) Kirche in der Frauenfrage. Andere wechseln hingegen bereits in den Modus einer enttäuschten Kritik. 67 % der Frauen und 59 % der Männer beanstanden, dass es *„in der katholischen Kirche noch immer kein gleichberechtigtes Miteinander von Männern und Frauen"* gibt. 71 % der Katholikinnen (59 % der Katholiken) sind der Überzeugung, dass *„die Zulassung von Frauen zu den kirchlichen Ämtern (Diakonat, Priesteramt) die Glaubwürdigkeit der katholischen Kirche stärken würde"*. In der Umkehrung bedeutet dies, dass die Nichtzulassung als eine demütigende Diskriminierung empfunden wird, welche der katholischen Kirche vor allem – aber nicht nur – bei jungen Frauen ihre Glaubwürdigkeit raubt. Aber es geht vielen Frauen nicht nur um die Ordination in ein Amt, sondern um die Einbindung von mehr Frauen in die Kirchenleitung (Frauen 59 %, Männer 46 %).[126]

---

126 | Vgl. Qualbrink, Andrea: Frauen in kirchlichen Leitungspositionen. Möglichkeiten, Bedingungen und Folgen der Gestaltungsmacht von Frauen in der katholischen Kirche, Stuttgart 2019.

*Abwanderung junger moderner Frauen*
Es bleibt nicht bei der Kritik und dem Wünschen. Zumal bei jungen Frauen hat sich in den letzten Jahrzehnten tiefe Enttäuschung eingestellt. Diese führte dazu, dass jüngere Frauen unter 30 Jahren sich nach und nach aus dem kirchlichen Leben zurückgezogen haben. Manche haben schließlich die Kirchengemeinschaft verlassen.

Modernen Frauen, aber auch modernen Männern, wird in der katholischen Kirche ein „kulturelles Martyrium" zugemutet. Sie erleben, wie sie durch Personen aus der Kirchenleitung wegen ihrer modernen Vorstellungen von Mann und Frau abgewertet werden und für die unverzichtbare Entwicklung ihrer Persönlichkeit und der Gesellschaft kaum Unterstützung finden, im Gegenteil: oft lautstarke Behinderung erfahren. 50 % der Katholikinnen sind davon überzeugt, dass sich *„gerade moderne Frauen mit der katholischen Kirche schwertun"*. 48 % der Männer geben ihnen diesbezüglich Recht.

Diese antiemanzipatorische Haltung der Kirche wird von 23 % der Ausgetretenen als ein gewichtiger Austrittsgrund angegeben. Die Kirche ist dabei, für junge Frauen gänzlich unglaubwürdig zu werden. Ein tiefer Graben zwischen ihnen und der kirchlichen Realität hat sich aufgetan. Und das hat in den letzten fünfzig Jahren Folgen gehabt. In dramatischer Weise kommt dies in der Entwicklung der Kirchenbindung von Frauen unter dreißig Jahren im letzten halben Jahrhundert zum Ausdruck. Der Anteil der Mitfeiernden am Sonntagsgottesdienst war seit 1970 unter den Frauen stets deutlich höher als unter den Männern. Dies soll an der Entwicklung der unter 30-Jährigen dargestellt werden. 1970 gingen 41 % der jüngeren Frauen sonntags zur Kirche, unter den jüngeren Männern waren es 33 %. Der

Anteil der unter 29-Jährigen Männer ging in Zehnjahresschritten kontinuierlich zurück. Hier zuerst die Zahlenreihe von 1970 bis 2020 für die Männer: 33 % (1970), 18 % (1980), 22 % (1990), 6 % (2000), 6 % (2010), 5 % (2020). Die jüngeren Frauen starteten 1970 mit 41 %, fielen bis 1980 auf 22 %. Die weiteren Werte: 25 % (1990), 11 % (2000), 11 % (2010) und 5 % (2020).

Der Abstand zwischen jüngeren Männern und Frauen hat sich also schrittweise verringert und ist im Jahre 2020 auf null Prozentpunkte gefallen, und das bei einem Tiefstand von 5 %. Natürlich haben sich die übrigen Männer und Frauen nicht gänzlich von der Kirche verabschiedet. Aber es findet ein lautloser Rück- und Auszug der jüngeren Frauen statt. Der Austausch mit der Kirchengemeinschaft unterbleibt. Dabei soll nicht außer Acht gelassen werden, dass die subjektiv irritierende Diskriminierung bei Frauen nicht die einzige Ursache für den Rückzug darstellt. Auch für sie bleibt die Kraft anziehender „Gratifikationen" entscheidend. Werden aber diese schwach, erhält die Irritation umso mehr an Wirkkraft.

Trotz der Angleichung des Kirchgangs zwischen den jüngeren Frauen und Männern auf dem Niveau von 5 % sind Frauen nach wie vor religiöser (38 %) als die altersgleichen Männer (30 %). Gott ist ihnen nicht so gleichgültig wie Männern (27 %; Männer 32 %). Sie glauben eher an einen Gott, mehr als Weltschöpfer (41 %, Männer 32 %) denn als Gott, der das Leben eines jeden Menschen leitet (29 %, Männer 26 %). Über fünfzig Jahre hinweg sind die Werte der Religiosität und des Gottesglaubens auch bei Frauen rückläufig. Diese bleiben aber in allen Jahren höher als jene der vergleichbaren Männer, was auch 2020 der Fall ist. Aber hinsichtlich des sonntäglichen Austausches mit einer Gottesdienstgemeinschaft haben die jüngeren Frauen den Vorsprung vor den jüngeren Männern verloren. Die Entfernung von der kirchlichen Gemeinschaft scheint allerdings bei den Frauen rascher erfolgt zu sein als deren Abschwächung der Religiosität und die Umformung des Gottesbildes.

Hier ist an die schon oben erwogene enorme Bedeutung des regelmäßigen sonntäglichen Austausches mit einer kirchlichen Feiergemeinde zu erinnern. Das Wegbleiben von jungen Frauen und Männern hat zur Folge, dass die christliche Prägung ihres Glaubenshauses schwächer wird. Der Glaube und die Religiosität verlieren an Mächtigkeit, das persönliche wie das gesellschaftliche Leben zu gestalten.

Zudem führt der Rückzug von Eltern aus der Kommunikation mit der Kirche dazu, dass auch die religiöse Erziehung der Kinder in diesen Elternhäusern geschwächt wird. Es wäre eine heillose Überforderung des Religionsunterrichts, den Ausfall der Großeltern und Eltern hinreichend wettzumachen.

Der Verlust der Frauen im kirchlichen Leben wird sich daher ähnlich dramatisch für die Gestalt der Kirche und ihre Lebenskraft auswirken wie einst der Verlust der Arbeiter und der massive Widerstand der (katholischen) Kirche gegen die aufblühende Freiheit in Europa.

### *Praktische Entdemütigung*

Hinsichtlich der Frauen hat vor allem die katholische Kirche (und wohl längerfristig auch die orthodoxe) einen enormen Handlungsbedarf. Die große Lösung einer wirklichen Gleichbehandlung auch hinsichtlich der Ordination wird nicht so rasch kommen. Aber vielleicht könnte auf dem Weg der Entdemütigung, an deren Ende der Zugang von Frauen zu den kirchlichen Ämtern stehen könnte, jetzt schon ein erster Zwischenschritt gemacht werden. Es wäre kirchenrechtlich durchaus möglich, wenn der Papst einer Ortskirche schriebe:

1. „Es können künftig in Gemeinden, in denen die Hirten keine ehelosen und vollakademisch ausgebildeten Priester zuweisen können, erfahrene Männer und Frauen mit der Leitung von Gemeinden des Evangeliums betraut werden. Diese Personen werden in ihr neu geschaffenes Amt der Gemeindeleitung in einem liturgischen Akt bei der sonntäglichen Gemeindeliturgie zusammen mit einem Segensgebet und dem Segen eingesetzt. Sie erhalten dazu ein Dekret des Bischofs. Ich stütze mich dabei auf Canon 517 §2 CIC, der bei Euch partikularrechtlich ausgestaltet wird.

2. Um in diesen lebendigen Gemeinden des Evangeliums die sonntägliche Feier der Eucharistie zu sichern, seid ihr in Euren Ortskirchen übereingekommen, dass diese Gemeinden aus ihrer Mitte heraus ein paar im Leben und Wirken der Gemeinde bewährte Männer wählen. Für sie wird eine angemessene pastorale Ausbildung eingerichtet. Schließlich ordiniert der Bischof diese gemeindeerfahrenen Personen für die jeweilige Gemeinde als Team von Priestern neuer Art. Sie dienen der Gemeinde ehrenamtlich und geben wie alle anderen Gemeindemitglieder im beruflichen und familiären Leben ein glaubwürdiges Zeugnis für das Evangelium. Für die Ordination dieser bewährten Personen erteile ich in meiner päpstlichen Vollmacht die Dispens vom geltenden Canon 277 §1 CIC."[127]

---

127 | Querida Austria! In: www.zulehner.wordpress.com. – Auch in: Die Furche vom 5. 3. 2020.

*Frauen wird ein unnötiges kulturelles Martyrium zugemutet*
Eine konkrete Kultur hat, schaut man auf diese aus der Perspektive des Evangeliums, stets sowohl gute als auch böse Anteile (was im Übrigen auch für die konkrete Kirche gilt!). Gut sind jene Anteile, in denen Menschlichkeit und mit ihr Respekt vor der unantastbaren Würde, Freiheit, Gerechtigkeit und Wahrheit aufblühen. Als böse hingegen lassen sich jene Verhältnisse bezeichnen, in denen Menschlichkeit nicht auf-, sondern umkommt. Christliche Kirchen sind berufen, Anwältinnen der Würde, der Freiheit, der Gerechtigkeit, der Wahrheit und in all dem des Friedens zu sein.[128]

Die christlichen Kirchen sind berufen, prophetisch – also „gelegen oder ungelegen" (2 Tim 4,2) – gegen all das Widerstand zu leisten, was Menschlichkeit beschädigt oder zersetzt. Das ist insbesondere dann der Fall, wenn die Würde der Menschen verletzt wird, die Freiheit totalitären Zugriffen ausgesetzt ist; wenn (junge) Menschen anfangen, vor der lästig werdenden Last der Freiheit zu flüchten; wenn die Solidarität verloren geht und himmelschreiende Ungerechtigkeiten im eigenen Land, auf dem Kontinent und in der einen Menschheit aufkommen. Kirchen werden sich einmischen, wenn die Schöpfung nicht bewahrt und die Sehnsucht der Menschen nach Frieden keine Erfüllung findet.

Solche widerständig-prophetischen Aufgaben der Kirchen in der jeweiligen Gesellschaft schaffen engagierten Christinnen und Christen ein unvermeidliches „kulturelles Martyrium". Christliche Kirchen, ihre diakonalen Einrichtungen und ihre engagierten Mitglieder gelten als unbequeme Minderheit, wenn sie das Asylrecht gegen populistische Ausdünnungsversuche verteidigen oder mangelnde

---

128 | Zulehner, Paul M.: Europa beseelen. Das Evangelium im Ringen um Freiheit, Gerechtigkeit und Wahrheit, Ostfildern 2019.

europäische Solidarität anprangern. Sie werden keinen breiten Applaus erhalten, wenn sie grundsätzlich gegen aktive Sterbehilfe eintreten. Dies nicht, weil sie die freie Selbstbestimmung der Menschen nicht achten, sondern weil sie die sozialen Kollateralschäden fürchten, die sich aus einem Wunsch Einzelner ergeben können, und die davon betroffenen Menschen verteidigen: allen voran die Pflegebedürftigen, die den Angehörigen zur Last fallen.

Es gibt allerdings auch ein vermeidbares „kulturelles Martyrium". Ein solches entsteht dadurch, dass moderne Menschen in einer kirchlichen Gemeinschaft leben, die meint, sie sei nur zur Belehrung der (bösen) Welt da und müsse umgekehrt von dieser (für böse gehaltenen) Welt nichts lernen. Dabei hatte Jesus von „Zeichen der Zeit" gesprochen (Mt 16,3). Er meinte damit, dass es Ereignisse in der Zeit gebe, durch welche Gott selbst umwegig sein eigenes Volk belehrt. Und das gleichsam von außen, aus der vermeintlich bösen Welt, die aber wie die Kirche immer auch ein Handlungsort jenes Geistes Gottes ist, der weht, wo er will. Die Kirche habe daher, so auch Papst Johannes XXIII., der dazu das Zweite Vatikanische Konzil einberief, die „Zeichen der Zeit" sorgfältig und aufnahmebereit zu lesen. Dabei könne sie lernen, nicht nur ihre widerständig-prophetische Aufgabe auf die heutigen Verhältnisse zuzuspitzen, sondern sich auch selbst auf die guten Anteile der modernen Kultur hinzuentwickeln und auf diese Weise auch das Evangelium tiefer verstehen zu lernen.

Johannes XXIII. nannte eine solche Entwicklung der Kirche „aggiornamento", also eine Art Update. Das Wort bedeutet keinesfalls Anpassung oder Einpassung in die heutige Kultur: Eine solche würde einem Verzicht auf das auferlegte und gar nicht bequeme prophetische Amt gleichkommen.

Wohl aber verpflichtet es die Kirchen zu einem Lernen aus dem, was Gottes Geist in der „Welt" ohne und manchmal gegen die kirchliche Gemeinschaft zuvor bewirkt hat. Johannes XXIII. sieht in seiner Enzyklika *Pacem in terris* von 1963 unsere Gegenwart durch drei solche zeichenhaften Merkmale gekennzeichnet:

„Vor allem stellt man den wirtschaftlich-sozialen Aufstieg der Arbeiterklasse fest. Die Arbeiter machten zunächst, vordringlich auf wirtschaftlichem und sozialem Gebiet, ihre Rechte geltend; dann taten sie den Schritt zur Wahrung ihrer politischen Interessen; schließlich richteten sie ihren Sinn besonders darauf, in angemessener Weise an den Gütern der Kultur teilzunehmen. Deshalb sind die Arbeiter heutzutage auf der ganzen Welt besonders darauf bedacht, nie nur als Sache ohne Verstand und Freiheit gewertet zu werden, die andere ausbeuten, sondern als Menschen in allen Bereichen menschlicher Gemeinschaft, d. h. auf wirtschaftlichem und sozialem Gebiet, im Staat und schließlich auch auf dem Feld der Wissenschaften und der Kultur.

An zweiter Stelle steht die allgemein bekannte Tatsache, dass die Frau am öffentlichen Leben teilnimmt, was vielleicht rascher geschieht bei den christlichen Völkern und langsamer, aber in aller Breite, bei den Völkern, welche als Erben anderer Überlieferungen auch andere Lebensformen und Sitten haben. Die Frau, die sich ihrer Menschenwürde heutzutage immer mehr bewusst wird, ist weit davon entfernt, sich als seelenlose Sache oder als bloßes Werkzeug einschätzen zu lassen; sie nimmt vielmehr sowohl im häuslichen Leben wie im Staat jene Rechte und Pflichten in Anspruch, die der Würde der menschlichen Person entsprechen.

Schließlich bemerken wir in unseren Tagen, dass die ganze Menschheitsfamilie im sozialen wie im politischen

Leben eine völlig neue Gestalt angenommen hat. Da nämlich alle Völker für sich Freiheit beanspruchen oder beanspruchen werden, wird es bald keine Völker mehr geben, die über andere herrschen, noch solche, die unter fremder Herrschaft stehen." (*Pacem in terris*, 40–42)

In allen drei Belangen hat die katholische Kirche vielen ihrer Mitglieder ein *vermeidbares* „kulturelles Martyrium" zugemutet:

- Sie hat sich zu lange nicht auf die Seite der ausgebeuteten *Arbeiterschaft* geschlagen. Dafür hat sie mit dem Verlust der Industriearbeiter einen hohen Preis gezahlt.
- Die Kirche hat die *Freiheitsrechte* der Völker und der Menschen in der Gesellschaft verworfen und verblieb aus vermeintlicher Überlebensangst in ihrer Allianz mit den feudalen Mächten gefangen. Dadurch verlor sie die freiheitswillige Intelligenz. Auch innerkirchlich stellte sie zu lange den Gehorsam gegenüber der kirchlichen Autorität über die Freiheit des Gewissens. So verlor die katholische Kirche insbesondere in der Auseinandersetzung um die Methoden und Mittel der verantworteten Elternschaft viele ihrer Mitglieder, welche nicht mehr dem 1968 veröffentlichten Schreiben von Paul VI. *Humanae vitae* Gefolgschaft leisteten, sondern ihrem durchaus gebildeten Gewissen. Um dem zugemuteten unnötigen und daher vermeidbaren „kulturellem Martyrium" zu entgehen, zogen sich viele dieser Kirchenmitglieder von der kirchlichen Gemeinschaft zurück, manche traten aus und entlasteten sich lebensmäßig auf diese Weise. Sensibilisierte Ortskirchen gaben freilich nicht mehr dem Lehramt, sondern den Kirchenmitgliedern Support. Ich denke an die Königsteiner Erklärung der deutschen und die Maria-Troster Erklärung der österreichischen Bischöfe. Aber sie

konnte den Verfall der lehramtlichen Autorität damit nicht aufhalten.
- Heute ist es die *Frauenfrage*, die vor allem jüngeren Frauen in der Kirche ein unnötiges kulturelles Martyrium abverlangt. Während für diese der Feminismus ein Kampf um Entdiskriminierung und die Gendertheorie ein Ringen um mehr Geschlechtergerechtigkeit ist, erfahren sie, wie Ortsbischöfe in Hirtenbriefen, aber auch Vatikanische Stellen in lehramtlichen Texten beide Bemühungen der Frauen „als Aufstand gegen Gott" verwerfen. Sie bekommen mit, dass man ihr Ringen um Gendergerechtigkeit als „gender-ideology" disqualifiziert. Wer kann nicht verstehen, dass sich junge Frauen, für welche dieses Martyrium sich nicht der prophetischen Kraft des Evangeliums, sondern lediglich der Verhaftung von Teilen der Kirche in patriarchal-klerikalen Rollenbildern verdankt, aus dem Einflussbereich der Kirche verabschieden?

## Kognitive Minderheiten leben vom Austausch

Die Langzeitstudie Religion im Leben der Österreicher*innen 1970–2020 gibt einen Einblick in die Entwicklung der weltanschaulichen Dimension einer modernen Kultur. Diese verläuft nicht von schwarz zu weiß, von einer katholischen in eine säkularisierte Kultur. Vielmehr verläuft die Entwicklung seit Jahrzehnten von schwarz zu bunt. Die monokolor katholisch geprägte Kultur verbuntet sich weltanschaulich.

Das mag jene enttäuschen, welche die Säkularisierungsannahme nicht zur Deutung von Entwicklungen verwendet haben, sondern diese Hypothese weltanschauungspolitisch einsetzten. Sie beschrieben nicht eine Entwicklung, sondern wollten eine solche herbeireden, in Gang setzen und vorantreiben. Deren Fragen klingen leicht untergriffig: „Wie kann denn einer, so die Botschaft, der sich modern fühlt, religiös sein, an einen Gott glauben oder in den Austausch mit einer Kirche oder Religionsgemeinschaft eintreten?! Wie kann jemand, der wissenschaftlich denkt, noch glauben?!"

Die Säkularisierungsannahme wurde freilich und wird heute nicht nur von Religionsverächtern eingesetzt, sondern wird gern von Kirchenleitungen verwendet. Diesen dient sie oftmals zur Ablenkung von eigenem Versagen und zur Abwehr bzw. zum Rückbau von Veränderungen. Mit der Berufung auf die säkularisierte Welt wurde und wird Veränderungsunwilligkeit gerechtfertigt.

Das Ende der Säkularisierungsannahme sollte die christlichen Kirchen aber nicht zu sehr beruhigen. Denn bei aller Stabilität eines Gottesglaubens und relativ hoher Erwartungen an religiöse Rituale zu den Lebenswenden kann nicht übersehen werden, dass die Einrichtung der Glaubenshäuser der Menschen heute zwar nicht gottfrei, aber immer weniger christlich geprägt ist. Das Gottesbild ist in einer dem Evangelium fremden Weise unpersönlich geworden. Die größte Gruppe der Befragten glaubt an ein höheres Wesen, denn „irgendetwas" müsse es ja geben, sonst gäbe es nicht Welt und Gewissen. Die Mehrheit zählt also zu den nur spurenhaft christlich geprägten „Etwasisten" (Tomaš Halìk). Wenn sich also die christlichen Kirchen Sorge machen sollten, dann nicht wegen einer frei flottierenden Religiosität und einer erstaunlich verbreiteten diffusen Spiritualität, die sich auf dem weltanschaulich opulenten Markt reichlich bedient.

Große Sorge muss den Kirchenverantwortlichen vielmehr machen, dass die Kultur des Landes zwar nicht säkularisiert, aber immer weniger christlich geprägt ist. Das hat nichts damit zu tun, dass es in Österreich einen erstarkenden Islam gibt. Auch die orthodoxen Kirchenmitglieder und vor allem die Freikirchen haben deutlich höhere Werte an Christlichkeit als die Mitglieder der römisch-katholischen Kirche oder der Kirchen der Reformation. Das Kernproblem für die beiden „Altkirchen" besteht darin, dass es ihnen nicht gelingt, das anvertraute Evangelium in das Leben der Menschen und in die Kultur des Landes so hineinzusingen, dass es die Menschen in die Gestaltung ihres persönlichen Lebens und des gesellschaftlichen Zusammenlebens einweben.

Um noch einmal zu rekapitulieren, was an Christlichkeit im Land verdunstet:

- Am Schwinden ist die christliche Prägung des Gottesbildes. Gott erscheint den Menschen unpersönlich, fern. Er verblasst zu einem höheren Wesen zur Welterklärung und Sicherung instabil gewordener bürgerlicher Moral.
- Die Frage nach dem Leid wird durch den Hinweis auf das Sterben am Kreuz nicht gelöst, ohne das es aber keine Auferstehung gäbe; die Vorstellung von einem Gott, der Mensch wird und der seinen Sohn für die Rettung der Welt hingibt, erscheint vielen unakzeptabel.
- Die Bilder von der Auferstehung Jesu gelten nicht mehr als Hoffnungsbild für die eigene Umwandlung im Tod, wobei der Anteil der definitiv „Sterblichen" mit fast einem Drittel relativ hoch ist.
- Kaum eine Rolle spielt, dass Gott mit der Welt eine engagierte Geschichte hat, die sich auf eine Vollendung hin entwickelt, in der auf den Tod nicht nur der Einzelnen, sondern auch des Universums eine ersehnte Umwandlung der ganzen Schöpfung in einen neuen Himmel und eine neue Erde erfolgt, wo also Gott alles in allem sein wird (1 Kor 15,28).

Alle diese christlichen Kernerzählungen werden selbst Kirchenmitgliedern zunehmend fremd. Das Evangelium scheint mit seiner zentralen Botschaft vom Sieg der Liebe Gottes über den Tod die Gläubigkeit der Zeitgenossen immer weniger zu formen. Evangeliumskonforme Christ*innen nehmen im Land ab und sind auch unter Kirchenmitgliedern zunehmend weniger geworden. Eine Art kultureller *De-Evangelisierung* ist im Gang. Man kann dies auch als eine *De-Christianisierung* der Religiosität der Bevölkerung bezeichnen.

Nach und nach, so die Analysen, wird sich diese Entwicklung beschleunigen. Sie wird dazu führen, dass sich die nicht christlich geprägten Gottgläubigen immer mehr von den christlichen Kirchen zurückziehen, den Austausch mit einer tragenden Gemeinde des Evangeliums und ihren gottesdienstlichen Versammlungen ausdünnen und letztlich nicht mehr bereit sind, dafür auch zu bezahlen. Das wird zur Folge haben, dass es im Land weniger Katholiken und Protestanten geben wird. Unter den Wenigeren aber werden anteilsmäßig künftig mehr Christen sein. Die Quantität wird ab-, die Qualität zunehmen.

Das gilt alles für Frauen und Männer gleichermaßen. Die „konsequenten" Christen, also die wahrhaft Jesus Nachfolgenden, werden soziokulturell besehen zu einer „kognitiven Minderheit" gehören, und das in einer durchaus religiös gefärbten Kultur mit eingestreuten atheisierenden Strömungen, vielen spirituellen Vagabunden, neugierigen Zweiflern und Skeptikern. Nicht wenige werden der Wissenschaft und deren „Priestern" „glauben", zugleich aber wird just in aufgeklärten Zeiten die Lust am Irrationalen, Emotionalen und an esoterischer Experimentierreligion und ihren Gurus zunehmen. Gut illustrierbar ist diese Verbuntung auch der privaten Glaubenshäuser mit folgender Anekdote: Ein Nobelpreisträger besucht einen anderen in seinem modernen Bungalow. Über dem Eingang entdeckt der Gast ein Hufeisen. „Glaubst Du daran?", fragt er den Gastgeber. Dieser antwortete verschmitzt: „Unlängst hat mir jemand glaubhaft erzählt, es soll auch denen helfen, die nicht daran glauben!"

Diese Entwicklung wird nicht durch aggressive Neu-Evangelisierungsanstrengungen aufgehalten werden. Vielmehr muss es den Kirchen gelingen, sich mit dieser neuen Lage als kognitiver Minderheit in einer pluralistischen Kultur zurechtzufinden. Dies scheint derzeit am ehesten den Freikirchen zu gelingen. Sie haben bei allen Indikatoren, auch jenen der Christlichkeit, weit überdurchschnittliche Werte. Ihre Stärke hat ihren Hauptgrund darin, dass sie in ihren Gemeinschaften hauptsächlich Entschiedene sammeln. Sie sind *Gemeinschaften von „convertis"* (Hervieu-Léger). Zudem gehört eine intensive *Dauerkommunikation* zum Standard. Der Sonntagskirchgang hat Spitzenwerte. Damit erhalten die Mitglieder inmitten der weltanschaulich brodelnden Kultur enormen sozialen Support. Freikirchen haben allerdings auch ihre Schwächen. Suchende, Pilger, Zweifler und Skeptiker haben es in ihren tendenziell hingegen unbunten Gemeinschaften schwer. Offenheit und Gastfreundschaft werden zwar missionarisch beschworen, aber ein freies oder gar anonymes Kommen und Gehen, also eine Art „Hospitieren" (hospes ist griechisch der Gast) wird gruppendynamisch ebenso wenig unterstützt wie Zweifel und Kritik an den widerspruchslos praktizierten Gemeinschaftsregeln. In dieser Hinsicht sind die alten Großkirchen strukturelle Horte der Freiheit: Man kann in ihnen auch „hinter der Säule gerettet werden".

Es ist gerade der drastische Rückgang der Dauerkommunikation mit Gemeinschaften des Evangeliums in den beiden,

Europa historisch prägenden christlichen Konfessionen, welcher die Ausdünnung des Christlichen beschleunigen wird. Die Korrelation des Gottesbildes oder auch der Bedeutung der Auferstehung Jesu für das eigene Leben mit der Intensität des sonntäglichen Kirchgangs sind unübersehbar deutliche Belege, wie sehr heute der regelmäßige Austausch (sonntags bis monatlich) mit der christlichen Einrichtung des Glaubenshauses eines Menschen zusammenhängt: wobei Religiosität, Glaubenshaus und Austausch schließlich eng mit der Gestaltung des persönlichen Lebens und des gesellschaftlichen Zusammenlebens einhergehen.

Die katholische Kirche beschleunigt diese Entwicklung durch ihren ratlos-ideologischen Umgang mit dem Priestermangel. Lieber dünnt sie die Eucharistiefrequenz aus und schafft Strukturen der Distanz. Es gibt derzeit eine *Selbstentkirchlichung* in der katholischen Kirche, verursacht durch Mutlosigkeit eines Großteils der verantwortlichen Hirten. Mit Feigheit lässt sich keine Kirchenzukunft gewinnen.

Die Kernfrage für die Kirchen auf Zukunft hin wird somit darin bestehen, ob es den christlichen Kirchen gelingt, gerade mit den spirituell Suchenden, den Skeptikern, den sozial Sensiblen, den Zweiflern in einen Austausch zu treten, in dem das getane, erzählte und gefeierte Evangelium mit dem Leben und Zusammenleben der Menschen unter den Bedingungen der heutigen Kultur in Berührung kommt. Erfahrbar in Berührung kommt!

Zu diesen Bedingungen der heutigen Kultur gehört vorrangig auch die *Sprache*, in der die Kirchen das Evangelium erzählen. Dabei muss für die Menschen erkennbar sein, dass es um ihr Leben, die Entwicklung der Menschheit und den Schutz der Mitwelt geht. Und das alles aus einer tiefen Spiritualität, die zur Solidarität führt. Die pastorale Grundformel kann lauten: „Wer in Gott eintaucht, taucht unweigerlich bei den Armen auf. Und umgekehrt." Sie hält Gottes- und Nächstenliebe, Mystik und Politik, Kampf und Kontemplation zusammen.

Von großer Bedeutung wird sein, dass das Evangelium wieder „*katholisch*", also universell, und *nicht konfessionell* vorgebracht wird. Dies bedarf vertiefter theologischer Reflexion. In manchen Kreisen scheint der Rede über Jesus Christus ein ziemlich undifferenziertes und oberflächliches Verständnis zugrunde zu liegen. Ziel sei es, persönliche Freundschaft mit Jesus zu suchen. Das ist ein eher individualistisch angelegtes Konzept: Jesus ist eben nicht nur so etwas wie ein „boy-friend". Übersehen wird dabei die universelle Bedeutung Jesu, der in der Auferstehung zum Christus wurde. Oft begegnet in durchaus spirituell bemühten Kreisen eine Art privatistischer „Jesuanismus". Aber die theologisch ausgereifte Bezeichnung der Anhänger der von Jesus in die Welt gebrachten Bewegung lautet nicht „Jesuaner" oder „Jesuisten", sondern eben „Christen". Ein emotionalisierter „Jesuanismus" wird dem alle Grenzen sprengenden Christusgeheimnis nicht gerecht, sondern dünnt es aus und verflacht es, macht es klein. Die herkömmliche Rede in den Kirchen und in der alltäglichen Verkündigung vermengt Jesus und Christus derart unscharf, dass man manchmal das Gefühl bekommt, Christus wäre nicht mehr als eine Art Nachname für Jesus.

Ob es nicht weiterhelfen würde, mit dem Wort Jesus den Mann aus Nazaret zu verstehen, in dem Gott Mensch wurde, der aber zugleich einer von uns war, gebunden an Raum und Zeit, der alles auf sich genommen hat, ausgenommen der Sünde, und der am Kreuz starb. Zum Christus aber wurde Jesus, so die Apostelgeschichte (Apg 2,36), in der Auferstehung, in welche der historische Jesus von Raum und Zeit entgrenzt wurde. Das macht ihm nunmehr – am Kreuz „über die Erde" erhöht – möglich, „alle zu sich zu ziehen" (Joh 12,32). Dieser Christus ist das „Alpha" und steht als „Logos" (Joh 1) am Beginn der Schöpfung, durch den alles erschaffen ist, und ist zugleich das „Omega" (Offb 1,8;21,6; 22,13). Auf diesen „universellen Christus" hin ist alles erschaffen (Kol 1,15–20). In Christus findet die ganze Schöpfung und mit ihr die ganze Menschheit an ihr Ziel: die Gotteinung, die Vollendung. In der Gott alles in allem ist (1 Kor 15,28).

Eine solche Verkündung Jesu als universellem Christus hat enorme politische Implikationen. In ihrer universellen Grundmelodie überwindet sie alle fundamentalistischen Versuche, die sich auch heute gerade unter Christinnen und Christen finden: Rassismus, Antisemitismus, Islamophobie. Unhaltbar erscheint alles, was aus dem Heil ausschließt. Ein inklusiver, universeller Heilsoptimismus kann Raum gewinnen. Von da aus wandelt sich auch der Dialog zwischen allen Religionen und Weltanschauungen, nicht zuletzt mit den Atheisten, den Skeptikern und Privatreligiösen. Christen sind davon überzeugt, dass auch diese weltanschaulich bunten Gruppen von Gott in die göttliche Komposition der Schöpfung einbezogen sind, deren finales Ziel die Vollendung im Auferstandenen ist.

Es war der schottische Geologe Hugh Miller (1802–1856), der schon früh als Naturwissenschaftler und gläubiger Christ diesen universellen Blick hatte, und das schon lange vor dem großen Pierre Teilhard de Chardin (1881–1955)[129], aber auch vor Charles Darwin und dessen epochalem Werk „Die Entstehung der Arten" (1859):

---

129 | So in Le phénomène humain [Der Mensch im Kosmos], entstanden 1940: Oeuvres de Pierre Teilhard de Chardin, Paris 1956–1965.

„Was, frage ich, ist das Wesentliche der Erdgeschichte oder das der Schöpfungsgeschichte? Das Entscheidende in beidem ist der Fortschritt. In beidem finden wir den Aufstieg von toter Materie zu bescheidenen, dann zu höheren Lebensformen. Aber ist dieser Aufstieg zu Ende? Nein. Gott lässt immer noch Höheres auf Niederes folgen. Jetzt ist Gott dabei, den armseligen Menschen auf einen höheren Status vorzubereiten. Die Arbeit des siebenten Tages ist die Erlösung. Schließlich werden Schöpfung und Schöpfer sich in einem Punkt zu einer Person vereinigen. Der Aufstieg von toter Materie zum Menschen hatte Gott zum Ziel. Von Anbeginn an diesen Punkt der Vereinigung. Wahrer Gott und wahrer Mensch. Sie erkennen den anbetungswürdigen Herrn aller Zukunft."[130]

Darstellungen in ostkirchlichen Kathedralen erschließen dieses weite – im besten Sinn dieses Wortes katholische (καθ' ὅλον = allesumfassend) – Verständnis in bewegenden Bildern. Wie bereits weiter oben bildlich veranschaulicht wurde, unternimmt der Auferstandene nach seiner Auferweckung die Hadesfahrt. Mit dem göttlichen Rettungsgriff befreit er Adam und Eva als Archetypen der Menschheit aus der Unterwelt. Nicht der Einzelne, sondern die Menschheit wird gerettet. Die Kirchen sind daher nicht exklusive Rettungsagenturen weniger in den Himmel. Vielmehr kommt Gott mit allen an das Ziel der Vollendung, vielleicht durch „ewige" und „höllische" Prozesse der Reinigung und Heilung hindurch (1 Kor 3,15). Aber Christen trauen es Gott zu, dass er am Ende alle rettet.

---

130 | Zitiert im Vortrag von Bresch, Carsten: Evolution – Kluft und Brücke zwischen Glauben und Wissen, Freiburg 1981 (Kath. Akademie). https://www.ub.uni-freiburg.de/recherche/digitale-bibliothek/podcasts/rede-des-monats/

# Postludium

„Damit der Himmel auf die Erde kommt. In Spuren wenigstens!" Das ist der vom großartigen Bischof und systematischen Theologen Klaus Hemmerle aus Aachen geliehene und erweiterte Buchtitel. Der Titel kontrastiert scharf mit dem, was ich selbst als Erstklässler noch auswendig lernen musste. Die erste Frage im Schulkatechismus hatte gelautet: „Wozu sind wir auf Erden?" Und die schon eingangs erwähnte Antwort: „Wir sind auf Erden, 1) um Gott zu erkennen, ihn zu lieben und ihm zu dienen 2) und dadurch in den Himmel zu kommen."[131] Aber ist das wirklich der ganze Sinn der Engagements Gottes für die Schöpfung und in ihr für die Menschheit von ihrem Anfang an bis an deren Ende? Und ist es Jesus wirklich nur darum gegangen, dass einige wenige gerettet werden? Geht es der Kirche wirklich nicht um mehr als um eine Art „unbeschädigte Evakuierung von einzelnen Menschen in eine andere Welt" (Richard Rohr)?

Die Antwort dieses Schulkatechismus zeugt nicht gerade von einer großen Wertschätzung Gottes für seine Welt. Trägt nicht der in der Schöpfung von allem Anfang an innenwohnende „Logos", durch den alles geschaffen wurde, die wunderbare Entwicklung der Schöpfung: „Alles ist durch das Wort geworden und ohne es wurde nichts, was geworden ist" (Joh 1,3)?

Die Evolutionstheorie bemüht sich mit hoher Fachkundigkeit nachzuzeichnen, wie diese Entwicklung bisher gelaufen ist. Aber die Bibel erklärt uns – in die Tiefe grabend

---

131 | Dieses mein Schulbuch wurde von traditionsbesorgten Kreisen unter dem Titel „Kleiner Katechismus des katholischen Glaubens" neu aufgelegt (hg. v. Martin Ramm, 2006).

– warum es diese Schöpfung gibt und worauf sie hinausläuft. Das Ziel ist Vollendung. Diese hat schon in der Auferstehung Jesu ihren unwiderruflichen Anfang genommen. In ihr wurde Jesus zum „universellen Christus". Die ganze Schöpfungsgeschichte ist also die Geschichte zwischen einem Gott, der in sich wie ein Liebestanz[132] ist, mit einer Schöpfung, die er in diesen Tanz der Liebe einbezieht und dadurch zur Vollendung führt.

Die Antwort des Schulkatechismus denkt also viel zu klein von allem, was ist und geschieht. Zudem geht sie unserer Verantwortung in dieser grandiosen Geschichte aus dem Weg. Hat Jesus nicht der Jünger*innenschar in seinem „missionstatement" auf jenem Hügel, der heute der Berg der Seligpreisungen genannt wird, zugerufen: „Ihr seid das Licht der Welt! Ihr seid das Salz der Erde!" (Mt 5,13)? Davon, dass er die Seinen von der Welt möglichst schnell in den Himmel abziehen will, ist nichts zu lesen. Im Gegenteil. Vor allem die „Reich-Gottes-Reden"[133] oder jene über das „Himmelreich" sind in keiner Weise weltflüchtig, sondern demonstrieren, worum es Jesus ging: Nicht, dass wir in den Himmel kom-

---

132 | Rohr, Richard: Divine dance. The Trinity and Your Transformation, London 2016.
133 | Karrer, Otto; Ockenden, Rosaleen: The Kingdom of God today. [Das Reich Gottes heute, translated by Rosaleen Ockenden], Edinburgh 1964. – Merklein, Helmut: Jesu Botschaft von der Gottesherrschaft. Eine Skizze (Stuttgarter Bibelstudien). Stuttgart 1983. – Moltmann, Jürgen: Trinität und Reich Gottes. Zur Gotteslehre. In: Werke 4., 2016. – Nwachukwu, Ozioma: Reich Gottes bei Leonardo Boff. Relevanz für die Kirchen in der Dritten Welt, 1991. – Otto, Rudolf: Reich Gottes und Menschensohn. Ein religionsgeschichtlicher Versuch, 1934. – Spieckermann, Martin: Die Antizipation der Gottesherrschaft als Erschließung eines Horizonts der Universalität. Ein Beitrag zur Diskussion um die Inhalte des Religionsunterrichts am Beispiel der Auseinandersetzung zwischen christlicher und marxistisch-materialistischer Tradition (Elementa theologiae), Frankfurt 1984.

men (da vertraute er seinem himmlischen Vater), sondern dass jetzt schon der Himmel auf die Erde kommt. Der Himmel soll gleichsam von der Zukunft her in unsere Gegenwart hereinragen, von uns hereingesungen, hereingefeiert, hereingenommen werden. Jetzt schon ist der in seiner Vollendung noch ausstehende Himmel in Spuren in uns und zwischen uns. Was noch keinen Ort hat (als etwas Ortloses eine ου-τοπία – Utopie also ist) soll in der Geschichte verortet werden: also einen Ort (τόπος) erhalten. Die Christkönigspräfation der katholischen Festmesse nennt Merkmale des vorweggenommenen Himmels auf Erden, des „Reiches Gottes unter uns": Es ist „ein Reich der Wahrheit, der Gerechtigkeit und des Friedens". Man sollte heute noch Freiheit und Menschenwürde in den Text hineinreklamieren.

Letztlich geht es also um Menschwerdung in einem theologisch doppelten Tiefensinn. Zu allererst ereignet sich das ständige Kommen Gottes in die Geschichte, ein Kommen, das in Jesus von Nazaret zum Anfang der Vollendung gekommen ist: ist er doch der Erstgeborene der Schöpfung (Kol 1,15–20).

Es geht aber auch um Menschwerdung in einem sehr alltäglichen Sinn: dass alle, die von Gott ins Leben gerufen wurden und die er durch das Leben trägt, das werden, wozu sie als Ebenbilder eines liebenden Gottes geschaffen sind: „liebende Menschen". Ziel der Menschwerdung des Logos ist also eine von Gott durchflutete menschliche(re) Welt: also noch einmal – eine Welt, welche die wahre Würde jedes Menschen respektiert, die zur Freiheit ermutigt und die Anwältin der Gerechtigkeit ist, und zwar gerade für die Schwächeren in der Menschheit, und dass in all dem Frieden auf Erden (Lk 2,14) möglich wird.

Als Schüler von Karl Rahner und als Fan von Richard Rohrs jüngstem Entwurf einer mystischen Theologie („The universal Christ") stehe ich dafür, dass „katholisch" nicht (mehr) konfessionell, sondern universell zu begreifen ist. Was wäre das auch für ein Gott, der alle Menschen aus Liebe erschafft, aber nur Katholiken und Getaufte rettet! Heißt es nicht, dass Gott das Heil aller Menschen will (1 Tim 2,14)? Und Gott ist kein Ankündigungspolitiker. Er tut, was er sagt. Sein Wort kehrt nicht vergeblich zu ihm zurück: „Denn der Herr wird handeln, indem er sein Wort auf der Erde erfüllt und durchsetzt" (Röm 8,23)!

Daraus folgere ich für mich mit meinen „Meistern" – und lade die Leserin und den Leser ein, dieser Spur einfach einmal zu folgen –, dass Gott auf dem Weg zu seinem Ziel der Schöpfung „in allen" ist und zu Gunsten des Kommens des Reiches Gottes wirkt. „Denn in ihm leben wir, bewegen wir uns und sind wir; wie auch einige von euren Dichtern gesagt haben: Wir sind von seinem Geschlecht" (Apg 17,28). Diese Aussage gilt für alle, die Ebenbilder und damit Kinder Gottes sind. Auch für jene, die Gott aus vielfältigen Gründen in ihrem Leben nicht kennenlernen und denen ihre Kultur vielleicht sogar (wie in atheisierenden Kulturen Europas) den Zugang erschwert. Aber Paulus sagt den skeptischen Athenern auf dem Areopag: „Keinem von uns ist er fern" (Apg 17,27).

Paulus erlitt freilich bei seinem Auftritt vor den klugen Athenern eine homiletisch-missionarische Abfuhr. Als er ihnen erklären wollte, dass Gott sich durch den Juden Jesus dadurch erkennbar gemacht hat, dass er diesen von den Toten auferweckt hatte, endete der glänzend eingefädelte Evangelisierungsdialog abrupt. Lukas berichtet davon: „Als sie von der Auferstehung der Toten hörten, spotteten die einen, andere aber sagten: Darüber wollen wir dich ein andermal hören" (Apg 13,32).

Paulus verlies aber nur vermeintlich erfolglos den Areopag. Denn Lukas, Erzähler aus der Zeit, in der die Jesusbewegung zur Kirche wurde, vermerkt mit nicht geringer Überraschung und auch mit Stolz: „Einige Männer aber schlossen sich ihm an und wurden gläubig, unter ihnen auch Dionysius, der Areopagit, außerdem eine Frau namens Damaris und noch andere mit ihnen" (Apg 17,34).

Dieser Evangelisierungsvorgang, von dem Lukas berichtet, ist für unsere Zeit lehrreich. Erstens unterstellt Paulus den (wohl nur männlichen) Diskussionspartnern einfühlsam, dass sie Suchende sind. Zweitens riskiert er, Jesus, den zum Christus Gemachten, ins Spiel zu bringen. Da können ihm nicht mehr viele folgen; wie auch heute viele der Beteiligten am missionarischen Dialog der Kirchen. Und schließlich zeigt sich drittens, wie sperrig bereits damals schon die Botschaft von der Auferstehung Jesu war. Diese österliche Kernnachricht der Christen findet, so die Studie Religion im Leben der Österreicher*innen 1970–2020, nur bei einem kleineren Teil selbst der Kirchenmitglieder Gehör.

In den Nachdenklichkeiten dieses Buches habe ich versucht, die verschiedenen weltanschaulichen Möglichkeiten der Zeitgenoss*innen nicht nur mit Empathie vorzustellen, sondern für sie auch theologisch um Sympathie zu werben. Das gilt insbesondere für „Deisten", Agnostiker und die vielfältigen Atheisten und dazu die verunsicherten Fastglaubenden und Skeptiker*innen. Den Vertretern all dieser Gruppen kann theologisch Manches abgewonnen werden. Sie haben mit Christinnen und Christen viel gemeinsam. „Deisten" sehen in Gott den Schöpfer der Welt. Mit den Agnostikern verwerfen sie vielleicht letztlich nicht „Gott", sondern nur jene missglückten Gottesbilder, die „Gott" zur Sicherung der bürgerlichen Moral, dem Gehorsam gegenüber den (meist männlichen) Machthabern, die gar zur Rechtfertigung brutale Gewalt „einsetzen" und so missbrauchen. Das gilt nicht zuletzt auch für jene, die mit unterschiedlich starker „Ablehnungsenergie" eben A-Theisten sind und „Gott" wegglauben: einen Gott, den es so wohl gar nicht gibt.

Mit Blick auf diese weltanschaulich sehr bunten Positionen ergibt sich am Ende eine Frage, um die letztlich im Lauf des Lebens kein nachdenklicher Mensch herumkommt: Wie weit reicht die Wirklichkeit, in der ich mein Leben „vorfinde" und die ich mir mit anderen in der Kultur „konstruiere" sowie gestalte? Und in Verbindung damit die menschheitsalte Frage, was am Ende stärker ist, der Tod oder die Liebe?

Die Studie zeigt, dass angesichts dieser Grundfrage die Bevölkerung polarisiert ist. Es gibt solche, die überzeugt sind, dass mit dem Tod „definitiv alles aus" ist. Ich habe sie die „Sterblichen" benannt. Damit meinte ich keinesfalls, dass die anderen nicht sterben. Die von mir „Unsterbliche" Genannten hingegen deuten den Tod nicht als definitives Ende, sondern als Übergang, eine Wandlung, eine Transformation ihrer Existenz. Und weil die Verkündiger und Verkündigerinnen der Auferstehung nicht deutlich genug machen, dass solche Auferstehung nicht einfach eine Verlängerung der jetzigen Lebenszeit ist, und weil nicht verdeutlicht wurde, dass in der „Auferstehung" natürlich der „definitiv sterbliche" Körper in eine neue „unverwesliche" Gestalt (1 Kor 15,42) gewandelt wird, kommt ein beträchtlicher Teil der „Unsterblichen" mit der zentralen österlichen Botschaft des Evangeliums nicht zurecht. Aber möglicherweise haben sie mehr Probleme mit fragwürdigen Bildern, welche die Verkündigung nicht reinigen konnte oder sich gar nicht dafür einsetzte, als mit der verheißenen Umwandlung in eine neue Existenz jenseits von Raum und Zeit: einer Existenzform, die wir Raum-Zeit-Gebundenen uns eben einfach nicht vorstellen können.

Spätestens hier wird deutlich, dass sich vermutlich beide Haupttypen – die „Sterblichen" und „Unsterblichen" – vielleicht in ihren individuellen Glaubenshäusern zu sicher fühlen. Beide bewohnen in diesem Leben die von ihnen „konstruierte Wirklichkeit" und richten ihr Glaubenshaus ein. Und beide vermitteln den Eindruck, dass sie an diese ihre „Wirklichkeit" keine Fragen haben. Sie sind sich ihrer weltanschaulichen Position erstaunlich sicher.

Lässt sich aber, so frage ich die „Sterblichen", tatsächlich so einfach sagen, dass mit dem Ende der Kategorien von Raum und Zeit auch die Existenz des Menschen definitiv zu Ende ist? Woher nehmen die „Sterblichen" diese Gewissheit?

Und können die „Unsterblichen" sich in einer von ihnen geglaubten Wirklichkeit wirklich so sicher fühlen, obgleich sie sich diese möglicherweise mit teilweise irreführenden Bildern von jener gänzlich anderen Existenzweise einrichten? Der Glaube an die Auferstehung des ganzen Menschen, also seine Umwandlung in „Unverweslichkeit" jenseits von Raum und Zeit, lebt von der Hoffnung auf Gottes Vollendungswillen. Die Auferstehung ist somit eine Frage der Hoffnung und nicht der Sicherheit. Gott aber, so die hoffnungsschwangere Zuversicht, vergisst niemand, die oder den er aus Liebe erschaffen hat. Alles hat in ihm Bestand, heißt es im frühkirchlichen Kolosserhymnus. In einem von uns hat er vielen Auferstehungszeugen eben dies erfahren lassen. Und genau diese Erfahrung, für welche die meisten Zeugen das Martyrium auf sich genommen haben, ist die

Kernbotschaft des Evangeliums, das „Kerygma" aller christlichen Kirchen.

Überraschend ist, dass von diesen letztlich keinesfalls ganz „sicheren" Wirklichkeitsannahmen das ganz alltägliche Leben und Zusammenleben in der gesamten Lebenszeit geformt wird. Bauen gar viele Menschen ihr Lebenshaus wirklich auf das felsige Fundament fester Hoffnung? Oder doch mehr auf agnostischen Sand? (Mt 7,26) Denn worauf baut ein überzeugter Atheist letztlich? Der Gottesanhänger hat wenigstens jemanden, dem er traut und vertraut und auf den er sein Leben setzt. Aber der Mensch, der nicht auf Gott setzen kann, weil er dessen Existenz nicht akzeptieren kann? Worauf baut er? Was lässt ihn hoffen angesichts von Endlichkeit und Vergeblichkeit? Kann man auf das Nichts bauen? Solche Risikobereitschaft verstört und macht ratlos.

Vielleicht sollten alle, die sich ihrer Annahmen von der Wirklichkeit gar so sicher sind, nicht zu früh zu fragen aufhören. Ein Gedicht der großen Theologin Dorothee Sölle könnte ihnen dabei Wegweisung sein:

*über auferstehung*

*Sie fragen mich nach der auferstehung*
*sicher sicher gehört hab ich davon*
*daß ein mensch dem tod nicht mehr entgegenrast*
*daß der tod hinter einem sein kann*
*weil vor einem die liebe ist*
*daß die angst hinter einem sein kann*
*die angst verlassen zu bleiben*
*weil man selber – gehört hab ich davon*
*so ganz wird daß nichts da ist*
*das fortgehen könnte für immer*

*Ach fragt nicht nach der auferstehung*
*ein märchen aus uralten zeiten*
*das kommt dir schnell aus dem sinn*
*ich höre denen zu*
*die mich austrocknen und kleinmachen*
*ich richte mich ein*
*auf die langsame gewöhnung ans totsein*
*in der geheizten wohnung*
*den großen stein vor der tür*

*Ach frag du mich nach der auferstehung*
*ach hör nicht auf mich zu fragen*[134]

---

134 | Aus: Dorothee Sölle, fliegen lernen. Gedichte, © 1979 Wolfgang Fietkau Verlag, Berlin.

# Anhang

## Tabellen

Alle hier dokumentierten Tabellen beruhen auf der Erhebung „Religion im Leben der Österreicher*innen 1970–2020". Stammt eine Tabelle aus einer anderen Studie, wird dies eigens vermerkt.

**TABELLE 1: Profil der „Sterblichen" und der „Unsterblichen"**

| | UNSTERB-LICHE | STERB-LICHE | DIFFERENZ |
|---|---|---|---|
| Ich hoffe, dass es ein Weiterleben nach dem Tod gibt. | 97 % | 7 % | 90 % |
| Der Tod ist ein Übergang zu einer anderen Existenz. | 89 % | 15 % | 75 % |
| Die Menschen werden mit Leib und Seele von den Toten auferstehen. | 62 % | 0 % | 61 % |
| Es gibt eine Reinkarnation (Wiedergeburt) der Seele in einem anderen Leben. | 57 % | 7 % | 50 % |
| Ich glaube, dass Ereignisse aus einem vorherigen Leben mein jetziges Leben beeinflussen. | 47 % | 11 % | 36 % |
| Ein Weiterleben nach dem Tod gibt es nur ohne Körper. | 65 % | 41 % | 23 % |
| Der Gedanke an ein erfülltes Leben kann mir den Tod leichter machen. | 81 % | 67 % | 13 % |
| Mit der Frage eines Lebens nach dem Tod habe ich mich noch nicht beschäftigt. | 29 % | 51 % | −22 % |
| Es ist unmöglich, eine klare Vorstellung über ein Weiterleben nach dem Tod zu haben. | 61 % | 84 % | −23 % |
| Ob es ein Weiterleben nach dem Tod gibt, ist für mein Leben ohne Bedeutung. | 28 % | 79 % | −52 % |
| Nach dem Tod ist alles endgültig aus. | 7 % | 84 % | −78 % |
| Mit dem Tod ist alles aus. | 10 % | 95 % | −85 % |

Die Prozentwerte geben die addierten Antworten 1–2,5 = (eher) ja sowie 2,5–5 = (eher) nein wieder.

**TABELLE 2: Wirklichkeitstypen und (subjektive) Religiosität**

| (c = ,54) | sehr religiös | religiös | gleich-gültig | eher nicht religiös | nicht religiös | Gesamt |
|---|---|---|---|---|---|---|
| UNSTERB-LICHE | 19% | 60% | 9% | 8% | 4% | 42% |
| mittel | 5% | 40% | 22% | 17% | 15% | 38% |
| STERBLICHE | 1% | 15% | 11% | 25% | 48% | 20% |
| alle | 10% | 44% | 15% | 15% | 17% | |

**TABELLE 3: Wirklichkeits-/Todesbilder und Gottesbilder**

| (c = ,50) | theistisch | deistisch | agnostisch | atheistisch | weiß ich nicht | Gesamt |
|---|---|---|---|---|---|---|
| UNSTERB-LICHE | 54% | 39% | 4% | 2% | 1% | 42% |
| mittel | 17% | 51% | 19% | 8% | 5% | 38% |
| STERBLICHE | 4% | 28% | 18% | 48% | 3% | 20% |
| alle | 30% | 42% | 12% | 13% | 3% | |

**TABELLE 4: Je regelmäßiger der Kirchgang, desto wahrscheinlicher „unsterblich"**

| | Kirchgang in der Gesamtbevölkerung. Davon > | UNSTERB-LICHE | mittel | STERB-LICHE |
|---|---|---|---|---|
| mehrmals pro Woche | 2% | 78% | 22% | 0% |
| jede Woche | 10% | 68% | 28% | 4% |
| mindestens 1x im Monat | 17% | 59% | 32% | 8% |
| mehrmals im Jahr (an hohen Festtagen) | 39% | 44% | 44% | 12% |
| (fast) nie | 31% | 29% | 44% | 27% |
| alle | | 45% | 40% | 15% |

**TABELLE 5:** „Die Auferstehung von Jesus Christus gibt meinem Tod einen Sinn"

|  | ja | eher ja | eher nein | nein | Gesamt |
|---|---|---|---|---|---|
| mehrmals pro Woche | 66% | 25% | 10% | 0% | 2% |
| jede Woche | 55% | 29% | 12% | 4% | 11% |
| mindestens 1x im Monat | 35% | 33% | 18% | 14% | 17% |
| mehrmals im Jahr (an hohen Festtagen) | 11% | 28% | 34% | 26% | 40% |
| (fast) nie | 9% | 11% | 22% | 58% | 29% |
| alle | 21% | 24% | 25% | 30% | |

**TABELLE 6:** Ehebilder der „Begrenzten" und „Entgrenzten"

|  | ... für jede Art von Liebesbeziehungen | ... nur für Mann und Frau, die Kinder zeugen wollen | ... die Liebesbeziehung soll privat bleiben: es braucht nicht den Beistand der Kirche | ... die Liebesbeziehung soll privat bleiben: es braucht nicht den Beistand des Staates |
|---|---|---|---|---|
| begrenzt | 67% | 18% | 60% | 40% |
| offen | 61% | 38% | 43% | 34% |
| entgrenzt | 42% | 50% | 23% | 25% |
| alle | 58% | 35% | 43% | 34% |

1 = stimme voll zu + 2 = stimme zu (fünfteilige Skala)

**TABELLE 7:** Solidaritätsbereitschaft der Begrenzten und der Entgrenzten

|  | sehr solidarisch | solidarisch | wenig solidarisch | unsolidarisch |
|---|---|---|---|---|
| begrenzt | 31% | 44% | 20% | 5% |
| offen | 33% | 49% | 14% | 3% |
| entgrenzt | 42% | 47% | 11% | 1% |
| alle | 35% | 47% | 15% | 3% |

**TABELLE 8: Wirklichkeitsreichweite und Lebenssinn**
Ich weiß nicht, wozu der Mensch lebt.

|  | stimme voll zu | stimme zu | teils – teils | stimme nicht zu | stimme überhaupt nicht zu | Zeilen-prozente |
|---|---|---|---|---|---|---|
| begrenzt | 9 % | 12 % | 26 % | 17 % | 35 % | 29 % |
| offen | 3 % | 8 % | 19 % | 17 % | 53 % | 48 % |
| entgrenzt | 2 % | 5 % | 7 % | 15 % | 71 % | 24 % |
| alle | 5 % | 8 % | 18 % | 17 % | 52 % | |
|  | stimme voll zu | stimme zu | teils-teils | stimme nicht zu | stimme überhaupt nicht zu | Zeilen-prozente |
| begrenzt | 9 % | 12 % | 26 % | 17 % | 35 % | 29 % |
| offen | 3 % | 8 % | 19 % | 17 % | 53 % | 48 % |
| entgrenzt | 2 % | 5 % | 7 % | 15 % | 71 % | 24 % |
| alle | 5 % | 8 % | 18 % | 17 % | 52 % | |

**TABELLE 9: Dimensionen der Sinnsuche**

| Dimensionen | alle | |
|---|---|---|
| naturalistisch | 81 % | Das Leben wird letztlich bestimmt durch die Gesetze der Natur. |
| | 77 % | Für mich trägt das Leben seinen Sinn in sich selbst. |
| | 63 % | Das Leben ist nur ein Teil der Entwicklung in der Natur. |
| | 64 % | Der Sinn des Lebens ist, dass man versucht, dabei das Beste herauszuholen. |
| | 72 % | Man muss sich das Leben so angenehm wie nur möglich machen. |
| religiös | 50 % | Das Leben hat einen Sinn, weil es nach dem Tode noch etwas gibt. |
| | 27 % | Das Leben hat nur einen Sinn, weil es Gott gibt. |
| | 70 % | Das Leben hat nur dann einen Sinn, wenn man ihm selber einen Sinn gibt. |
| sinnlos | 11 % | Meiner Meinung nach dient das Leben zu gar nichts. |
| | 12 % | Ich weiß nicht, wozu der Mensch lebt. |
| bürgerlich | 70 % | Der Beruf soll in erster Linie dazu da sein, ein gesichertes Einkommen zu garantieren. |
| | 23 % | Der Sinn des Lebens besteht darin, eine angesehene Position zu gewinnen. |
| | 19 % | Sicherheit und Wohlstand sind wichtiger als Freiheit. |

TABELLE 10: Wirklichkeitsreichweite und Weisen der Gewinnung von Lebenssinn

|  | religiös | bürgerlich | naturalistisch | Anteil dieser Kategorie unter allen Befragten |
|---|---|---|---|---|
| begrenzt | 16% | 16% | 68% | 29% |
| offen | 31% | 35% | 34% | 48% |
| entgrenzt | 42% | 52% | 6% | 23% |
| alle | 29% | 33% | 38% | |

TABELLE 11: „Es gibt einen Gott, der sich mit jedem Menschen persönlich befasst."

|  | 1 = stimme sehr zu | 2 | 3 | 4 = stimme gar nicht zu |
|---|---|---|---|---|
| theistisch | 61% | 28% | 8% | 3% |
| deistisch | 14% | 27% | 32% | 27% |
| agnostisch | 3% | 15% | 32% | 51% |
| atheistisch | 1% | 3% | 8% | 88% |

TABELLE 12: Transzendenzspannweite und (Un-)Sterblichkeit je nach (Un-)Glaubenstypen

|  | Transzendenzspannweite | | | (Un-)Sterblichkeit | | |
|---|---|---|---|---|---|---|
|  | begrenzt | offen | entgrenzt | STERB-LICHE | mittel | UNSTERB-LICHE |
| gottgläubig | 7% | 59% | 34% | 6% | 35% | 59% |
| *theistisch* | *2%* | *38%* | *60%* | *2%* | *22%* | *76%* |
| *deistisch* | *16%* | *72%* | *12%* | *13%* | *47%* | *40%* |
| atheisierend | 32% | 52% | 16% | 15% | 55% | 30% |
| atheistisch | 76% | 21% | 3% | 41% | 47% | 12% |
| voll-atheistisch | 98% | 2% | 0% | 80% | 17% | 3% |
| *alle* | *25%* | *48%* | *26%* | *19%* | *36%* | *46%* |

**TABELLE 13: Variationen hinsichtlich des Gottesglaubens**

| | Gott leitet das Leben jedes einzelnen Menschen. | Es gibt einen Gott, der sich mit jedem Menschen persönlich befasst. | Das Leben hat nur einen Sinn, weil es Gott gibt. | Ich glaube, dass es einen Gott gibt; denn irgendjemand muss die Welt erschaffen haben. | Es gibt einen Gott, der den Lauf der Welt beeinflusst. | Es gibt einen Gott, der Gott für uns sein will. | Wenn es mir nicht gelingt, Gott zu erkennen und ihn zu lieben, ist mein Leben sinnlos. | Nur ein Mensch, der an Gott glaubt, kann Opfer auf sich nehmen. | *SUMME* |
|---|---|---|---|---|---|---|---|---|---|
| gottgläubig | 61 % | 66 % | 39 % | 71 % | 70 % | 75 % | 26 % | 33 % | *441* |
| *theistisch* | 81 % | 89 % | 61 % | 86 % | 85 % | 89 % | 40 % | 47 % | *577* |
| *deistisch* | 35 % | 39 % | 19 % | 48 % | 49 % | 59 % | 14 % | 19 % | *283* |
| atheisierend | 25 % | 37 % | 26 % | 40 % | 34 % | 47 % | 22 % | 21 % | *252* |
| atheistisch | 10 % | 15 % | 9 % | 7 % | 14 % | 19 % | 6 % | 8 % | *88* |
| vollatheistisch | 1 % | 0 % | 2 % | 1 % | 3 % | 3 % | 2 % | 2 % | *14* |
| alle | 46 % | 50 % | 30 % | 54 % | 54 % | 58 % | 21 % | 26 % | *339* |

TABELLE 14: Weitere Facetten des Gottesglaubens und der Leugnung Gottes

| | Die höhere Macht: Das ist der ewige Kreislauf zwischen Mensch, Natur und Kosmos (der ganzen Welt). | Gott befindet sich nicht irgendwo da oben, er ist ausschließlich in den Herzen der Menschen. | Meiner Meinung nach ist Gott nichts anderes als das Wertvolle im Menschen. | Es ist nur ein frommer Wunsch, dass Gott die Menschen liebt. | Es ist mir gleichgültig, ob es Gott gibt. | Wenn es einen Gott gibt, dann spürt man jedenfalls wenig davon. |
|---|---|---|---|---|---|---|
| gottgläubig | 70% | 70% | 62% | 18% | 6% | 27% |
| *theistisch* | *58%* | *64%* | *50%* | *15%* | *5%* | *17%* |
| *deistisch* | *76%* | *72%* | *68%* | *26%* | *13%* | *44%* |
| atheisierend | 75% | 74% | 68% | 36% | 30% | 60% |
| atheistisch | 64% | 43% | 47% | 44% | 56% | 71% |
| vollatheistisch | 63% | 36% | 36% | 68% | 82% | 91% |
| alle | 69% | 64% | 58% | 27% | 21% | 41% |

**TABELLE 15: Wenn Sie unheilbar krank wären: wo möchten Sie gepflegt werden und sterben?**

|  | im eigenen Zuhause | bei Familienangehörigen | in vertrauter Umgebung | im Pflegeheim | im Krankenhaus | ist mir egal |
|---|---|---|---|---|---|---|
| gottgläubig | 35% | 21% | 26% | 8% | 4% | 5% |
| *theistisch* | *39%* | *25%* | *20%* | *8%* | *4%* | *4%* |
| *deistisch* | *32%* | *17%* | *32%* | *9%* | *4%* | *6%* |
| atheisierend | 35% | 17% | 23% | 11% | 8% | 7% |
| atheistisch | 27% | 9% | 29% | 11% | 10% | 14% |
| vollatheistisch | 30% | 10% | 21% | 9% | 9% | 20% |
| *alle* | *34%* | *19%* | *26%* | *9%* | *5%* | *8%* |

**TABELLE 16: Geschlechterrollen nach parteipolitischer Präferenz**

|  | neu | unsicher | pragmatisch | traditionell |
|---|---|---|---|---|
| Grüne | 45% | 19% | 21% | 15% |
| NEOS | 44% | 21% | 23% | 12% |
| KPÖ | 34% | 37% | 19% | 11% |
| alle | 22% | 22% | 28% | 28% |
| SPÖ | 21% | 14% | 30% | 35% |
| ÖVP | 12% | 24% | 24% | 40% |
| FPÖ | 12% | 28% | 33% | 26% |

2020

TABELLE 17: Beim Abschied von einem angehörigen Menschen: Welches sind Ihre Gedanken und Gefühle?

| | wenigstens die Erinnerung soll bleiben | ich muss den Toten/ die Tote jetzt loslassen | ich finde jeden Verlust als schmerzlich | ich bin dankbar für das Leben des/r Verstorbenen | ich denke an meinen eigenen Tod | ich frage nach dem Sinn des Lebens im Allgemeinen | dem toten Menschen geht es jetzt besser | ich wünsche dem Toten/der Toten ein „neues Leben" | ich hoffe, dass wir uns alle wiedersehen werden |
|---|---|---|---|---|---|---|---|---|---|
| gottgläubig | 90% | 82% | 87% | 88% | 46% | 50% | 73% | 75% | 83% |
| *theistisch* | *88%* | *82%* | *90%* | *93%* | *54%* | *54%* | *77%* | *82%* | *89%* |
| *deistisch* | *91%* | *80%* | *84%* | *82%* | *41%* | *48%* | *67%* | *65%* | *71%* |
| atheisierend | 82% | 74% | 74% | 75% | 45% | 46% | 58% | 54% | 48% |
| atheistisch | 81% | 68% | 70% | 67% | 33% | 35% | 40% | 35% | 36% |
| vollatheistisch | 87% | 72% | 79% | 74% | 26% | 26% | 39% | 27% | 20% |
| alle | 88% | 79% | 84% | 83% | 43% | 46% | 65% | 64% | 69% |
| Differenz*) | 1% | 10% | 11% | 20% | 27% | 28% | 37% | 55% | 69% |

\*) Differenz zwischen Theisten und Vollatheisten.

TABELLE 18: Was soll mit den sterblichen Überresten geschehen?

| | bestatten in einem Familiengrab | die Urne in einem Urnenfriedhof beisetzen | die Urne im Familiengrab beisetzen | die Urne soll daheim aufbewahrt werden | es braucht überhaupt keinen Erinnerungsort (nichts soll übrigbleiben) | Keine Antwort |
|---|---|---|---|---|---|---|
| gottgläubig | 56 % | 12 % | 16 % | 3 % | 3 % | 10 % |
| *theistisch* | **68 %** | 9 % | 14 % | 2 % | 1 % | 7 % |
| *deistisch* | **43 %** | 15 % | 17 % | 3 % | 7 % | 15 % |
| atheisierend | 42 % | 18 % | 18 % | 1 % | 9 % | 11 % |
| atheistisch | 30 % | 18 % | 15 % | 4 % | 12 % | 21 % |
| vollatheistisch | 22 % | 11 % | 11 % | 4 % | 28 % | 24 % |
| alle | 49 % | 13 % | 16 % | 3 % | 7 % | 12 % |

TABELLE 19: Autoritarismus nach weltanschaulichen Typen

| | sehr autoritär | autoritär | wenig autoritär | nicht autoritär | nichtreligiös | religiösautoritär | religiösnichtautoritär |
|---|---|---|---|---|---|---|---|
| gottgläubig | 6 % | 38 % | 39 % | 17 % | 26 % | 33 % | 41 % |
| *theistisch* | 10 % | **40 %** | 35 % | 16 % | | 14 % | 44 % |
| *deistisch* | 5 % | 33 % | **40 %** | 21 % | | 45 % | 32 % |
| atheisierend | 10 % | 36 % | 33 % | 20 % | 56 % | 26 % | 19 % |
| atheistisch | 5 % | 25 % | 41 % | 29 % | 91 % | 6 % | 3 % |
| vollatheistisch | 2 % | 21 % | 36 % | 41 % | 99 % | 0 % | 1 % |
| alle | 6 % | 35 % | 38 % | 21 % | 43 % | 26 % | 31 % |

TABELLE 20: Für welche der folgenden Bereiche sollen sich die Kirchen Ihrer Meinung nach verstärkt einsetzen?

| | gegen die Armut | für den Frieden in der Welt | für die Erhaltung der Umwelt | für die Zukunft der gesamten Menschheit | gegen die Benachteiligung der Frauen | gegen Ausländerfeindlichkeit | für die Aufnahme von Asylanten | für Veränderungen in der Arbeitswelt | Y-keine Angabe (don't know) | Summe |
|---|---|---|---|---|---|---|---|---|---|---|
| gottgläubig | 81% | 87% | 46% | 65% | 41% | 41% | 24% | 14% | 1% | 399% |
| *theistisch* | *80%* | *89%* | *46%* | *69%* | *42%* | *43%* | *26%* | *18%* | *1%* | *413%* |
| *deistisch* | *76%* | *83%* | *49%* | *59%* | *41%* | *38%* | *20%* | *13%* | *3%* | *379%* |
| atheisierend | 60% | 69% | 42% | 47% | 34% | 29% | 11% | 19% | 3% | 311% |
| atheistisch | 66% | 65% | 39% | 34% | 34% | 25% | 16% | 14% | 7% | 293% |
| vollatheistisch | 67% | 64% | 42% | 38% | 36% | 34% | 20% | 17% | 13% | 318% |
| *alle* | *76%* | *81%* | *44%* | *57%* | *39%* | *37%* | *22%* | *15%* | *4%* | *371%* |
| Differenz*) | 13% | 25% | 4% | 30% | 6% | 9% | 6% | 2% | -12% | 95% |

*) Differenz zwischen Theisten und Vollatheisten

TABELLE 21: Religionen- und Ethikunterricht

| | Es soll in allen Schulen für alle einen verpflichtenden Ethikunterricht (zusätzlich zum Religionsunterricht) geben. | Der Ethikunterricht soll für jene verpflichtend sein, die nicht in einen Religionsunterricht gehen. | Es soll ein Unterrichtsfach geben, in dem sowohl die unterschiedlichen Religionen als auch die Ethik unterrichtet wird (Religionen- und Ethikunterricht in einem). | Es soll bleiben wie bisher: nur Religionsunterricht mit der Möglichkeit der Abmeldung. | Es soll keinen dieser Unterrichte geben. |
|---|---|---|---|---|---|
| gottgläubig | 69% | 74% | 65% | 28% | 6% |
| *theistisch* | 66% | 71% | 62% | 30% | 6% |
| *deistisch* | 70% | 73% | 68% | 28% | 6% |
| atheisierend | 68% | 70% | 69% | 48% | 20% |
| atheistisch | 53% | 46% | 51% | 33% | 15% |
| vollatheistisch | 40% | 38% | 50% | 26% | 24% |
| *alle* | 64% | 67% | 62% | 30% | 10% |
| Differenz*) | 27% | 33% | 11% | 4% | -18% |

*) Differenz zwischen Theisten und Vollatheisten

**TABELLE 22: Weltanschauliche Positionierung nach Religionszugehörigkeit**

|  | gottgläubig | theistisch | deistisch | atheisierend | atheistisch | vollatheistisch | Atheistenanteil |
|---|---|---|---|---|---|---|---|
| Freikirche | 100% | 94% | 0% | 0% | 0% | 0% | 0% |
| islamisch | 91% | 67% | 23% | 4% | 2% | 2% | 8% |
| orthodox | 84% | 52% | 34% | 7% | 6% | 4% | 17% |
| katholisch | 79% | 28% | 50% | 8% | 9% | 4% | 21% |
| evangelisch | 81% | 26% | 55% | 6% | 8% | 5% | 19% |
| ausgetreten | 32% | 7% | 38% | 7% | 26% | 34% | 67% |
| keine | 26% | 5% | 30% | 8% | 17% | 50% | 75% |

**TABELLE 23: Weltanschauliche Positionierung nach Kinderzahl**

|  | gottgläubig | theistisch | deistisch | atheisierend | atheistisch | vollatheistisch | Atheistenanteil |
|---|---|---|---|---|---|---|---|
| keines | 56% | 22% | 36% | 9% | 16% | 18% | 43% |
| eines | 74% | 25% | 50% | 5% | 13% | 8% | 26% |
| zwei | 80% | 34% | 48% | 6% | 7% | 7% | 20% |
| drei | 85% | 40% | 45% | 8% | 4% | 3% | 15% |
| vier | 88% | 42% | 43% | 5% | 4% | 4% | 13% |
| fünf | 85% | 64% | 18% | 10% | 3% | 2% | 15% |

## TABELLE 24: Weltanschauliche Positionierung nach Geschlechtern

|      | gottgläubig | theistisch | deistisch | atheisierend | atheistisch | vollatheistisch | Atheisten-anteil |
|------|-------------|------------|-----------|--------------|-------------|-----------------|------------------|
| Mann | 65%         | 26%        | 38%       | 8%           | 12%         | 15%             | 35%              |
| Frau | 78%         | 33%        | 48%       | 7%           | 9%          | 6%              | 22%              |

## TABELLE 25: Weltanschauliche Positionierung nach Lebensstand

|                              | gottgläubig | theistisch | deistisch | atheisierend | atheistisch | vollatheistisch | Atheisten-anteil |
|------------------------------|-------------|------------|-----------|--------------|-------------|-----------------|------------------|
| verwitwet, allein lebend     | 87%         | 39%        | 45%       | 6%           | 5%          | 2%              | 13%              |
| getrennt, allein lebend      | 68%         | 39%        | 20%       | 5%           | 17%         | 10%             | 32%              |
| verheiratet                  | 82%         | 38%        | 44%       | 7%           | 7%          | 5%              | 19%              |
| wieder verheiratet           | 80%         | 31%        | 46%       | 10%          | 0%          | 10%             | 20%              |
| geschieden, allein lebend    | 71%         | 24%        | 48%       | 5%           | 12%         | 11%             | 28%              |
| ledig, ohne Partner lebend   | 57%         | 21%        | 36%       | 8%           | 15%         | 20%             | 43%              |
| in Partnerschaft lebend      | 54%         | 16%        | 46%       | 10%          | 19%         | 17%             | 46%              |

TABELLE 26: Weltanschauliche Positionierung nach Schulbildung

| | gottgläubig | theistisch | deistisch | atheisierend | atheistisch | vollatheistisch | Atheistenanteil |
|---|---|---|---|---|---|---|---|
| Volksschule | 93% | 60% | 26% | 0% | 0% | 7% | 7% |
| Hauptschule | 78% | 40% | 34% | 7% | 11% | 5% | 23% |
| Handelsschule | 75% | 25% | 49% | 8% | 9% | 8% | 25% |
| Berufsschule | 70% | 24% | 46% | 7% | 12% | 11% | 30% |
| höhere Schule ohne Matura | 68% | 31% | 43% | 6% | 13% | 13% | 32% |
| höhere Schule mit Matura | 66% | 23% | 47% | 9% | 11% | 13% | 33% |
| Hochschule, nicht abgeschlossen | 68% | 36% | 48% | 15% | 4% | 13% | 32% |
| Hochschule, abgeschlossen | 63% | 27% | 40% | 7% | 14% | 17% | 38% |

TABELLE 27: Weltanschauliche Positionierung nach Alterskategorien

| | gottgläubig | theistisch | deistisch | atheisierend | atheistisch | vollatheistisch | Atheistenanteil |
|---|---|---|---|---|---|---|---|
| bis 19 | 57% | 31% | 25% | 12% | 21% | 10% | 43% |
| 20–29 | 60% | 24% | 34% | 7% | 17% | 16% | 40% |
| 30–39 | 63% | 26% | 40% | 10% | 13% | 15% | 38% |
| 40–49 | 72% | 26% | 51% | 7% | 9% | 13% | 29% |
| 50–59 | 76% | 30% | 47% | 8% | 10% | 7% | 25% |
| 60–69 | 73% | 28% | 44% | 7% | 10% | 9% | 26% |
| 70–79 | 83% | 38% | 45% | 6% | 6% | 6% | 18% |
| 80–89 | 95% | 54% | 34% | 4% | 0% | 1% | 5% |

TABELLE 28: Weltanschauliche Positionierung nach Ortsgröße

|  | gottgläubig | theistisch | deistisch | atheisierend | atheistisch | vollatheistisch | Atheistenanteil |
|---|---|---|---|---|---|---|---|
| bis 1.000 | 76 % | 23 % | 41 % | 7 % | 14 % | 3 % | 24 % |
| bis 2.000 | 75 % | 23 % | 54 % | 6 % | 12 % | 7 % | 25 % |
| bis 3.000 | 73 % | 27 % | 43 % | 6 % | 7 % | 14 % | 27 % |
| bis 5.000 | 80 % | 33 % | 47 % | 6 % | 7 % | 6 % | 19 % |
| bis 10.000 | 75 % | 32 % | 42 % | 8 % | 9 % | 7 % | 24 % |
| bis 20.000 | 73 % | 34 % | 39 % | 10 % | 9 % | 9 % | 28 % |
| bis 50.000 | 67 % | 27 % | 40 % | 10 % | 7 % | 16 % | 33 % |
| bis 1 Mio | 68 % | 27 % | 44 % | 6 % | 14 % | 12 % | 32 % |
| Mio und mehr (Wien) | 65 % | 30 % | 37 % | 7 % | 14 % | 14 % | 35 % |

TABELLE 29: „Für welche der folgenden Bereiche sollen sich die Kirchen Ihrer Meinung nach verstärkt einsetzen?" – nach parteipolitischer Präferenz

|  | für den Frieden in der Welt | gegen die Armut | für die Zukunft der ganzen Menschheit | für die Erhaltung der Umwelt | gegen die Benachteiligung der Frauen | gegen Ausländerfeindlichkeit | für die Aufnahme von Asylanten | für Veränderungen in der Arbeitswelt | SUMME |
|---|---|---|---|---|---|---|---|---|---|
| Grüne | 85 % | 83 % | 57 % | 60 % | 61 % | 63 % | 44 % | 21 % | 475 |
| NEOS | 80 % | 71 % | 61 % | 52 % | 49 % | 58 % | 21 % | 12 % | 403 |
| SPÖ | 82 % | 78 % | 60 % | 46 % | 47 % | 44 % | 24 % | 21 % | 402 |
| alle | 79 % | 74 % | 56 % | 44 % | 39 % | 36 % | 20 % | 15 % | 363 |
| ÖVP | 83 % | 73 % | 64 % | 44 % | 31 % | 35 % | 19 % | 10 % | 359 |
| KPÖ | 67 % | 73 % | 29 % | 35 % | 48 % | 29 % | 27 % | 4 % | 311 |
| FPÖ | 69 % | 73 % | 39 % | 31 % | 26 % | 10 % | 6 % | 12 % | 267 |

TABELLE 30: „Wenn es keine Kirchen mehr gäbe, würde bald niemand mehr... – nach parteipolitischer Präferenz"

| | sich Gedanken über Gott machen | sich um Traurige und Verzweifelte kümmern | die Frage nach dem Sinn des Lebens stellen | Beratung und Begleitung anbieten | sich um die Armen kümmern | sich um alte Menschen kümmern | bei der Erziehung der Jugend helfen | Kranke pflegen | zu sexuellen Fragen Stellung beziehen | SUMME |
|---|---|---|---|---|---|---|---|---|---|---|
| ÖVP | 54% | 50% | 43% | 43% | 41% | 34% | 38% | 31% | 23% | 357 |
| FPÖ | 45% | 37% | 32% | 33% | 35% | 29% | 29% | 28% | 13% | 281 |
| SPÖ | 51% | 43% | 34% | 33% | 31% | 26% | 26% | 22% | 11% | 277 |
| *alle* | *46%* | *38%* | *32%* | *32%* | *31%* | *25%* | *25%* | *23%* | *14%* | *265* |
| Grüne | 42% | 30% | 28% | 26% | 27% | 22% | 17% | 17% | 15% | 224 |
| KPÖ | 24% | 31% | 21% | 21% | 31% | 25% | 8% | 25% | 12% | 197 |
| NEOS | 44% | 30% | 22% | 16% | 15% | 21% | 11% | 16% | 8% | 184 |

Würde (sicher) eintreffen

TABELLE 31: Parteipolitische Präferenzen und Religionszugehörigkeit

| | ÖVP | ohne Zuordnung | SPÖ | FPÖ | GRÜNE | NEOS | KPÖ | Gesamt |
|---|---|---|---|---|---|---|---|---|
| katholisch | **29%** | 20% | 16% | 14% | 9% | 5% | 1% | 58,3% |
| evangelisch | **26%** | 21% | 18% | 12% | 12% | 3% | 1% | 2,9% |
| *islamisch* | *6%* | *37%* | *36%* | *1%* | *8%* | *2%* | *0%* | *8,0%* |
| orthodox | 15% | **37%** | 19% | 13% | 7% | 0% | 1% | 8,1% |
| ausgetreten | 12% | 24% | 18% | **16%** | **14%** | **7%** | **3%** | 14,9% |
| keine | 12% | 29% | 11% | **20%** | 12% | 2% | 1% | 4,9% |
| alle | 23% | 25% | 18% | 13% | 10% | 4% | 1% | |

**TABELLE 32: Wertschätzung des Religionsunterrichts nach Parteipräferenz der Befragten**

|  | Wichtigkeit kirchliche Aufgaben – Religionsunterricht erteilen | Ich halte es für wichtig, dass die Kinder in Österreich Religionsunterricht erhalten, um christlichen Glauben kennenzulernen. |
|---|---|---|
| ÖVP | 78 % | 83 % |
| SPÖ | 67 % | 65 % |
| *alle* | *62 %* | *63 %* |
| FPÖ | 57 % | 55 % |
| Grüne | 46 % | 43 % |
| NEOS | 46 % | 55 % |
| KPÖ | 25 % | 34 % |

**TABELLE 33: Islambewertung nach parteipolitischer Präferenz**

|  | Der Islam ist Weltreligion wie das Christentum und das Judentum, bei der das *friedliche* Zusammenleben aller Menschen im Vordergrund steht. | Der Islam ist im Grunde genommen eine friedliebende Religion, wird aber von Extremisten für deren Ziele *missbraucht*. | Die Moralvorstellungen des Islam sind überkommen und *altmodisch*. Vor allem passen sie nicht ins Europa des 21. Jahrhunderts. | Der Islam ist eine *gewalttätige* Religion, die die Entwicklung von radikalen Gruppierungen und Terroristen begünstigt. |
|---|---|---|---|---|
| FPÖ | 27 % | 55 % | 85 % | 68 % |
| ÖVP | 52 % | 75 % | 82 % | 61 % |
| NEOS | 69 % | 86 % | 69 % | 31 % |
| SPÖ | 70 % | 85 % | 69 % | 32 % |
| GRÜNE | 79 % | 87 % | 73 % | 20 % |
| KPÖ | 81 % | 91 % | 65 % | 19 % |

TABELLE 34: Welche Erfahrung im Leben hat Sie am meisten berührt?

|  | sehr religiös | religiös | gleichgültig | eher nicht religiös | nicht religiös | alle |
|---|---|---|---|---|---|---|
| die Geburt eines Kindes | 60 % | 57 % | 51 % | 39 % | 30 % | 49 % |
| der Tod eines Menschen | 50 % | 53 % | 51 % | 41 % | 39 % | 48 % |
| der Anfang einer Liebe | 25 % | 28 % | 24 % | 23 % | 29 % | 27 % |
| eine Hochzeit | 40 % | 22 % | 14 % | 7 % | 10 % | 18 % |
| das Ende einer Liebe | 7 % | 9 % | 16 % | 17 % | 21 % | 13 % |

Drei Nennungen aus einer längeren Liste waren möglich. – Wie würden Sie Ihre Religiosität einstufen? (1 = sehr religiös; 5 = nicht religiös)

TABELLE 35: Der Wunsch nach Übergangsritualen nach Weltanschauungstypen

|  | Kinder taufen | Trauungen durchführen | Begräbnisse abhalten | Summen |
|---|---|---|---|---|
| gottgläubig | 84 % | 83 % | 89 % | 256 |
| *theistisch* | 88 % | 90 % | 94 % | 271 |
| *deistisch* | 73 % | 72 % | 82 % | 228 |
| atheisierend | 69 % | 65 % | 75 % | 210 |
| atheistisch | 35 % | 33 % | 61 % | 128 |
| vollatheistisch | 22 % | 25 % | 48 % | 95 |
| alle | 71 % | 70 % | 80 % | 220 |

TABELLE 36: Von den Wirkungen des kirchlichen Trauungsrituales – nach Weltanschauungsgruppen

|  | Wenn man kirchlich heiratet, fühlt man sich mehr aneinander gebunden. | Der festliche, stimmungsvolle Rahmen ist an der kirchlichen Trauung das Wichtigste. |
|---|---|---|
| gottgläubig | 49 % | 59 % |
| *theistisch* | 50 % | 72 % |
| *deistisch* | 45 % | 43 % |
| atheisierend | 38 % | 37 % |
| atheistisch | 35 % | 17 % |
| vollatheistisch | 28 % | 9 % |
| alle | 44 % | 48 % |

TABELLE 37: „Welche der folgenden kirchlichen Aufgaben sind Ihrer Ansicht nach sehr wichtig, bzw. überhaupt nicht wichtig?"

| | Begräbnisse abhalten | Kinder taufen | Trauungen durchführen | Gottesdienst feiern | Religionsunterricht erteilen | Weihungen und Segnungen vornehmen | Predigten halten | schöne Kirchen bauen und erhalten | Beichtgespräche führen | SUMMEN |
|---|---|---|---|---|---|---|---|---|---|---|
| RiÖ 1970 | 87% | 87% | 86% | 84% | 91% | 73% | 76% | 59% | 59% | 703 |
| RiÖ 1980 | 82% | 82% | 76% | 72% | 81% | 60% | 62% | 52% | 47% | 613 |
| RiÖ 1990 | 79% | 78% | 73% | 63% | 75% | 51% | 51% | 45% | 38% | 551 |
| RiÖ 2000 | 82% | 80% | 72% | 69% | 69% | 47% | 48% | 39% | 41% | 546 |
| RiÖ 2010 | 81% | 76% | 73% | 67% | 69% | 56% | 54% | 45% | 46% | 568 |
| RiÖ 2020 | 79% | 68% | 68% | 63% | 62% | 52% | 51% | 46% | 42% | 530 |
| Diff.*) | 8% | 19% | 18% | 21% | 30% | 21% | 25% | 13% | 17% | |

\*) Differenz zwischen 1970–2020. Die Prozentwerte in der Tabelle: 1 = sehr wichtig und 2 = wichtig auf einer fünfteiligen Skala; ohne Muslime.

TABELLE 38: „Im Falle Ihres Ablebens, welchen Wunsch hätten Sie bei Ihrer Beerdigung/Verabschiedung? Wollen Sie da…?"

| | …einen Vertreter (m)einer anerkannten Religionsgemeinschaft | …einen freiberuflichen Beerdigungsredner | …jemand aus unserer Gemeinschaft/ Familie soll sprechen | die Beisetzung soll ohne Reden abgehalten werden | ich habe mir darüber noch keine Gedanken gemacht | nichts davon | Zeilen |
|---|---|---|---|---|---|---|---|
| gottgläubig | 59% | 5% | 13% | 3% | 17% | 3% | 72% |
| theistisch | 71% | 2% | 10% | 3% | 12% | 2% | 30% |
| deistisch | 42% | 8% | 19% | 5% | 23% | 4% | 43% |
| atheisierend | 31% | 10% | 26% | 5% | 22% | 6% | 7% |
| atheistisch | 6% | 9% | 31% | 9% | 38% | 8% | 11% |
| vollatheistisch | 6% | 10% | 26% | 15% | 32% | 11% | 10% |
| alle | 46% | 6% | 17% | 5% | 21% | 5% | |

# Abbildungen

## ABBILDUNG 1: Glaubenshäuser der „Sterblichen" und der „Unsterblichen"

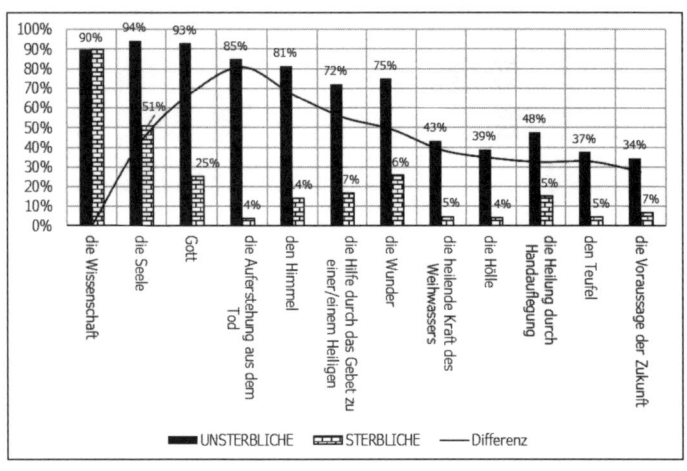

Zustimmungswerte: 1 = ja

## ABBILDUNG 2: Entgrenzte/Begrenzte und Euthanasie

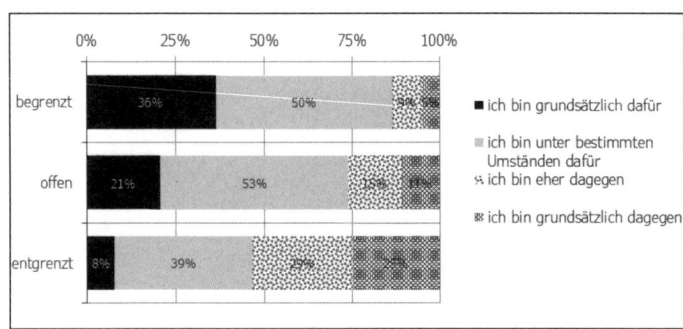

## ABBILDUNG 3: „Wirklichkeitsreichweite" nach parteipolitischer Präferenz

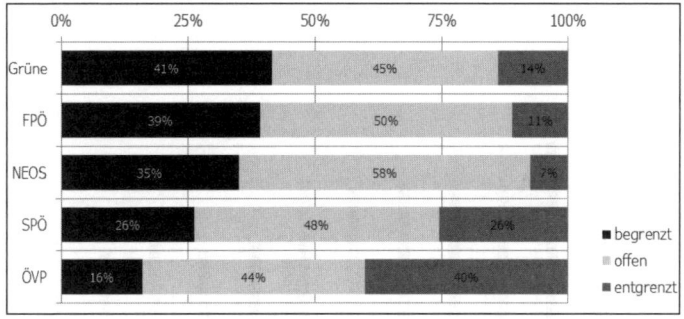

## ABBILDUNG 4: Helle und dunkle Gottesbilder – nach Atheismusstärke

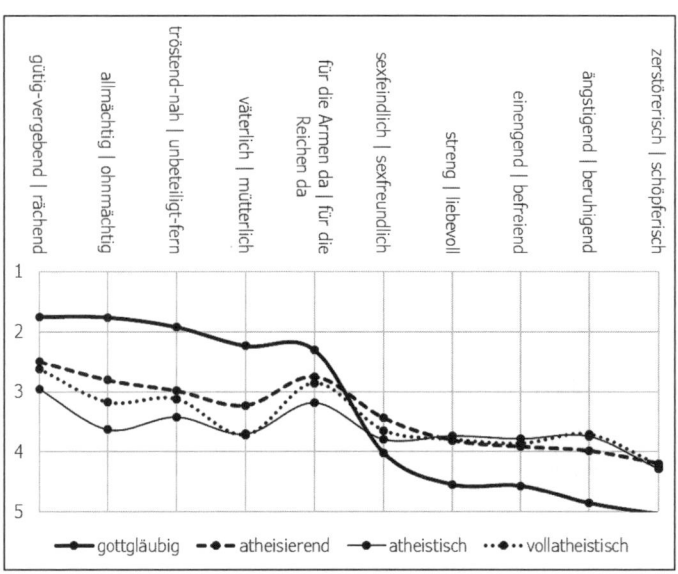

Dargestellt sind hier die Mittelwerte der Eigenschaften für die vier Antwortmöglichkeiten auf die Aussage „*Es gibt keinen Gott*". 1 = stimme voll zu; 4 = lehne ich gänzlich ab. Diese vier Antwortkategorien kommen der vierteiligen Typologie von „unatheistisch/gottgläubig" bis „vollatheistisch" sehr nahe.

**ABBILDUNG 5: Glaubenskosmen – nach Gottesbild**

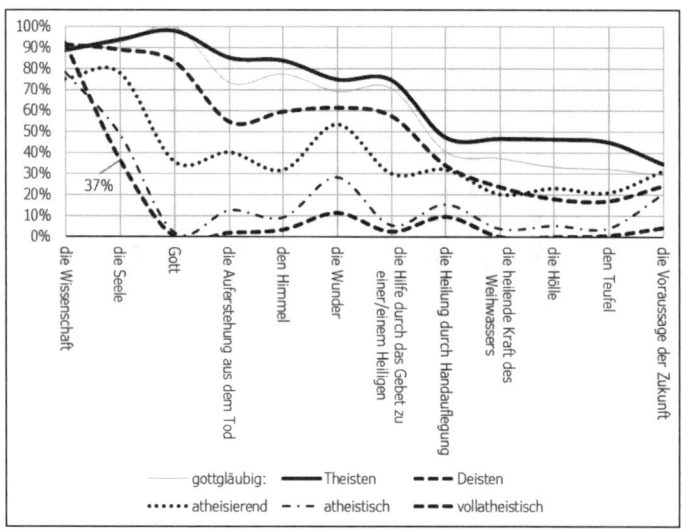

**ABBILDUNG 6: Was mit den sterblichen Überresten geschehen soll…**

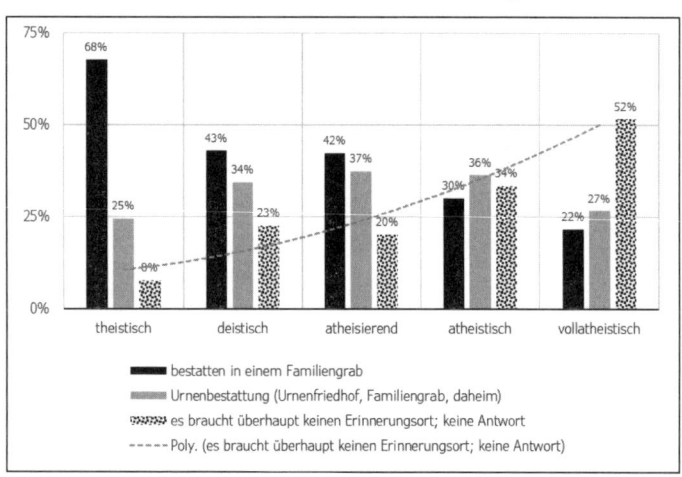

## ABBILDUNG 7: Autoritarismus in Österreich 1970–2020 nach Alter

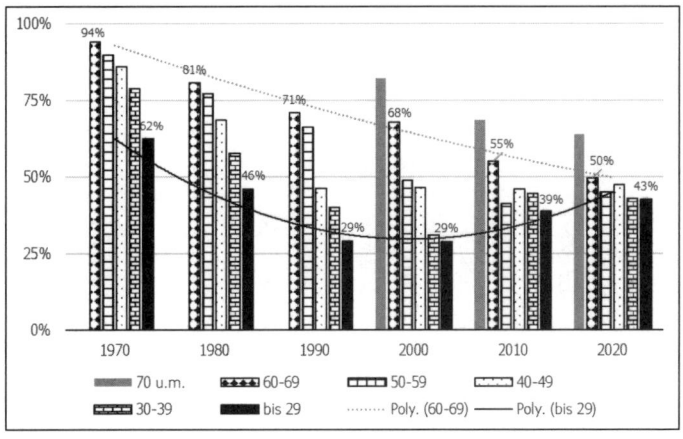

## ABBILDUNG 8: Geschlechterrollen – muslimische (nach Generationen) und altansässige Österreicher*innen

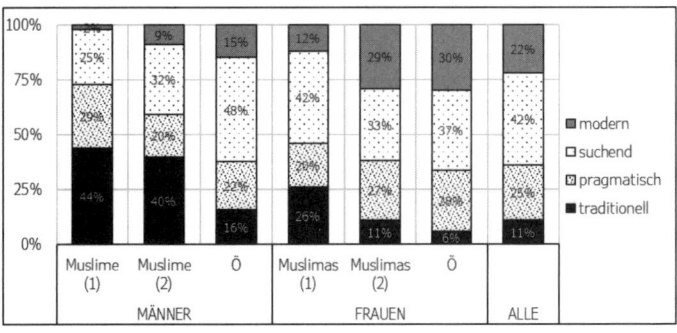

(1): Moslems aus der ersten Generation
(2): Moslems aus der zweiten Generation
Ö: österreichische Gesamtbevölkerung (ohne Moslems)
Quelle: Geschlechterstudie Österreicher 2012 – Moslems-Modul[135]

135 | Zulehner, Paul M./Kurz, Sebastian: Muslimas und Muslime im Migrationsstress, Göttingen 2015.

**ABBILDUNG 9: Verteilung der „gläubigen Moslems"**

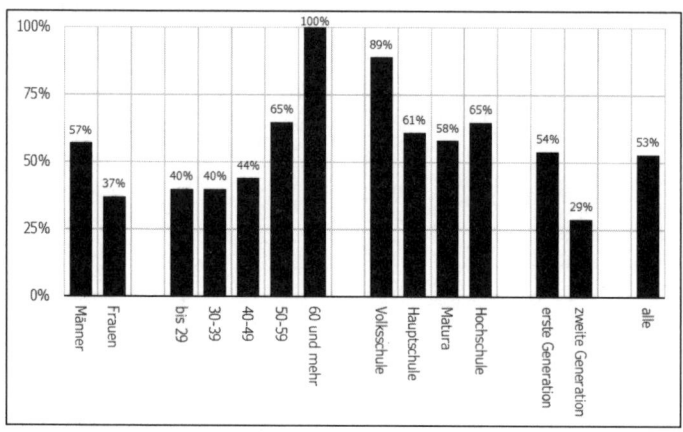

Geschlechterstudie 2012, Männer und Frauen